编委会名单

编委会名誉主任

刘楠来　陈泽宪

编委会主任

陈国平　莫纪宏

编委会副主任

柳华文　廖　凡

编委会委员
（以姓氏拼音为序）

戴瑞君　傅攀峰　郝鲁怡　何晶晶　何田田　黄　晋　蒋小红
李庆明　李西霞　李　赞　刘敬东　刘小妹　罗欢欣　毛晓飞
马金星　曲相霏　任宏达　沈　涓　孙南翔　孙世彦　谭观福
　　　　田　夫　王翰灵　张卫华　张文广　钟瑞华

当代国际法丛书
丛书主编 莫纪宏
丛书副主编 柳华文

文化产业补贴的国际法问题研究

Research on International Law of Cultural Industry Subsidies

樊 婧 著

中国社会科学出版社

图书在版编目（CIP）数据

文化产业补贴的国际法问题研究／樊婧著 .—北京：中国社会科学出版社，2021.5

（当代国际法丛书）

ISBN 978-7-5203-8250-2

Ⅰ.①文⋯ Ⅱ.①樊⋯ Ⅲ.①文化产业—补贴—国际法—研究 Ⅳ.①D997.1

中国版本图书馆 CIP 数据核字（2021）第 071961 号

出 版 人	赵剑英
责任编辑	喻　苗
责任校对	王　帅
责任印制	王　超

出　　版	中国社会科学出版社
社　　址	北京鼓楼西大街甲 158 号
邮　　编	100720
网　　址	http://www.csspw.cn
发 行 部	010-84083685
门 市 部	010-84029450
经　　销	新华书店及其他书店
印　　刷	北京明恒达印务有限公司
装　　订	廊坊市广阳区广增装订厂
版　　次	2021 年 5 月第 1 版
印　　次	2021 年 5 月第 1 次印刷
开　　本	710×1000　1/16
印　　张	15
插　　页	2
字　　数	239 千字
定　　价	79.00 元

凡购买中国社会科学出版社图书，如有质量问题请与本社营销中心联系调换
电话：010-84083683
版权所有　侵权必究

目　录

引　言 …………………………………………………………（1）
  一　研究背景和研究意义 ……………………………………（1）
  二　国内外研究现状综述 ……………………………………（3）
  三　研究方法 ………………………………………………（14）

第一章　文化产业补贴的基本问题 …………………………（16）
  第一节　文化产业补贴界定 …………………………………（16）
    一　文化产业 ………………………………………………（17）
    二　补贴 ……………………………………………………（31）
    三　文化产业补贴的原因 …………………………………（34）
  第二节　文化产业补贴的国际法渊源 ………………………（37）
    一　国际文化法渊源 ………………………………………（38）
    二　国际贸易法渊源 ………………………………………（41）
    三　国际人权法渊源 ………………………………………（46）
  第三节　文化产业补贴的相关国际法问题 …………………（48）
    一　文化产品的定性 ………………………………………（48）
    二　文化产业合法补贴的条件 ……………………………（49）
    三　文化产业补贴的例外规则 ……………………………（50）
    四　文化产业补贴规则的冲突及其解决 …………………（52）
  本章小结 ………………………………………………………（52）

第二章　文化产品的定性 (55)
第一节　文化产品定性问题的提出 (55)
一　文化产品定性的争议 (55)
二　文化产品定性的必要性 (62)
第二节　文化产品定性的标准 (63)
一　定性的一般标准 (63)
二　文化产品定性的标准 (65)
三　文化产品定性适用一般标准的评述 (77)
第三节　文化产品定性对规则适用的影响 (79)
一　GATT 与 GATS 的重叠适用 (79)
二　重叠适用引发的解释问题 (83)
三　对重叠适用的评述 (85)
第四节　文化产品定性的反思 (88)
一　文化产品定性争议的分析 (88)
二　文化产品定性问题的改进建议 (89)
本章小结 (91)

第三章　文化产业补贴的合法性 (93)
第一节　文化产业货物贸易补贴 (94)
一　文化产业补贴的认定 (94)
二　补贴的类型与文化产业补贴 (100)
三　GATT 国民待遇原则与文化产业补贴 (107)
四　GATT 最惠国待遇原则与文化产业补贴 (113)
第二节　文化产业服务贸易补贴 (115)
一　服务贸易补贴规范与文化产业 (115)
二　GATS 国民待遇原则与文化产业补贴 (119)
三　GATS 最惠国待遇原则与文化产业补贴 (124)
第三节　文化产业合法补贴的条件 (127)
一　符合《文化多样性公约》规定的文化产业补贴 (128)
二　符合 WTO 规则的文化产业补贴条件 (131)
三　符合人权法要求的文化产业补贴 (133)

本章小结 …………………………………………………………（134）

第四章 文化产业补贴的例外规则 …………………………（137）
第一节 文化产业例外 ………………………………………（138）
一 WTO规则中"文化例外"的提出和失败 ……………（138）
二 USCFTA和NAFTA规则中的"文化产业例外" ……（141）
三 RTAs和FTAs中关于文化产业例外的新发展 ………（148）
第二节 贸易规则中的一般例外条款 ………………………（151）
一 文化产业与一般例外条款 ………………………………（151）
二 公共道德例外条款的可适用性 …………………………（153）
三 国家珍宝例外的可适用性 ………………………………（156）
本章小结 …………………………………………………………（158）

第五章 文化产业补贴相关规则的冲突及其解决 ……………（160）
第一节 冲突的表现和实质 …………………………………（161）
一 冲突的表现 ………………………………………………（161）
二 冲突的实质及原因 ………………………………………（165）
三 冲突解决的理论基础 ……………………………………（172）
第二节 争端解决管辖权的冲突与解决 ……………………（173）
一 国际争端解决管辖权冲突的协调方法 …………………（173）
二 RTAs与WTO规则中的管辖权条款 ……………………（174）
三 WTO规则与《文化多样性公约》中的管辖权条款 ……（175）
第三节 法律规则的冲突与解决 ……………………………（178）
一 冲突条款的方法 …………………………………………（179）
二 后法原则 …………………………………………………（183）
三 特别法优先 ………………………………………………（185）
四 法律解释的方法 …………………………………………（185）
五 协调合作的方法 …………………………………………（186）
本章小结 …………………………………………………………（187）

第六章　国际法视野下中国文化产业补贴制度的反思 ……（189）
第一节　中国文化产业补贴制度的现状与问题 ………（189）
　　一　文化产业补贴制度的现状 …………………………（189）
　　二　文化产业补贴措施的定性问题 ……………………（191）
　　三　文化产业补贴的合法性问题 ………………………（191）
　　四　文化产业补贴的例外规则 …………………………（197）
第二节　中国文化产业补贴制度的完善建议 ……………（198）
　　一　国际法层面的完善建议 ……………………………（198）
　　二　国内法层面的完善建议 ……………………………（199）
　本章小结 ………………………………………………………（200）

结　语 …………………………………………………………（203）

附表　我国文化产业补贴相关政策汇总 …………………（207）

参考文献 ………………………………………………………（217）

后　记 …………………………………………………………（234）

引　言

一　研究背景和研究意义

（一）研究背景

文化创意产业，顾名思义，即"文化"及"创意"的"产业化"。其以文化、创意等无形资产投入为主，以创意和知识经济为核心。文化创意产业与"知识经济"等新兴概念息息相关。相对于传统产业而言，其凭借低成本、低消耗、高收益的优势，成为继前几次工业革命之后经济增长的重要推动力。更重要的是，文化创意产品在国际输出的同时还能起到发扬和传播本民族文化的作用，这在愈加强调软实力的当今国际社会，无疑具有巨大的无形力量。正是这种经济和文化的双重效应，使得文化创意产业成为各国竞相扶持和发展的目标。各国纷纷制定文化政策措施以促进文化产业的发展，财政支持措施（包括补贴和税收优惠在内）是其中的重要措施之一。而从贸易法的角度来看，补贴又是主要的贸易限制措施。文化产业补贴既是一种文化政策措施，又是一种贸易限制措施。文化产品本身的特殊属性扩大了"贸易与……"议题[1]，将文化与贸易的关系考虑进来。因此，无论是从文化产业还是从贸易法的角度来看，都有必要对文化产业补贴的问题进行研究。

（二）研究意义

就理论而言，联合国宣言及《文化多样性公约》、WTO 相关规则以及其他双边或者多边的自由贸易规则，均不同程度地涉及了文化产业的

---

[1] See Tania Voon, *Cultural Products and the World Trade Organization*, Cambridge University Press, 2007, p. 3.

相关问题。① 总体来说，联合国公约侧重于从保护各国文化多样性的角度进行规范；而 WTO 及其他双边或多边贸易协议主要是从贸易的角度看待文化产业和文化政策措施。② 此外，该议题还体现在其他一些双边和多边协议中。文化产业的补贴、税收优惠等措施在这些国际法律体系中如何被评价，文化产业补贴是否符合国际法、什么条件下符合，文化产品是否具有特殊性、现有贸易体制是否没有考虑这些特殊性、不考虑会带来哪些后果，相关规则之间及其背后的目标是否相冲突、如何进行协调，这些都是理论上值得研究的问题。综观欧盟、美国等文化产业发展走在前列的国家或地区，都曾在理论上对补贴与 WTO 等贸易规则等国际法的相符性做出研究，而目前我国缺乏对此问题的系统研究，而此研究对我国现阶段文化产业补贴政策来说十分必要。

对文化产业补贴国际法问题的系统研究，也具有重要的现实意义和实践价值。我国自 2003 年第一次正式提出"文化产业"这一概念以来，经过十余年的发展，文化创意产业成为我国国民经济新的增长点和重点扶持的对象。近年来，我国加大了对文化产业的财政支持力度。国务院、文化部及其他各级政府部门出台的全国性、地方性③的文化产业财政补贴政策和具体措施至今已经多达上千项。④ 这些补贴和措施对我国国内文化产业的发

---

① 需要说明的是，国际法规则很少直接针对"文化产业"进行探讨，而是对"文化"以及文化产业的具体领域进行关注。例如，联合国教科文组织的《保护和促进文化表现形式多样性公约》的主要关注对象是文化以及"文化多样性"；而在贸易领域，WTO 尤其关注文化产业中的视听服务行业。

② 具体说来，从最初 GATT 中规定的电影配额制度的例外，到建立 WTO 的乌拉圭回合谈判中有关"文化例外"的分歧，再到多哈回合中该议题的失败，以及后来的 2005 年联合国教科文组织《保护和促进文化表现形式多样性公约》提出的"文化多样性"的概念，其实都是关于"文化与贸易"问题争议的体现。

③ 由于中国在《入世议定书》第 2 条规定了"中国地方各级政府的地方性法规、规章及其他措施应符合在《WTO 协定》和本议定书中所承担的义务"，因此，地方各级政府的相关措施与中央政府部门的措施一样，可成为涉诉措施而受到审查。

④ 1991 年《文化部关于文化事业若干经济政策意见的报告》，要求各级政府逐年增加文化事业经费的投入。随着文化产业的发展，政府对文化产业的财政补贴政策也发生了变化，《国务院关于进一步完善文化经济政策的若干规定》《国务院关于支持文化事业发展若干经济政策的通知》等相关文件确立了促进文化产业发展的文化事业建设费、税收优惠、专项资金制度。2003 年十六届三中全会通过了《中共中央关于完善社会主义市场经济体制若干问题的决定》把文化产业作为经济的支柱和重要产业，提出要完善文化产业政策；然后相继出台《国家"十一五"时期文化发展规划纲要》《国家"十二五"时期文化改革发展规划纲要》，要求构建公共文化服务体系、健全文化市场体系、发展文化产业。详见刘鹏、杜啸尘《我国文化产业财政政策的历史演变及分析》，载《地方财政研究》2014 年第 7 期，第 38—39 页。

展起着不可或缺的重要作用。2013年伊始,中国文化产业发展进入重要转型年。在这个转型的关键时期,中国文化产业需要从政府投资推动向社会投资推动转变。文化产业相关税收政策的创新和完善是实现这一转换的关键性制度因素。① 此外,针对2011年12月国务院法制办公室公布的《中华人民共和国电影产业促进法(征求意见稿)》,历时五年,全国人大常委会于2015年公布了《中华人民共和国电影产业促进法(草案)》,该立法必要性之一是"我国电影产业尚处于成长阶段,基础还比较薄弱,有必要借鉴国际成功经验,加大对电影产业的引导、扶持力度"。② 在厘清文化产业补贴的国际法相关问题的前提下,提出适合我国国情的文化创意产业财政支持制度的具体建议,无疑对我国文化创意产业的发展具有重要的实践意义。

二 国内外研究现状综述

(一)国内研究现状

国内对于文化产业的理论研究的兴起,是伴随着改革开放后国家文化政策的逐渐宽松和我国文化产业的迅猛发展而发生的。文化产业理论研究于近十年达到一个高潮,相关著作、论文数量剧增③,可以说,目前我国掀起了一股文化产业理论研究热潮,与这一主题相关的专著和论文非常多。从研究者来看,研究者专业背景广泛,涉及财政学、经济学、管理学、历史学等,相对而言法学专业的研究者较少。这一研究背景的优势在于,可以运用经济学理论和数据模型等,量化分析财政政策对文化产业的功能作用、财政措施在文化产业发展不同阶段的不同侧重点、具体的税收措施在实践中可能产生的效果等问题。但是其比较分析往往不够深入,也较少触及财政支持文化产业的法律问题。

---

① 魏鹏举、王玺:《中国文化产业税收政策的现状与建议》,载《同济大学学报》(社会科学版)2013年第5期,第45页。
② 《关于〈中华人民共和国电影产业促进法(草案)〉的说明》,全国人大网,http://www.npc.gov.cn/npc/lfzt/rlyw/2015-11/09/content_1950720.htm。
③ 笔者以"文化产业"为关键词,在中国国家图书馆馆藏中文图书以及"中国知网"中进行检索,发现文化产业的专著和教材的数量于2005年以来剧增,论文的数量更是数以千计,还不包括各地和各研究机构出版的文化产业报告、蓝皮书等内容。文化产业理论研究的兴盛,既是文化产业实践发展的需要,也是我国文化产业实践迅速发展的反映。

目前我国文化产业理论的研究主要包括以下领域：（1）关于文化产业的总体研究①。主要是以"文化产业"、"创意产业"或者"文化创意产业"为研究对象的综合性、概述性的研究。（2）关于其他国家文化产业发展的研究②。他山之石，可以攻玉，文化产业作为一个舶来品，国外尤其是美欧等对文化产业的研究更加深入、丰富、完善，值得我们学习。外语教学与研究出版社组织出版的一系列介绍外国主要国家文化产业的著作是这一代表。③（3）我国文化产业的区域性研究。④

对于文化产业的财税政策问题，目前国内对此问题的研究内容较多。从选题视角来看，要么是从宏观角度研究我国文化产业财税政策的相关问题，要么是从文化产业某一行业（例如动漫、新闻出版、新媒体行业等）或者某一地区（国外或者国内）促进文化产业发展的财税政策研究展开论述。从研究内容来看，主要是围绕以下四个主题。一是利用财税政策促进文化产业发展的理论依据。⑤ 主要有经济理论：外部性理论、公共产品理论、生命周期理论、价值链理论、产业主体结构理论

---

① 主要代表著作有：胡惠林：《文化产业概论》，云南大学出版社2005年版；李向民：《文化产业：变革中的文化》，经济科学出版社2005年版；厉无畏主编：《创意产业导论》，学林出版社2006年版；蒋三庚、王晓红：《文化创意产业研究》，首都经济贸易大学出版社2006年版；王万举：《文化产业创意学》，文化艺术出版社2008年版；韩骏伟、胡晓明：《文化产业概论》，中山大学出版社2009年版；魏鹏举：《文化创意产业导论》，中国人民大学出版社2010年版；王志标主编：《文化产业概论》，化学工业出版社2012年版；等等。

② 主要代表著作有：林拓主编：《世界文化产业发展前沿报告》，社会科学文献出版社2004年版；欧阳坚、丁伟主编：《国际文化发展报告》，商务印书馆2005年版；毕佳、龙志超：《英国文化产业》，外语教学与研究出版社2007年版；侯津瑶、陆地：《法国文化产业》，外语教学与研究出版社2007年版；孙有中：《美国文化产业》，外语教学与研究出版社2007年版；张讴：《印度文化产业》，外语教学与研究出版社2007年版；牛维麟主编：《国际文化创意产业园区发展研究报告》，中国人民大学出版社2007年版；张晓明等：《国际文化产业发展报告》，社会科学文献出版社2007年版；熊澄宇：《世界文化产业研究》，清华大学出版社2012年版；等等。

③ 姜锡一、赵五星：《韩国文化产业》，外语教学与研究出版社2009年版；毕佳、龙志超：《英国文化产业》，外语教学与研究出版社2007年版；孙有中：《美国文化产业》，外语教学与研究出版社2007年版；张讴：《印度文化产业》，外语教学与研究出版社2007年版。

④ 以我国各地区文化产业为内容的研究数量很多，例如：韩骏伟、姜东旭：《区域文化产业》，中山大学出版社2011年版；乐正、王为理：《深圳与香港文化创意产业发展报告（2010）》，社会科学文献出版社2010年版。

⑤ 亦有从政府与市场的角度探讨此问题，实则属于同一问题。参见刘利成《支持文化创意产业发展的财政政策研究》，财政部财政科学研究所2011年博士学位论文，第37—49页。

等①。基于此理论依据,有财政支持经济效用的相关实证分析②。此外,亦有从文化产业的社会效用角度③、文化产业与财政政策关系角度④、现实依据的角度⑤分析财政支持文化产业的必要性。二是我国现行文化产业财税政策存在的问题。⑥ 三是完善我国文化产业财税政策的建议。⑦ 四是国外文化产业财税政策的经验介绍。⑧ 目前我国国内对文化产业补贴的研究主要是从财政学的角度,集中在补贴的具体政策措施方面,对文化产业补贴的国际法问题关注较少。此外,尤其是在论述国外文化产业财税政策这一问题上,转引国内译著、欠缺注明资料来源,学术规范

---

① 刘君:《文化产业财税政策研究》,东北财经大学 2012 年硕士学位论文,第 15—21 页。
② 吴江:《促进文化产业发展的财税政策研究》,山东经济学院 2010 年硕士学位论文,第 15—17 页。
③ 刘磊:《促进江西文化产业发展的财税支持政策研究》,南昌大学 2012 年硕士学位论文,第 8—10 页。
④ 曹晓东:《促进我国文化产业发展的财政政策研究》,山西财经大学 2013 年硕士学位论文,第 13—17 页。
⑤ 李冰洁:《推动我国文化建设的财政政策研究》,东北财经大学 2010 年硕士学位论文,第 10—19 页。
⑥ 概括而言,主要问题在于财政支持的力度不够,制度不完善,不能满足现实需要。具体而言,在财政补贴方面:其一是可能在国有文化企业和中小文化企业之间造成不公平。其二是由于政府文化资金管理部门职能有限,很容易因为信息不对称造成资金错配。其三是现有的资金管理和分配制度很容易导致权力寻租,带来腐败的风险。其四是可能导致企业热衷于申请财政补贴而产生惰性。在税收优惠方面,其一是我国文化产业的税收政策总体上呈现过渡性和临时性特征,立法层次不高,在稳定性、公平性、针对性等方面存在明显的不足。其二是现有的税收政策多以流转税减免的形式出现,针对所得税的政策并不多,对于文化创新与传承扶持和激励不足。参见魏鹏举、王玺《中国文化产业税收政策的现状与建议》,载《同济大学学报》(社会科学版)2013 年第 5 期,第 46—47 页等。
⑦ 宏观层面:完善法制,建立规范有效的公益文化事业投入机制,增强税收优惠政策的稳定性;培育文化市场,建立多元化的文化创意产业资金来源机制;加强管理,实现财政资金的有效运用。微观层面:适当减免文化产品的货物和劳务税;将转制企业的所有优惠政策扩大范围适用于社会所有的文化企业;重点扶持一些提升国家形象、带动经济发展、提高全民文化素质的文化产业;鼓励个人和企业投资文化基础设施和文化产业;制定文化产业差别税率政策,提高税收优惠政策的针对性;注重激励创新和扶持中小文化企业;优化税收优惠政策,着重完善税基式优惠方式;制定文化保税区的税收优惠政策等措施。详见贾康、马衍伟《税收促进文化产业发展的理论分析与政策建议》,载《财政研究》2012 年第 4 期;兰相洁《促进文化产业发展的税收政策选择》,载《经济纵横》2012 年第 6 期;马衍伟《税收政策促进文化产业发展的国际比较》,载《涉外税务》2008 年第 9 期。
⑧ 于长城、曹慧:《西方国家促进影视业发展的税收政策》,载《中国财政》2012 年第 12 期;马衍伟:《税收政策促进文化产业发展的国际比较》,载《涉外税务》2008 年第 9 期。

欠妥的现象表现得十分明显。由于财税政策和实践是一个动态发展的过程，涉及内容也比较复杂，资料的不准确可能会导致以偏概全，影响研究的准确性。

对于文化产业补贴的法律问题尤其是国际法问题，国内的研究直接以"文化产业"为视角的不多，主要是从文化贸易的角度，集中在文化例外、文化多样性公约与 WTO 的关系、WTO 框架下的视听产品的相关问题以及中美视听产品案等问题。另外，还有一部分经济学背景的学者主要从经济学的角度研究文化与贸易问题。目前国内已有的专著对本书具有直接参考价值的有：张华的《文化产品国际贸易法律问题研究》和张骞的《国际文化产品贸易法律规制研究》① 与本书讨论的问题直接相关，但是阐述的角度与本书略有不同；李琨的《促进文化产业发展的财税政策研究》和臧志彭的《中国文化产业政府补助研究》② 有助于本书探讨的文化产业补贴的具体内容和现状问题。此外，关于补贴的一些著作对本书的研究亦有助益③。对于本书需要解决的问题，国内已有的研究如下。

1. 文化产业概念的界定

文化产业概念的界定是几乎所有论著中都涉及的主题；在用语上，"文化产业""创意产业""文化创意产业"在不同程度上被中国学者使用。

在文化产业定义问题上，我国学者有不同的定义，基本大同

---

① 张华：《文化产品国际贸易法律问题研究》，厦门大学出版社 2013 年版；张骞：《国际文化产品贸易法律规制研究》，中国人民大学出版社 2013 年版。

② 李琨：《促进文化产业发展的财税政策研究》，中国税务出版社 2013 年版；臧志彭：《中国文化产业政府补助研究》，中国社会科学出版社 2015 年版。

③ 参见王庆湘《〈SCM 协定〉中补贴利益的认定问题研究》，中国法制出版社 2014 年版；杨向东：《WTO 体制下的国民待遇原则研究》，中国政法大学出版社 2018 年版；卜海：《国际经济中的补贴与反补贴》，中国经济出版社 2009 年版；甘瑛：《WTO 补贴与反补贴法律与实践研究》，法律出版社 2009 年版；白巴根：《补贴认定的若干问题研究》，北京大学出版社 2014 年版；欧福永：《国际补贴与反补贴立法与实践比较研究》，中国方正出版社 2008 年版；李晓玲：《WTO 框架下的农业补贴纪律》，法律出版社 2008 年版；彭岳：《贸易补贴的法律规制》，法律出版社 2007 年版；单一：《WTO 框架下补贴与反补贴法律制度与实务》，法律出版社 2009 年版。

小异。① 有些学者区分了不同概念之间的不同含义。② 对于这种争议，有学者跳出不同概念的具体区别和界定，采用了一种包容的态度。主张将"文化创意产业"作为一个指向产业发展实践的集合概念，搁置不必要的理论争执，以包容性的态度进行务实的理论研究。③ 在文化产业的范围问题上，有学者认为应当将公益性文化事业排除在文化产业之外。④ 综合上述情况看，我国学者缺乏国际法的研究背景，多是针对概念的历史背景、国外相关理论的梳理和比较分析，国内学者相互借鉴的情况比较多见；援引其他国家等官方定义很少注释直接来源，存在学术规范欠妥的问题。然而，郭玉军、司文的文章⑤ 从理论和立法实践出发，对国际上已有的文化产业定义进行了比较分析、总结了发展趋势、界定了文化产业的中国视角，属于国内对此问题的研究中较为全面、论证严谨的作品，值得参考。

2. 文化产品的分类问题

国内目前比较系统地论述此问题的只有张华的著作和几篇博士论

---

① 魏鹏举认为，文化产业即"以文化（人类的集体精神活动及其产物）与创意（个体性的精神活动及其产物）为核心并形成价值链与产值的经济部门的统称"。参见魏鹏举《文化创意产业导论》，中国人民大学出版社 2010 年版，第 19 页。熊澄宇认为，"文化产业是一个发展中的概念，其范围随着国家管理体制的改革和社会经济的发展而不断变化。文化产业指从事文化产品生产和提供文化服务的经营性行业"。参见熊澄宇《世界文化产业研究》，清华大学出版社 2012 年版，第 9 页。厉无畏认为，"创意产业的出现是知识、文化在经济发展中地位日益增强的结果。创意产业内涵的关键是强调创意和创新，从广义上讲，凡是由创意推动的产业属于创意产业，将以创意为核心增长要素的产业或缺少创意就无法生存的相关产业称为创意产业。"厉无畏主编：《创意产业导论》，学林出版社 2006 年版，第 4 页。

② "文化产业是文化的产业化，文化创意产业更强调个性化的创意，与文化产业相比有两个核心内涵，一是文化创意产业是更加智能化、知识化的高附加值产业，二是更加强调对知识产权的保护。"蒋三庚、王晓红：《文化创意产业研究》，首都经济贸易大学出版社 2006 年版，第 8 页。也有学者认为，从广义而言，文化产业就是内容产业，也是创意产业。"文化产业也可以定义为内容产业或创意产业。"参见刘泓、袁勇麟《文化创意产业十五讲》，四川大学出版社 2012 年版，第 6 页；熊澄宇《世界文化产业研究》，清华大学出版社 2012 年版，第 9 页。

③ 参见魏鹏举《文化创意产业导论》，中国人民大学出版社 2010 年版，第 18—19 页。

④ 万里：《关于"文化产业"定义的一些思考》，载《湖南第一师范学院学报》2001 年第 1 期，第 24 页。

⑤ 郭玉军、司文：《文化产业促进法视角下文化产业界定比较研究》，载《武汉大学学报》（哲学社会科学版）2015 年第 6 期，第 93—100 页。

文，一些期刊论文中也有对此问题的论述①。主要观点如下。（1）文化产品的分类特殊性主要表现为：一是传统"货物/服务"二分法适用于文化产品带来的困境，文化产品到底属于货物还是服务有争议，在包括视听产品贸易在内的文化产品贸易领域，货物与服务往往会纠葛在一起、趋于模糊化甚至会失去区分的正当性②；二是数字化文化产品的归类问题，电子商务的分类问题争议适用于数字化文化产品，张骞分析了该问题的起因以及各方的观点，认为应当把数字化文化产品归类于服务。（2）至于分类带来的影响问题，GATT 与 GATS 重叠适用的问题其实不单单出现在视听产品领域，可是由于 GATT 和 GATS 对视听产品的规定不一致以及视听产品的特殊性，重叠适用的负面效果在这一领域显得尤为突出。③（3）对于文化产品分类特殊性的原因分析，阳明华简单指出是由于服务贸易出现的较晚，WTO 关于货物与服务法律体制不统一，文化产品既具有货物又具有服务的特性，各国在这一领域的政治、文化考量这几个原因④。国内对此问题的研究内容比较零散、不够系统，对文化产业分类特殊性的论述、对分类标准和法律适用的分析不够深入，也没有区分开来进行论述。实际上，这一问题看似很细小，却非常重要，WTO 争端中"美国—加拿大影响某些措施的期刊案"（本书以下简称"加拿大期刊案"）和"中美出版物和视听产品案"（本书以下简称"中美出版物案"）也都涉及这一问题。因此对此问题需要深入、系统的分析。本书将以一章的篇幅进行论述。

---

① 张华：《文化产品国际贸易法律问题研究》，厦门大学出版社 2013 年版，第 63—73 页；阳明华：《贸易与文化冲突的法律协调——以文化贸易为中心》，武汉大学 2010 年博士学位论文，第 95—105 页；宋韦韦：《WTO 体制下视听产品贸易限制问题研究》，山东大学 2010 年硕士学位论文；赵静：《WTO 体制下电子商务归类问题探究》，华东政法大学 2006 年硕士学位论文；赵璐：《WTO 框架下探讨视听产品在货物贸易与服务贸易中的法律问题》，中国政法大学 2009 年硕士学位论文；陈卫东、石静霞：《WTO 体制下文化政策措施的困境与出路——基于"中美出版物和视听产品案"的思考》，载《法商研究》2010 年第 4 期，第 53—55 页。

② 宋韦韦：《WTO 体制下视听产品贸易限制问题研究》，山东大学 2010 年硕士学位论文，第 11 页。

③ 赵璐：《WTO 框架下探讨视听产品在货物贸易与服务贸易中的法律问题》，中国政法大学 2009 年硕士学位论文，第 20 页。

④ 阳明华：《贸易与文化冲突的法律协调——以文化贸易为中心》，武汉大学 2010 年博士学位论文，第 103—105 页。

3. 文化产业补贴的认定及其合法性

国内对此的关注较少,顾宾系统地分析了 GATS 中的视听服务补贴问题,指出应当关注几个问题:其他国家政府支持文化产业的情况如何,WTO 等国际法律对文化产业补贴如何评价,文化产业补贴的历史和国际法未来走向。其认为,由于 GATS 框架下服务贸易自由化非常灵活,成员方有权实施具有歧视性和贸易扭曲性的补贴政策。从成员方在视听服务领域的国民待遇承诺来看,"各成员实际在 GATS 下享有完全的'视听服务豁免权'"。其提出了对视听服务多边规范的建议:一是增加文化例外的内容;二是实施数量限制,基于产品价格实施补贴。其结论是,中国文化补贴的合法空间很大。① 此外,台湾政治大学黄玉茹的硕士学位论文从补贴和税收优惠的角度分析了台湾地区"文化创意产业发展法"与 GATS 的关系,在服务贸易领域参考《SCM 协定》的规定对文化产业服务补贴进行了分析,对本书亦有帮助。②

4.《文化多样性公约》与 WTO 的关系

国内对此问题的研究主要集中在 2007 年中美出版物案之后,出现了一定数量的期刊论文和硕士学位论文,博士学位论文和专著中也涉及这一问题。③ 内容涉及如下问题:从规则冲突的角度分析了公约的规定和 WTO 规则之间的潜在不一致的表现,主要是公约的权利义务与 WTO 国民待遇和最惠国待遇原则的直接冲突。关于解决方法主要提出了两种模式,一是在现有 WTO 框架内解决,鉴于 WTO 争端解决机制的有效性和在世界范围内的重大影响,在其框架内的调和更加重要。二是在公约框架内解决,主要对公约第 20 条的理解,有学者认为公约的妥协规定实际上是认为其效力低于 WTO

---

① 顾宾:《视听服务补贴与中国"文化强国"战略》,载《清华法制论衡》2014 年第 2 期,第 86—100 页。

② 黄玉茹:《论〈文化创意产业发展法〉与服务贸易总协定之互动关系——以奖补助与租税优惠措施为主》,台湾政治大学 2012 年硕士学位论文。

③ 张骞:《国际文化产品贸易公法研究》,苏州大学 2010 年博士学位论文;蔡梦波:《国际文化贸易的法律冲突与协调》,大连海事大学 2013 年硕士学位论文;徐慧:《国际文化产品贸易中的法制冲突研究——由"中美出版物和视听产品案"引发的思考》,甘肃政法学院 2014 年硕士学位论文;陈卫东、石静霞:《WTO 体制下文化政策措施的困境与出路——基于"中美出版物和视听产品案"的思考》,载《法商研究》2010 年第 4 期等。

规则①；也有学者认为很难认为公约的规定并没有提供一种解决的途径，依据国际公法的一般原则进行判断②。可供选择的措施有：DSB 援用文化多样性公约的相关内容澄清 WTO 条文的含义；由 DSB 通过条约解释的方法予以调和二者的冲突；将有关文化多样性的条款纳入 WTO 涵盖的协定中，对 WTO 法进行适当的修订③。此外，还有学者提出，通过某些途径将 WTO 规则与公约联系起来，从而使 WTO 专家组和上诉机构在当事方即使不是公约缔约国的情况下，也可以援引公约，使其争端解决机制有权通过考虑文化多样性的目标来解释有争议的贸易措施。④

（二）国外研究现状

国外对文化产业的研究较早，论述十分丰富。对这一问题的关注重点随着实践的发展而变化，经历了几个不同的阶段：早在 GATT 时代，由于美欧之间关于电影和电视节目性质的争议，后来加拿大等国在 GATT 中争取文化例外，最终失败，而后在 WTO 之外达成新协议的尝试；数字化时代，文化领域贸易自由化和文化保护的博弈仍然在继续，并将这一领域扩展到电子商务、通信等。对"文化与贸易"这一问题的研究主要围绕 WTO 中文化产品应当如何被对待、如何处理 WTO 中文化与贸易问题的角度展开，涉及的问题包括 WTO 框架下保护文化目标的正当性、《文化多样性公约》的作用及其与 WTO 规则的冲突和协调这些问题。

国外针对文化产业补贴的研究，一般来说是关于文化产业及其具体

---

① 参见薛狄、那力《国际文化贸易的价值冲突和法律选择——由近期中美文化产品进口纠纷引发的思考》，载《中国政法大学学报》2009 年第 2 期，第 150 页；孙雯《WTO 框架下文化产品贸易自由化与文化多样性的冲突与协调——以中美出版物与视听产品案为背景》，载《南京大学法律评论》2011 年第 1 期，第 353 页。

② 陈卫东、石静霞：《WTO 体制下文化政策措施的困境与出路——基于"中美出版物和视听产品案"的思考》，载《法商研究》2010 年第 4 期，第 58 页。

③ 张骞：《国际文化产品贸易法律规制研究》，中国人民大学出版社 2013 年版，第 148—197 页。

④ 陈卫东、石静霞：《WTO 体制下文化政策措施的困境与出路——基于"中美出版物和视听产品案"的思考》，载《法商研究》2010 年第 4 期，第 58 页。

行业的税收、补贴政策的比较研究①,包括鼓励私人投资文化产业的问题②,某一文化创意产业具体行业的财政支持政策问题等内容③。与本书密切相关的问题并没有系统的、全面的论述,也是分散在一些专著④、论文和研究报告中,但是相对国内的研究来说更为深入。就具体问题而言,研究现状如下。

1. 文化产品的分类

对此问题,学术界的讨论始于欧盟和美国之间关于《影视无国界指令》的性质争议,1997年的美加期刊案和2007年的中美出版物案中都涉及分类的问题。关于文化产品的分类问题之所以与文化产业补贴问题息息相关,是因为在货物服务二分法下文化产品分类的不同会影响规则的适用,尤其是对WTO框架下的补贴规则而言,货物贸易适用GATT,服务贸易适用GATS,而GATT和GATS的差别很大。文化产品既具有货物属性又具有服务属性,这便带来了GATT和GATS的同时适用问题。那么这种同时适用GATT和GATS在补贴领域会有什么影响?结合这些理论和实践,此问题主要包括文化产品分类的困难,理论和实践中分类的标准,以及GATT和GATS同时适用带来的影响。

早期对此做出论述的有 W. Ming Shao 和 John David Donaldson,W. Ming Shao 指出常用的区分货物和服务的三个标准适用于文化产品的分类时的问题,因为文化产品常常同时具有货物和服务的属性。⑤ John David Donaldson 是在论述美欧之间关于电视节目的性质争议时阐述了欧盟的观点及其提出的理由,详细分析了传统经济学上区分货物和服务的标准

---

① E. g., Alan L. Feld, "Revisiting Tax Subsidies for Cultural Institutions", *Journal of Cultural Economy*, Vol. 32, 2008; Ellen Huijgh and Katia Segers, "The Thin Red Line. International and European Tensions between the Cultural and Economic Objectives and Policies towards the Cultural Industries", Cemeso Working Paper, 2007; Pier Luigi Sacco, "Culture and the Structural Funds in Italy", EENC Paper, June 2012.

② E. g., O'Hagan John and Harvey Denis, "Why Do Companies Sponsor Arts Events? Some Evidence and A Proposed Classification", *Journal of Cultural Economics*, Vol. 24, 2000.

③ E. g., Eric Homsi, "Financing Films One State at A Time: A Survey of Successful Film Incentive Programs", *Seton Hall Journal of Sports and Entertainment Law*, Vol. 21, 2011.

④ Jingxia Shi, *Free Trade and Cultural Diversity in International Law*, Hart Publishing, 2013; Tania Voon, *Cultural Products and the World Trade Organization*, Cambridge University Press, 2007.

⑤ W. Ming Shao, "Is There No Business Like Show Business? Free Trade and Cultural Protectionism", *The Yale Journal of International Law*, Vol. 20, No. 1, 1995, pp. 124 – 125.

对于电视节目定性的无用性，欧盟援引美国、欧盟和 OECD 的实践并提出了以"交易的真实价值"标准和"交易的必要形式"标准作为支持其将电视节目认定为服务的理由。① Fiona Smith 和 Lorna Woods 从一般意义上论述了 WTO 中货物和服务的区分问题，并援引了欧盟的立法和实践作为参考。② 加拿大期刊案之后，对此问题的分析逐渐增多，Tania Voon 论述了数字化文化产品分类的困境、同时适用 GATT 和 GATS 带来的问题，并提出了改进分类困境的建议。③ Joost Pauwelyn 对加拿大期刊案和中美出版物案的评论中对文化产品的分类相关问题的论述非常值得参考。④

2. 文化产业补贴的合法性

对文化产业补贴是否符合国际法这一问题，并不是国内有些学者认为的那样，是符合国际法的。⑤ 实际上，无论是贸易法领域中的 WTO 规则，还是文化法领域中的《文化多样性公约》，都对合法的文化产业补贴提出了一定的要求。

文化产业补贴是否符合国际法，尤其是 WTO 规则，国外研究对此有两种观点：一种认为这些措施有违反 WTO 规则之虞。曾有美国学者分析了加拿大电影产业的激励措施与加拿大在 WTO 中的义务，尤其是与《SCM 协定》的相符性问题，指出这些措施是否符合 WTO 规定是需要视情况而定的，不能一概而论，关键在于这些措施对其他 WTO 成员方造成损害的程度。其也指出大部分电影产业的税收激励措施是违反 WTO 规则的，也对美国的电影产业造成了损害，美国可以在 WTO 中提

---

① John David Donaldson, "Television Without Frontiers: The Continuing Tension Between Liberal Free Trade and European Cultural Integrity", *Fordham International Law Journal*, Vol. 20, No. 1, 1996, pp. 122 – 134.

② Fiona Smith & Lorna Woods, "A Distinction Without a Difference: Exploring the Boundary Between Goods and Services in The World Trade Organization and The European Union", *Columbia Journal of European Law*, Vol. 12, No. 1, 2005, pp. 1 – 49.

③ Tania Voon, "A New Approach to Audiovisual Products in the WTO: Rebalancing GATT and GATS", *UCLA Entertainment Law Review*, Vol. 14, No. 1, 2007, pp. 6 – 11, 17.

④ Joost Pauwelyn, "Squaring Free Trade in Culture with Chinese Censorship: The WTO Appellate Body Report on China – Audiovisuals", *Melbourne Journal of International Law*, Vol. 11, No. 1, 2010; Paola Conconi & Joost Pauwelyn, "Trading Cultures: Appellate Body Report on China – Audiovisuals", *World Trade Review*, Vol. 10, No. 1, 2011.

⑤ 郭玉军、李华成：《国际文化产业财政资助法律制度及其对中国的启示》，载《河南财经政法大学学报》2013 年第 1 期，第 53 页。

起诉讼,也可以依据"特别301条款"实施反补贴措施。① 也有欧盟学者对欧盟的电影激励措施是否符合WTO规则这一问题进行了审视,并对这些措施的合法性提出质疑,认为只是由于现实原因而没有被WTO成员方起诉。② 另一种认为文化产业补贴相对来说是合法的文化政策措施,可以作为现阶段合法的措施。③

3. 规则的冲突与协调

关于《文化多样性公约》与WTO的关系问题,国外学者Tania Voon、Christoph Beat Graber、Michael Hahn以及Mira Burri在此领域的观点最具有代表性和影响力,其他学者的观点或多或少受其影响。对《文化多样性公约》的作用,有学者认为《文化多样性公约》的制定为其成员提高了在WTO谈判中的谈判筹码④,在文化问题上可以作为对WTO的一种抗衡⑤;另一派认为,《文化多样性公约》并不影响WTO成员的权利义务⑥,诸多学者通过对国际公法规则冲突、公约的冲突条款以及WTO争端解决机制的管辖权和适用法律依据等问题的详细分析,对公约在解决文化与贸易冲突中的实际作用持审慎的态度⑦。

对于区域贸易协定(Regional Trade Agreements, RTAs)与WTO之间优惠待遇和原产地规则等规则之间的不同,这一规则之间的冲突被形

---

① Claire Wright, "Hollywood's Disappearing Act: International Trade Remedies to Bring Hollywood Home", Akron Law Review, Vol. 39, No. 3, 2006, pp. 755 – 841.

② Herold Anna, "European Public Film Support within The WTO Framework", Iris Plus Legal Observations of the European Audiovisual Observatory, Vol. 6, No. 1, 2003, pp. 1 – 11.

③ Tania Voon, Cultural Products and the World Trade Organization, Cambridge University Press, 2007, pp. 218 – 219.

④ Keith Acheson & Christopher Maule, "Convention on Cultural Diversity", Journal of Cultural Economics, Vol. 28, No. 4, 2004, pp. 243, 251.

⑤ Christoph Beat Graber, "The New UNESCO Convention on Cultural Diversity: A Counterbalance to The WTO", Journal of International Economic Law, Vol. 9, No. 3, 2006, p. 574.

⑥ Michael Hahn, "A Clash of Cultures? The UNESCO Diversity Convention and International Trade Law", Journal of International Economic Law, Vol. 9, No. 3, 2006, p. 515.

⑦ Anke Dahrendorf, "The Legal Relationship between WTO rules and the UNESCO Convention on the Protection and Promotion of the Diversity of Cultural Expressions", Maastricht Faculty of Law Working Paper, Vol. 11, 2006, p. 14; Tania Voon, "UNESCO and the WTO: A Clash of Cultures", International and Comparative Law Quarterly, Vol. 55, No. 3, 2006, pp. 635 – 651; Tania Voon, Cultural Products and the World Trade Organization, Cambridge University Press, 2007, p. 217.

象地称为"意大利面碗效应"①,是国际法的碎片化现象在贸易法领域的表现。这一问题是国际公法和国际经济法共同关注的重要问题,相关论著也比较多。②

对文化产业补贴在不同国际法领域中的冲突和协调,Dirk Pulkowski 的专著③以文化产业为例,分析了国际规则和制度之间冲突的法律与政策。细致地分析了文化产业补贴规则在国际贸易法领域、文化法领域和人权法领域的冲突的表现及其实质,包括作为一种目标冲突、作为一种机构冲突和力量平衡、不同规则之间的冲突,并提出了解决办法。他认为宏观上不同制度应当跳出其本身,采取从单边到对话的方式;具体来说可以通过《维也纳条约法公约》(Vienna Convention on the Law of Treaties)第 31 条规定的法律解释的方法进行解释,以及通过优先规则进行协调。

三 研究方法

(一)历史分析方法

由于国际公约中并没有直接对"文化产业"进行规制,一般是从"文化"的角度进行探讨,文化产业是否可以套用文化规则。从国际法角度梳理相关规定,尤其是文化产业在相关国际公约中的地位及其演变过程实属必要。文化产业天然具有文化和商业双重属性,从文化产业发展的历史来看,文化产业伴生于"知识经济""创意经济"等概念,伴随着文化产业的发展,文化与贸易愈加密切联系不可分割。因此,在文化贸易视野下审视文化产业有助于梳理文化产业相关问题的脉络。本书以知识经济和数字化技术革新为背景,结合文化产业的缘起和发展、以及文化与贸易之间争议的流变,梳理 WTO、北美自由贸易协定(North American Free Trade Agreement, NAFTA)、联合国教科文组织

---

① Joost Pauwelyn, "Adding Sweeteners to Softwood Lumber: The WTO – NAFTA 'Spaghetti Bowl' Is Cooking", *Journal of International Economic Law*, Vol. 9, No. 1, 2006, pp. 197 – 206.

② Ronnie R. F. Yearwood, *The Interaction between World Trade Organization law and Exernal International Law*, Routledge, 2012; Joost Pauwelyn, *Conflict of Norms in Public International Law: How WTO Law Relates to Other Rules of International Law*, Cambridge University Press, 2005.

③ Dirk Pulkowski, *The Law and Politics of International Regime Conflict*, Oxford University Press, 2014.

(UNESCO)以及自由贸易协定(Free Trade Agreements, FTAs)中文化产业补贴规则的发展脉络和演进规律,试图在弄清现有制度的来龙去脉的基础上,分析文化产业补贴涉及的具体问题。

(二)法律解释方法

本书从法律的价值、功能、适用等角度,对 UNESCO《保护和促进文化多样性公约》,WTO 及其他 FTAs 中的一般贸易原则、补贴规则、一般例外规则以及文化例外(如果存在的话)、《公民权利和政治权利国际公约》和《经济、社会及文化权利国际公约》中的文化相关内容进行了文本、历史、目的等多元解释,试图寻求文化产业补贴制度的具体化、精细化、系统化。

(三)比较分析方法

本书在具体问题的讨论中贯穿比较分析的研究方法,包括对各国文化产业补贴的理论的比较、相关立法和实践的比较以及对案例中具体问题处理方法的比较。从前述研究现状中我们可以发现,我国对此问题的理论研究不够深入,而国外研究相对深入、系统、全面,本书在比较国内外的理论的基础上对涉及的问题进行总结分析。他山之石,可以攻玉。国外相关立法和案例为我国提供了宝贵的借鉴,因此,针对目前我国文化创意产业财政支持措施的需求和现存问题,在参考国内相关立法和实践的基础上,通过比较分析找出一条适合目前我国文化产业发展之路,并提出我国文化产业补贴的立法建议。

(四)案例分析法

WTO 争端解决机构、ECJ 以及一些国内法院均有涉及文化产业的案件,尤其是 WTO 争端解决机构中专家组和上诉机构的裁判分析对本书具有重要的参考意义。本书在论述具体问题时运用了案例分析法,结合相关案例进行阐释。例如,在文化产品的分类问题上援引了加拿大期刊案和中美出版物案中辩方提出的涉案文化产品属于服务的抗辩,并分析了专家组和上诉机构的意见。又如,中美出版物案阐释了文化产业适用公共道德例外的可能性及其需要的条件,对于文化产业援引一般例外的情况具有重要的参考意义。对这些案件的分析不仅有助于理解相关制度,也对我国今后的相关立法和实践具有提示作用。

第一章

文化产业补贴的基本问题

文化产业因其巨大的经济效益和文化效益在世界范围内得到了广泛的关注，对文化产业的界定成为理论和实践中首先要面对的问题。由于不同领域的学者的研究视野不同、各国基于自身发展文化产业的侧重点不同，这一概念的称谓用语、内涵尚无统一的定义，具体包括哪些门类亦存在差异。"文化"和"创意"原本是内涵丰富的概念，再加上"产业化"，在外延上更难统一界定，并且这一概念随着实践的发展不断变化。故此，有必要对文化产业的概念和分类进行探讨和梳理，这是本书研究的基础。从文化产业补贴的实践来看，纵观文化创意产业发展迅速的国家和地区，均采取各种政策措施以促进文化产业的发展，其中，补贴是各国普遍实施的促进文化产业发展政策措施之一。基于文化产业补贴的理论依据和实际作用，对文化产业补贴的必要性和实践中的普遍性进行阐释亦属必要。本章从这两个问题开始，接着从贸易、人权和文化三个角度梳理文化产业补贴的国际法渊源，并简要阐释本书论述的主要问题。

第一节　文化产业补贴界定

文化产业的定义纷繁复杂，不仅理论上百花齐放，实践中各个主体也有自己的界定，而且此定义处于一个不断变化的动态发展过程。本书认为文化产业概念的研究不能拘泥于横向比较这些定义，更应当以一种纵向的历史发展的角度来进行梳理，只有这样才能够了解各种区分背后的原因，以及文化产业内涵和范围的最新发展。文化产业的概念反映了时代发展变化，在概念形成的过程中一直伴随着理论批判的声音，例如对创意产业的批评①，对文化产业的批评。这些概念就在这种理论和批判和回应中越辩越明，并且在立法中得到落实和援用。文化产业概念形成过程中理论和实践的互相作用十分明显，因此本书在分析文化产业的概念时没有明显界分理论和实践，主要是以官方文件和各国立法为蓝本对文化产业的概念进行剖析，佐以一定的理论分析。

一　文化产业

一般来说，文化产业及其相关概念大致经历了从"文化工业"（culture industry）到"文化产业"（cultural industry），再从"文化产业"到"创意产业"（creative industry）的转变过程。

（一）文化产业的含义

从各国立法或政策来看，当前世界各国或地区不仅对"文化产业"这一概念的定义有差异，而且使用的术语也各不相同——目前国际上使用的与"文化产业"这一概念相近似的术语还有"创意产业""版权产业""文化创意产业""内容产业"等②。本书认为，对该词含义和用语的不同反映了界定主体对界定侧重点的不同，具体分别阐释如下。

1. 联合国教育、科学及文化组织（UNESCO）：文化产业

UNESCO 使用的术语是"文化产业"，其在 2000 年《文化、贸易与全球化：问与答》的报告中，将"文化产业"定义为"那些本质上具有无形性和文化性内容的创造、生产和商业化的集合，这些内容典型地受到知识产权的保护，并能够以货物或者服务的方式表现"③。该报告

---

① 例如尼古拉斯·加汉姆对"创意产业"这一概念的批判，他将从文化产业转向创意产业的弊端称为一种"特洛伊木马病毒"，See Nicholas Garnham, "From Cultural To Creative Industries: An Analysis of The Implications of The Creative Industries Approach to Arts and Media Policy Making in The United Kingdom", *International Journal of Cultural Policy*, Vol. 11, No. 1, 2005, pp. 15 – 29. 澳大利亚昆士兰大学文化产业研究中心的坎宁安教授对此作出了回应，See Stuart Cunningham, "Trojan Horse or Rorschach Blot? Creative Industries Discourse Around The World", *International Journal of Cultural Policy*, Vol. 15, No. 4, 2009, pp. 375 – 386。

② 本书为了称谓的方便，全部使用"文化产业"一词。

③ UNESCO, *Culture, Trade and Globalization: Questions and Answers*, UNESCO Publishing, 2000, pp. 11 – 12.

总结到,文化产业在经济学术语下可以称为创意产业、朝阳产业、未来产业等,用科技术语可以称为内容产业。

2007 年 UNESCO 的《文化产业数据》将"文化产业"定义为"那些生产有形或无形的艺术性和创造性产品产出,通过文化资产的利用以及知识性货物和服务的生产而具有创造财富和增加收入的可能性的产业"①。文化产业的特征是,其均利用创意、文化知识以及知识产权来生产具有社会和文化意义的产品和服务。该报告认为"文化产业"和"创意产业"在概念上可互换,"文化产业"强调那些文化遗产创造性中的传统和艺术元素;"创意产业"强调个体的创造才能和革新,以及知识产权的开发利用。此后这一定义被继续援用。

2. 联合国贸易和发展会议(UNCTAD):创意产业

UNCTAD 对创意产业的关注始于 2004 年的部长会议,自此之后,创意产业这一概念被提上国际经济和发展日程②。自 2008 年以来颁布的《创意经济报告》使用的术语是"创意产业"③,"创意产业"是那些将创造力和知识资本作为主要投入的货物和服务的创造、生产和分配的循环;组成一系列知识性活动,集中但不限于艺术,从贸易和知识产权中获得潜在收入;由有形的产品和具有创造性内容、经济价值和市场目标的无形知识或者艺术性服务组成;位于技术、服务和产业部门的三岔路口;成为国际贸易的一个新的有活力的部门。UNCTAD 对创意产业定义的显著特征是,将"创造力"的含义从有强烈的艺术成分的活动扩大到"任何生产具有依赖知识产权和尽可能广阔市场特征的产品的经济活动"。④ 在文化产业和创意产业的关系问题上,其认为"文化产业"是"创意产业"下的一个子概念。

3. 欧盟:文化创意产业

欧盟整体层面关于文化产业的官方定义,经历了一个发展变迁的过

---

① UNESCO, *Statistics on Cultural Industries*: *Framework for The Elaboration of National Data Capacity Building Projects*, Bangkok: UNESCO Bangkok, 2007, p. 11.

② UNCTAD, *High – Level Panel on Creative Industries*: 13 June 2004 – Summary prepared by the UNCTAD secretariat, TD/L. 379, Jun. 16, 2004.

③ UNCTAD, *Creative Economy Report* 2008: *The Challenge of Assessing the Creative Economy towards Informed Policy – making*, UNCTAD/DITC/2008/2, 2008, p. 13.

④ UNCTAD, *Creative Industries and Development*, TD (XI) /BP/13, June 4, 2004.

程，由"文化部门"到"文化产业"，再到"文化创意产业"。2010年欧盟发布的题为《发掘文化创意产业的潜力的绿皮书》① 正式使用"文化创意产业"（Cultural and Creative Industries，CCIs）的概念并详述了其定义。该文件指出，文化创意产业包括文化产业和创意产业，"文化产业"是指生产和传播那些一经创造就被认为具有某种特殊的属性、用途或者目的的物品或服务的行业，这些物品或服务本身蕴含着或者承载着与其具有的商业价值无关的文化表现形式。除了传统的艺术行业（行为艺术、观赏艺术，包括公共领域之内的文化遗产）之外，还包括电影业、录像、电视和广播、游戏、新媒体、图书和出版业；"创意产业"是指那些尽管其产品主要属于功能性的，但将文化作为投入并且具有文化内涵的产业。包括建筑和设计等将创意融入更加广泛的过程之中的行业，也包括这些行业的附属领域如平面设计、时装设计和广告等行业。此外，欧盟对文化产业的关注更多放在数字化时代文化创意产业的发展上。②

4. 各国国内立法对文化产业内涵的界定

英国是第一个正式使用"创意产业"说法的国家，英国文化、媒体和体育部（Department for Culture，Media and Sport，DCMS）首次于1997年提出创意产业的概念，并于1998年和2001年分别发表了《创意产业路径文件》（Creative Industries Mapping Document），对创意产业的定义和分类进行了系统描述。2001年《创意产业路径文件》③ 中对创意产业提出了正式的定义，即那些"源自个体的创意、技能及才华，通过知识产权的开发和利用，而具有创造财富和就业机会的潜力的产业"，这一定义一直沿用至今。

在法国，文化产业被定义为在文化产品大规模的制造和商业化过程中，结合了更多产业化功能的文化的构思、创造和生产功能的一系列经

---

① European Commission, *Green Paper*: *Unlocking the Potential of Cultural and Creative Industries*, COM (2010) 183, April 27, 2010, pp. 5 – 6.

② European Commission, *Communication from the European Commission to the European Parliament, the Council, the European Economic and Social Committee and the Committee of the Regions*: *A Digital Agenda for Europe*, COM (2010) 245 final/2, Aug. 26, 2010, p. 31.

③ See Department for Digital, Culture, *Media and Sport*, *Creative Industries Mapping Document* 2001, UK Government, April 9, 2001, p. 5.

济活动。① 这一定义比传统的文化行业的范围要广。

日本在其 2004 年《关于促进内容的创造、保护及活用的法律》②中，将其称为"内容产业"，但是立法中并没有直接定义"内容产业"，而只是给出了"内容"的定义。该法的第 2 条规定："本法中所谓的'内容'，是指电影、音乐、戏剧、文学、摄影、漫画、动画、计算机游戏，其他文字、图形、色彩、音声、动作或影像，或这些元素的组合，或使这些元素通过电子计算机来表现的程序（电子计算机的指令、为了得到某一结果而进行的组合），是人类创造性活动所产生的，具有知识、品位和艺术价值或者娱乐功能的东西。"因此，文化产业指的就是从事上述内容制作等的活动的产业。

韩国《文化产业振兴基本法》第 2 条③规定："文化产业指的是文化商品的企划、开发、制作、生产、流通、消费等相关服务的产业。"

我国台湾地区十分重视文化创意产业的发展，其"文化产业发展法"第 3 条规定了"文化创意产业"的定义，是指源自创意或文化积累，透过智慧财产之形成及运用，具有创造财富与就业机会之潜力，并促进全民美学素养，使"国"民生活环境提升之产业。

5. 对文化产业内涵的分析

从用语上来看，从"文化工业"（culture industry）到"文化产业"（cultural industry）再到"创意产业"（creative industry），其间经历了六十年。正如有学者指出的那样，这一术语变化背后的核心其实是文化与

---

① Département des études, de la prospective et des statistiques, 2006, p. 7, see from UNCTAD, *Creative Economy Report* 2010: *Creative Economy: A Feasible Development Option*, UNCTAD/DITC/TAB/2010/3, Dec. 15, 2010, p. 11.

② 详见『コンテンツの創造、保護及び活用の促進に関する法律』（2004 年法律第 81 号），译成中文全称是《关于促进内容的创造、保护及活用的法律》，由日本众议院内阁委员会提出的，于 2004 年 5 月 28 日，在日本国会第 159 次（常会）会议上通过，并于 2004 年 6 月 4 日正式公布实施。具体翻译详见贾旭东《日本文化产业促进法研究》，《中国文化产业发展报告》，社会科学文献出版社 2009 年版，第 318—319 页。

③ Republic of Korea, "Framework Act on the Promotion of Cultural Industries (amended on 2013)", available at http://www.wipo.int/wipolex/en/text.jsp?file_id=316502, last visited on Apr. 20, 2015. 对于该法的中文译文详见国家社科基金重大项目"国家文化法制体系研究"课题组：《（韩国）文化产业振兴基本法》，《文化产业促进法的财税金融保障机制研讨会论文集》，2016 年 7 月 9 日，第 139 页。

经济之间关系的博弈。① 名词术语上的这一改变的意义在于，它强调了文化产业中的新经济成分，从传统的文化产业分析范式转换为基于新经济思维的分析范式，将文化创造、技术创新和经济学综合在了一起，是一个包括多个产业部类的复杂集合体。② 对于使用"文化创意产业"这一术语的原因，有学者总结为基于三个方面，即更能反映对文化多样性的关注，更精确地表述其包含产业的内涵与特点，更能体现对知识产权的保护。③ 从实践来看，目前欧盟和我国台湾地区在立法中使用这一术语，"文化创意产业"成为发展的趋势。

关于"文化产业"与"创意产业"内涵之间的区别，理论界的诸多论述中，笔者认为 Justin O'Connor 教授④总结得最为详尽，其认为前者是围绕着"经济文化化"进行组织，后者是围绕着"文化经济化"开展论述，二者的着眼点不同。二者的相同之处在于，均认可新的经济发展能够有助于恢复文化的传统，有助于文化的发展这一观点。UNCTAD 对此则指出⑤，对"文化产业"而言，可以说文化价值是其区别于其他类型的商品的明显特征，而"创意产业"被视为实质上的商业产品，但是其生产过程包括了一定程度的创造性。"创意产业"扩展了"文化产业"的范围，使其超越了艺术的范畴，标志着一种潜在商业行为的转变，直到最近才被认为全部或者主要地属于非经济性的术语。

从上述论述可以看出，尽管对"文化产业"的定义不一致，然而其核心只有一个，即"文化"和"创意"等相关概念的商业化、产业化。文化（创意）产业是以"文化的创造性"（cultural-based creativity）为核心的相关产业和行业的总称。需要指出的是，文化产业是随着经济、社会和文化的发展而不断发展的，从文化工业到文化产业再到创意产业即是这种发展变化的反映。尤其是新的科技手段和新的媒体形式的出现

---

① Justin O'Connor, *The Cultural and Creative Industries: A Literature Review*, Creativity, Culture and Education, London, 2010, p. 9.

② David Hesmondhalgh, *The Cultural Industries*, SAGE Publications Ltd, 2012, p. 18.

③ 郭玉军、司文：《文化产业促进法视角下文化产业界定比较研究》，载《武汉大学学报》（哲学社会科学版）2015 年第 6 期，第 98 页。

④ Justin O'Connor, "Intermediaries and Imaginaries in the Cultural and Creative Industries", *Regional Studies* Vol. 49, No. 3, 2015, p. 374.

⑤ UNCTAD, *Creative Economy Report* 2010: *Creative Economy: A Feasible Development Option*, UNCTAD/DITC/TAB/2010/3, 2010, pp. 5-6.

使得一些经济活动根本特征发生变化,文化产业势必会囊括更多的内容。文化产业的概念应当是处于一个动态发展的过程中,其内涵和外延都是在不断扩展的,这应该也是学界对文化产业概念众说纷纭的原因之一。

(二) 文化产业的范围

文化产业的外延问题即范围问题,也就是文化产业具体包括哪些内容。对文化产业范围的界定甚至比对其内涵的界定更重要,因为内涵的界定相对抽象,而外延涉及哪些具体的行业门类属于文化(创意)产业的问题,更加具体直观。要避免文化产业因其概念广泛而引发争议,就必须弄清楚文化产业包括的具体门类。各国立法或者一些机构的报告中主要有两种模式,一种是列举式的,列举文化(创意)产业包括的具体行业①;另一种是总结式的,该模式简单对文化创意产业的行业进行了子类型的划分②。本书基于一定的原因③,选取 UNESCO、UNCTAD、WIPO、欧盟和英国这五个具有代表性的样本进行分析。

1. 联合国教科文组织 2009 年《文化统计框架》模式

2007 年 UNESCO《文化产业数据》中采用列举的方式对文化产业的范围进行了界定④。2009 年 UNESCO 颁布的《文化统计框架》(简称

---

① 例如,UNESCO 在《文化、贸易与全球化:问与答》报告中指出,文化产业一般包括印刷业、出版业、多媒体行业、视听行业、唱片行业(phonographic)、电影行业(cinematographic)以及工艺与设计行业。并且提到一些国家还包括建筑业、视觉和表演艺术业、体育行业、乐器制造业、广告业和文化旅游业。UNESCO, *Culture, Trade and Globalization: Question and Answers*, UNESCO Publishing, 2000, pp. 11 – 13.

② 例如,UNCTAD 的《创意经济报告》将创意产业分为四大类:文化遗产、艺术、媒体和功能性创造,并对每一个类别下的子部门进行了详细描述。大多数国家或者机构在"创意产业"这一概念之下囊括了多种多样的产业,采取前述列举的方法。而这种归类模式更加直观和清晰。

③ 选取 UNESCO、UNCTAD、WIPO 为样本是因为这三个组织对文化产业范围的界定的侧重点不同,UNESCO 侧重于文化产业,UNCTAD 侧重于创意产业,WIPO 侧重于版权产业,这样选择便于理解三者的差异;而欧盟和英国作为文化创意产业发展的先驱和代表,有必要对其如何界定文化产业的范围予以考察;此外,WIPO 和英国 DMCS 的相关文件还于近两年进行了更新。故而,本书选择这五个代表为样本进行分析,并采用其最新的文件,力图反映国际上在文化产业范围问题上的最新发展趋势。

④ 范围包括:广告,建筑,手工艺和家居设计,时装,电影、录像和其他视听产品,平面设计,教育娱乐软件,直播和录制音乐,表演艺术和娱乐,电视、广播和互联网节目,可视艺术和古董,出版、印刷和文学作品。UNESCO, *Statistics on Cultural Industries: Framework for The Elaboration of National Data Capacity Building Projects*, Bangkok: UNESCO Bangkok, 2007, p. 11.

FCS)① 中定义了"文化领域",其集合起来作为文化产业的范围。文化领域分为核心文化产业和相关文化产业,以及四种横向的文化相关行为。核心文化产业分为六大类:(1) 文化和自然遗产,包括博物馆、考古和历史性区域、文化景观和自然遗迹这些活动;(2) 表演和庆祝,包括所有的现场文化活动的表现形式②;(3) 视觉艺术和手工艺,包括美术,例如素描、油画、雕塑,手工艺业和摄影③;(4) 图书和出版,包括以所有形式表现出来的出版物,如图书、报纸、期刊等。这一领域 UNESCO 与 1986 年颁布的《文化统计框架》④ 相同,但是还包括了出版物的电子或虚拟形式,例如在线报纸、电子图书、图书和出版物的电子化传输,以及在线图书馆,都属于这一领域⑤;(5) 视听和互动媒体,这一领域的核心是无线电和电视广播,包括互联网在线流播,电影和录像,以及互动媒体⑥;(6) 设计和创意服务,这一领域在 1986 年的《文化统计框架》中就存在,包括源自创意性、艺术性和美感设计的物品、建筑和景观的商品或服务的这些活动,以及时尚、平面艺

---

① UNESCO, *The 2009 UNESCO Framework for Cultural Statistics*, UIS/TD/09 – 03, February 23 – 26, 2010.

② 表演艺术包括专业和业余的活动,例如戏剧、舞蹈、歌剧和木偶剧。还包括文化活动的庆祝,例如节日、宴会、集会等。音乐整体上被界定为属于这一领域,不论其形式。因此,它包括现场和录制的音乐表演、音乐作曲、唱片(音乐唱片)、数字化音乐的下载和上传,以及音乐设备。

③ 这些作品展览的商业性地点(例如商业性画廊)也包括在这一领域中。

④ UNESCO, *The UNESCO Framework for Cultural Statistics*, CES/AC. 44/11, February 13, 1986.

⑤ 需要指出的是,印刷并没有被正式地包括在文化产业的范围内,并且其自身不是文化活动。然而,依据生产周期模式,印刷作为出版业的生产过程的一个部分,被包括在内。依照这种方法,FCS 将那些最终主要为文化作用的印刷活动包括在内。现有的标准分类体系区分这些印刷活动很困难。总体来说,与出版业有关的印刷活动作为出版业的生产功能被包括在图书和出版范围内,而其他为了商业目的的印刷或者是快速复印的活动被排除在文化产业的范围之外。作为设备和支持材料(equipment and supporting materials)。

⑥ 互动媒体包括电子游戏和那些主要利用互联网或者计算机的新的文化表达形式。包括在线游戏、门户网站以及与社交和互联网播放有关活动的网站。然而互联网软件和计算机被认为是互动媒体内容生产的设备或者工具,被包括在设备和支持材料(equipment and supporting materials)中。互动媒体在实践中视适用的分类体系及其与主流软件和通信相关的活动区分开来的能力而定。被 CPC 规定的部分被视为互动媒体,那些没有被流软件或者其他分类系统规定的活动,则被包括在设备和支持材料中。

术、室内设计、景观设计、建筑和广告服务①。相关领域包括两类：一是旅游业；二是体育（竞技体育、娱乐体育，专业和业余）和娱乐业（赌博、娱乐和主题公园，以及其他休闲活动）。

四种横向文化相关行为。这些领域可以作为独立的领域单独存在。但是能够适用于所有文化领域所以被视为横向。包括：（1）具有全部文化性的非物质文化遗产；（2）具有部分文化性的档案和保存；（3）教育和培训；（4）设备和支持。② 这是从另一个角度来阐述文化产业的范围的视角。

此外，该份文件还界定了一种文化周期模式（culture cycle model），描述了五种与文化相关的行为，具体包括：（1）创造；（2）生产；（3）传播；（4）展览、接待、传承；（5）消费或参与。这五个环节展示了社会领域文化生产是怎样产生的，有助于理解这些文化活动的内在关联性。

2. 联合国贸易与发展会议（UNCTAD）

UNCTAD 的《创意经济报告》③ 将创意产业分为四大子类：文化遗产、艺术、媒体和功能性创造品，并对每一个类别下的子部门进行了详细描述。这四大类别下涵盖的内容具体内容如下。（1）文化遗产。文化遗产被视为所有类型的艺术的源头以及文化创意产业的灵魂。这是分类的起始。正是文化遗产将具有历史性、人类学、民族学、美学和社会学观点的文化因素聚合起来，影响创造力，并且成为许多文化遗产性商品和服务以及文化活动的源头。这一门类分为两组：传统文化表达（艺术手工业、节日和庆祝活动）以及文化场所（人类学遗址、博物馆、图书馆、展览馆等）。（2）艺术。这一门类包括纯粹基于艺术和文化的创意产业。这类艺术作品受到文化遗产、认同感价值观和符号表达意义的激发。分为视觉艺术（油画、雕塑、摄影和古董）和表演艺术（音

---

① 建筑和广告服务旨在提供中间环节的创意性服务，不论这些产品最终是否属于文化产品。这里只有建筑和广告服务属于这一类型。作为遗产一部分的建筑物属于第一类，而那些具有交互媒体内容的设计，则属于第五类。

② UNESCO, *The 2009 UNESCO Framework for Cultural Statistics*, UIS/TD/09 – 03, February 23 – 26, 2010.

③ UNCTAD, *Creative Economy Report* 2008: *The Challenge of Assessing the Creative Economy towards Informed Policy – making*, UNCTAD/DITC/2008/2, 2008, p. 13.

乐会、戏剧、舞蹈表演、歌剧、马戏和木偶戏等）。(3) 媒体。这包括以和广大受众者交流为目的生产创造性内容的两类子门类，分为出版及印刷媒体（图书、印刷和其他出版业）和视听业（电影、电视、广播和其他广播节目）。(4) 功能性创造品。包括具有功能性目的的以需求驱动和服务为导向的产业。包括：设计（室内设计、平面设计、时尚、珠宝）和新媒体（建筑、广告、文化娱乐、创意研发、数字化和其他创造性服务业）。需要指出的是，UNCTAD 的这一界定包括了与文化有关的科技和研发，但是没有将体育产业包括在内。UNCTAD 的这种以部门、类别或者类型（domains，groups or categories）对创意产业的范围进行界定的方法，有助于从宏观上理解行业之间跨行业的互动模式，为定性和定量分析提供一种具有稳定性的参考。①

3. WIPO

WIPO 发布的《版权经济》② 基于相关产业活动对版权的依赖程度对版权产业进行分类，将版权产业分为四个产业组：除了核心版权产业③之外，还有三类与版权保护内容具有经济关联性的产业类型。它们是：互相依赖产业（interdependent industries），主要是指那些便利产品和设备的产业，例如音乐、广播和电视设备的生产，部分版权产业（partial copyright），是指版权只是起一小部分作用的产业，例如建筑、珠宝、设计、手工艺制作和非专用支持产业（non-dedicated support industries），以及运输业、互联网产业、批发业、零售业。这一模式后来为美国所用，其于 2004 年将其版权产业报告④中版权产业的范围更新为 WIPO 的这一模式。

---

① UNCTAD，*Creative Economy Report* 2010：*Creative Economy*：*A Feasible Development Option*，UNCTAD/DITC/TAB/2010/3，2010，pp. 7-8.

② See WIPO，*Guide on Surveying the Economic Contribution of the Copyright-Based Industries*，2003；WIPO，*Guide on Surveying the Economic Contribution of the Copyright-Based Industries*：*2015 Revised Edition*，2015.

③ 包括出版，报纸杂志图书和相关产业的制作，广播和电视，音乐，剧场，广告，平面设计，计算机软件和数据库，版权集体管理机关。

④ 美国国际知识产权联盟（International Intellectual Property Alliance，IIPA）自 1990 年以来发布《美国经济中的版权产业》报告，旨在对版权产业的经济影响进行评估。https://www.iipa.org/reports/copyright-industries-us-economy/.

不过，正如 UNESCO 在《文化产业数据统计》①中评价的那样，作为文化产业或创意产业数据收集的指导，WIPO 采用的这一模式能够深入地阐释核心与部分版权产业的关系。不同于核心版权产业，部分版权产业在现有的分类体系中不能被全面地表现。并且，标准的产业分类体系对制作货物的文化价值不敏感，将手工艺与其他制作活动一起分类。这为文化数据统计带来了方法上的挑战。此外需要注意的是，WIPO 的模式旨在衡量这些产业的经济影响，并没有关注这些活动的其他非经济方面以及他们的社会影响。据此，大部分研究是检验文化产业的经济作用（如经济附加值、出口、就业），没有关注创意经济的社会影响。

4. 欧盟模式

欧盟委员会曾于 2013 年《关于获得文化创意产业财政支持的报告》中指出，一个清楚的概念不只要求对文化创意产业这一概念的普遍理解，还应当提供一个可行的分析框架。②该报告沿用了 2012 年欧盟统计局（Eurostat）对文化数据统计中的观点，并根据最新的 NACE 分类标准分析了文化相关行业的活动。这一框架为欧盟各成员所认可的文化的领域提供了一种主要基于文化产品或服务被创造的价值链类型这一因素的清晰描述。③

2000 年开始实施的文化数据统计从统计的角度指出"文化部门"（cultural sector）包括八大领域（艺术和重大文化遗产、档案、图书馆、图书和出版业、观赏艺术、建筑、行为艺术、视听媒体），具有六大功能（保护、开发、制造、传播、销售和教育）。④ 2012 年的更新版本指出，一个文化领域由一系列关注艺术性表达的实践、活动或者文化产品所组成。新的版本界分了十个文化领域，即文化遗产、档案业、图书馆业、图书出版业、视觉艺术业、行为艺术业、视听和多媒体业、建筑

---

① UNESCO, *Statistics on Cultural Industries*: *Framework for The Elaboration of National Data Capacity Building Projects*, Bangkok: UNESCO Bangkok, 2007, p. 12.

② European Union, *Survey on Access to Finance for Cultural and Creative Sectors*, NC‑01‑13‑826‑EN‑N, Oct. 2013, p. 29.

③ Vladimír Bína, Philippe Chantepie and Valérie Deroin etc., "ESSnet‑CULTURE: European Statistical System Network on Culture: Final Report", (2012), http://ec.europa.eu/culture/library/reports/ess‑net‑report_en.pdf.

④ European Commission, *Green Paper*: *Unlocking the Potential of Cultural and Creative Industries*, COM (2010) 183, April 27, 2010, p. 5.

业、广告和手工艺业。① 这一框架还从与创意产业链的不同阶段相一致的角度界定了文化领域具有的六大功能：创造、生产/出版、传播/贸易、保护、教育、管理/规制。这一框架将下列领域从文化创意产业的范围中排除：一般系统软件或者适用软件的活动；信息活动（电信）；休闲活动（游戏、娱乐活动和赌博等）和旅游；自然保护、动物园、植物园；大规模的制造或装饰产品（陶瓷、首饰等）。

5. 英国 DCMS 2014 模式

对于创意产业的分类，早先英国一直沿用其 2001 年的《创意产业路径文件》中的分类方法。② 直到 2014 年，英国在《创意产业经济报告》中更改了分类的方法，删除及合并了一些门类，最终将创意产业的门类分为九类：（1）广告及市场营销；（2）建筑；（3）工艺；（4）设计（产品、平面设计和时尚设计）；（5）电影、电视、录像、广播、摄影；（6）IT 软件及计算机服务；（7）出版、博物馆、美术馆、图书馆；（8）音乐表演；（9）视觉艺术。这一新的分类方法在其后的报告中继续沿用。③ 比较 DMCS 的新旧分类，其在内容上增加了传统的文化产业领域内博物馆、美术馆、图书馆等这些行业。这一特点也可以说明"文化产业"和"创意产业"概念趋于融合的趋势。

新的分类方式是基于"创意强度"（creative intensity）——每一个产业中从事创造性工作的人的比重，依据英国的标准行业分类体系和标准职业分类体系对行业和职业的划分而进行的创意产业分类。这一分类方式的方法是：首先，其逻辑前提是一些行业具有创造性因素；其次，计算所有行业创造性强度；再次，设定一个创造性强度的数值，某一行

---

① Vladimír Bína, Philippe Chantepie and Valérie Deroin etc., "ESSnet - CULTURE: European Statistical System Network on Culture: Final Report", (2012), http://ec.europa.eu/culture/library/reports/ess - net - report_en.pdf.

② 创意产业的外延包括广告、建筑、艺术及古董市场、手工艺品、工艺、时尚设计、影视、休闲软件游戏、音乐、表演艺术、出版、软件与计算机服务业、电视和广播这十三个行业。See Department for Digital, Culture, Media and Sport, *Creative Industries Mapping Document 2001*, UK Government, April 9, 2001, p.5.

③ Department for Digital, Culture, Media and Sport, *Creative Industries Economic Estimates - January 2014*, UK Government, Jan. 14, 2014, pp. 25 - 26.

业如果高于该数值则被认为属于创意产业。① 这种"创造性强度"的方法与原有的分类的相同点在于二者都关注创意行为发生的行业。之所以采用这一分类方式的原因在于这种方式能够直接评估创意产业对经济和就业的贡献，免去了重复计算——而那些旧有方式价值链上的所有行为都会包含在内（例如零售行为）。② 尽管这种方式在创意产业的分类上依然可能存有偏差，但其能够更好地评估创意在经济发展中的作用，也突出了创意产业中"创意性"这个本质特点，并且将难以评估的"创意"以一种可以获得的标准予以呈现，是一种比较务实的分类方法。英国作为首先提出创意产业的国家，其创意产业的发展经验等为很多国家所借鉴，这一更新的分类标准及其方法亦值得我们思考。

6. 对文化创意产业外延的分析

根据以上对文化产业门类的列举可知，各个机构（地区）对文化产业门类的范围界定并不一致。其中，联合国教科文组织的"文化产业"范围界定最广，而 WIPO "版权产业"相对来说范围最狭窄。本书抛开各个门类的细微差别，从便于比较分析的角度将上述内容分为以下三个类别：（1）文化遗产，如图书馆、博物馆、美术馆、档案馆等；（2）文化产业中的核心行业，如媒体和视听业、工艺设计手工业等；（3）边缘文化产业，如体育产业、旅游业、主题公园等。其他国家（地区）对文化产业的外延的界定也体现了这些特点。

对于第一类，本书认为其实是属于公益性的范畴，既包括文化遗产自然遗产等，也包括文化产业中的一些公益性场馆。这一类型 WIPO 中完全没有涉及，美国、日本、韩国等国内立法也没有包括上述门类；而 UNESCO、UNCTAD 和欧盟的界定包括了这些内容。值得注意的是，分析这一类对本书具有重要的意义：文化产业补贴的数据统计根据分类的不同而有差别，因此横向比较有时候并不准确。对于公益性文化事业的补贴无可厚非，真正有争议的是对那些盈利性文化产业部门的补贴，尤其是在这些文化产品进入国际贸易环节的时候。而文化政策措施是针对

---

① Department for Digital, Culture, *Media and Sport*, *Creative Industries Economic Estimates - January 2014*, UK Government, Jan. 14, 2014, pp. 25 – 26.

② Department for Digital, Culture, *Media and Sport*, *Classifying and Measuring the Creative Industries: Consultation on Proposed Changes*, UK Government, April 2013, pp. 4 – 8.

整个文化产业部门的，例如欧盟在 2013 年《关于获得文化创意产业财政支持的报告》[①] 中就详细分析了不同文化产业门类获得的补贴数额，其中这种公益性的文化产业门类所获得的资助占据了很大的比重。因此很多数据统计中援引的欧盟对文化的补贴数额，可能很大一部分是其对上述公益性文化的资助。本书认为，这种补助措施是没有争议的，也是 UNESCO《文化多样性公约》所支持的。

对于第二类，这是所有文化产业的定义中都有的部分，文化产业的核心行业，尽管各个国家界定有所差别，但还具有一定的共性。一般包括下列行业：

视听媒体业，包括电影、电视、广播和其他广播节目，以及数字化环境下的互联网媒体业；

图书出版业，包括以有形的方式出版的图书、报纸、期刊等，以及这些出版物的电子形式。视觉艺术和表演艺术等。设计和手工艺等。

对于第三类，如体育产业、旅游业等，不是文化产业的核心内容，其"文化"和"创意"特征与其他产业相比不明显，也只有很少的国家将其作为文化产业的门类。因此本书将这些产业称为边缘文化产业。

此外，WIPO 的对版权产业的分类中还包括了计算机软件和数据库，以及版权集体管理机关，这是 WIPO 所独有的分类内容。美国对版权产业的界定与此相一致。

需要指出的是，这一总结分类可能也不够准确，但是便于直观地比较上述对文化产业外延的差别。此外，文化产业外延的界定中还面临的一个重要问题是，没有专门针对文化产业的国际标准分类体系，所以文化领域需要适应已有的分类体系。然而，从数据统计的角度，只有建立在文化产业特征的分类体系之上的数据统计才准确。因此这也是文化产业分类不一致的原则之一。

（三）文化产业的特点

正如前文所述，文化产业创造了巨大的经济价值，具有巨大的经济潜力。文化产业及其制造的文化产品同其他贸易领域的产业和产品一样，具有经济属性。同时，文化产业的特殊之处在于，文化产品还承载

[①] European Union, *Survey on Access to Finance for Cultural and Creative Sectors*, NC – 01 – 13 – 826 – EN – N, Oct. 2013, pp. 74 – 95.

了重要的文化属性。文化产业和文化产品具有的这一经济和文化的双重属性是文化产业独有的重要的特征。

关于文化产业的这一特征,是存在争议的。乌拉圭回合谈判过程中,美欧之间关于视听产业的性质及其对待问题上,产生了文化产品商业性和文化性之争。美国和欧盟对视听产业有不同的界定方法:美国对视听产品的定义是从经济术语的角度进行的,因此视听产业具有商业特征。另外,美国认为电影和电视是在市场上流通的商业产品,因此视听产业的所有内容属于 GATT 的范围并且受到包括服务在内的自由贸易原则的约束。① 相反,欧盟则将视听产品视为文化产品,因此视听产品领域的贸易不能被视为与其他领域的货物或者服务的贸易同样对待。欧盟特别将电视节目视为"文化的一种艺术表现方式",其认为文化产品不同于一般的诸如谷物或者橄榄油之类的产品,电视和电影是一国乃至一个大陆文化的本质,因此不能单纯被市场因素左右。② 欧盟坚持认为,视听产品属于"文化产品",因而不同于普通产品,需要被特殊对待。实际上,美欧上述争议的实质在于文化产品是否能够得到 WTO 贸易规则的特殊对待。美欧之间对此争议中的各方观点,恰好证明了文化产业同时具有经济性和文化性双重属性。

至今,文化产品所具有的文化和商业双重属性在理论界已经基本上得到了确认。以视听产品为例,视听产业在为公众提供信息并因此塑造大众观念方面发挥了重要作用③,具有教育功能。正如有学者明确指出的那样,尽管文化产业和其他产业一样具有经济性,但是文化产品确实

---

① Michael Braun, "Trade in Culture: Consumable Product or Cherished Articulation of a Nation's Soul", *Denver Journal of International Law and Policy*, Vol. 22, No. 1, 1993, p. 155; Lisa L. Garrett, "Commerce Versus Culture: The Battle between the United States and the European Union over Audiovisual Trade Policies", *North Carolina Journal of International Law*, Vol. 19, No. 3, 1994, pp. 554 – 555.

② Lisa L. Garrett, "Commerce Versus Culture: The Battle between the United States and the European Union over Audiovisual Trade Policies", *North Carolina Journal of International Law*, Vol. 19, No. 3, 1994, p. 555.

③ Grischa Perino and Gunther Schulze, "Competition, Cultural Autonomy and Global Governance: The Audio – Visual Sector in Germany", in Paolo Guerrieri, P. Lelio Iapadre and Georg Koopmann eds., *Cultural Diversity and International Economic Integration: The Global Governance of The Audio – Visual Sector*, Edward Elgar Publishing, 2005, p. 52.

含有文化的、非商业的属性，正是这种属性使其与其他贸易性的货物和服务区分开来。①

同时，文化产业的这一双重属性也得到了实践的普遍认可。巴西强调了"视听服务在传播文化价值和理念"中的重要作用②。澳大利亚认为视听服务在澳洲的多元文化社会中发展和反映了一种国家和文化的身份认同。③ 即使是美国也认可"视听产业也许具有某种文化特征"④。

文化产业的这一双重属性还得到了一些国际性文件的关注。例如，联合国《文化多样性宣言》第8条指出，文化商品和服务，作为身份、价值和意义的载体，不能仅仅被视为一种产品或者服务性商品。联合国贸易和发展会议发布的创意经济报告中也指出，文化和经济的双重属性的结合是文化产业的一个特殊特征。⑤

因此，文化产业的文化属性和商业属性同时存在，这一双重属性正是文化产业所具有的特征。从文化产业这一概念本身来看，"文化"与"产业"的结合就表明，文化产业同时具有文化属性和商业属性，二者不可偏废其一。

二 补贴

（一）补贴的含义

补贴（subsidy）一词起源于拉丁语"subsidium"，意为支持、援助、帮助、补助。⑥ 补贴原本是一个经济学上的概念，但是同时也被法

---

① Tania Voon, *Cultural Products and the World Trade Organization*, Cambridge University Press, 2007, p. 33; David Throsby, *Economics and Culture*, Cambridge University Press, 2001, pp. 28 – 29.

② WTO, *Communication from Brazil – Audiovisual Services*, Council for Trade in Services, S/CSS/W/99, July 9, 2001, p. 6.

③ Franco Papandrea, "Trade and Cultural Diversity: An Australian Perspective", *Critical Studies in Innovation*, Vol. 23, No. 2, 2005, p. 228.

④ WTO, *Communication from the United States on Audiovisual and Related Services*, S/CSS/W/21, Dec. 18, 2000, p. 7.

⑤ UNCTAD, *Creative Economy Report* 2010: *Creative Economy*: *A Feasible Development Option*, UNCTAD/DITC/TAB/2010/3, 2010, p. 5.

⑥ 付亦重：《服务补贴制度与绩效评估——基于美国服务补贴制度的研究与启示》，对外经济贸易大学出版社2010年版，第33页。

律与政策所关注。从世界范围内来看,补贴是一个普遍的经济现象。在国际贸易领域,补贴是一个非常敏感的问题。[1] 一方面,补贴被各国政府广泛运用以追求和促进其国内合法的经济和社会政策目标;另一方面,这种补贴可能会使其贸易伙伴的进口和出口市场受到补贴产品的不公平竞争,对贸易伙伴的利益产生不利影响。

由于补贴问题的复杂性,迄今为止,国际上对补贴的定义尚未统一。补贴的定义随着被考量的政策的领域和范围而有所不同。从经济理论上来说,学者从价格和成本角度、政府目标角度[2]、补贴的作用机制角度[3]、补贴的效果角度[4]等进行了界定。

从法律角度来看,尽管从《哈瓦那宪章》开始就讨论补贴问题,可是在 GATT 中直到《SCM 协定》,补贴的定义才被确定下来,《SCM 协定》WTO 中第一个明确界定货物贸易领域补贴含义的,对贸易领域的补贴认定具有深远影响。这一定义对美国、欧盟各国等的国内立法也产生了影响,成员方相应地修改其反补贴税法,几乎采纳了《SCM》协定对补贴的定义。但是这一对补贴的定义适用于货物贸易领域,侧重强调补贴造成的结果,是个相对狭窄的定义。除了《SCM 协定》之外,WTO 还曾在《世界贸易报告》中对补贴进行过界定。除了 WTO,OECD 也曾对补贴下过定义,其认为广泛接受的补贴定义不存在,现有对补贴定义的共同点包括:一项政府政策;通过有利于某厂商或部门影响市场上的竞争;从而降低总体福利。[5] 总体来看,在国际规则中对补贴进行一个统一的定义并非易事。[6]

---

[1] Peter Van den Bossche and Werner Zdouc, *The Law and Policy of the World Trade Organization*, Cambridge University Press, 2013, p. 745.

[2] "补贴是政府给予经济部门(或机构、商业或个人)的一种支持形式,通常是为了促进一项政府认为对总体经济或社会普遍有利的活动。"

[3] "补贴通过非竞争性的生产者(通常是大规模生产者)进行周期剩余生产,压低世界价格并抑制市场进入。"

[4] "补贴初始提高收益,在运行一段时间后,可能会损害受补贴方的利益。"

[5] OECD, *Competition Policy in Subsidies and State Aid*, DEAF/CLP (2001) 24, Nov. 12, 2007.

[6] Gustavo E. Luengo Hernández de Madrid, *Regulations of Subsidies and State Aids in WTO and EC Law: Conflict in International Trade Law*, Kluwer Law International, 2006, p. 7.

（二）补贴的分类

1. 出口补贴和国内补贴

从授予补贴的目的角度，可以把补贴分为出口补贴和国内补贴。出口补贴是给予出口产品的补贴，授予补贴的目的在于鼓励出口。国内补贴是一国政府就某类产品的生产给国内企业的补贴。出口补贴最易引起国际纷争，也是他国反补贴法最为关注的，极易造成市场扭曲。

2. 直接补贴和间接补贴

按照补贴授予的方法，可以分为直接补贴和间接补贴。[①] 直接补贴主要采取各种方式的资金支持。常用的方式有：资金直接转移，例如政府赠送、贷款或者投入股本、资金等；债务的直接转移，例如贷款担保；或者是按照生产出口的实际数量给予现金支持等。

间接补贴是指政府通过给予国内生产者在贷款、技术、税收等方面的各种优惠条件和特权措施而资助国内的生产者。其方式主要包括税收减免、政府采购、优惠利率，以及其他形式的收入或价格支持等。

（三）本书研究的文化产业补贴

同文化产业的定义一样，补贴的定义也尚未确定。一般而言，补贴的形式包括企业的金融、财政、实物福利等待遇，如直接补贴支出（direct grants）、免税（tax breaks）、延迟征税（tax deferrals）、贷款担保（loan guarantees）等。总结起来，目前国际上使用的文化产业补贴的用语主要有"financial support""public support""state aid"和"subsidies"等。本书研究的补贴是法律意义上的补贴，主要参考《SCM 协定》中对"补贴"的定义，同时也在 WTO 的一般意义上使用这一用语以包括服务贸易领域的补贴。本书主要考察的补贴形式是直接形式的国家财政支出和财政奖励等涉及资金直接转移的方式，以及间接形式中的税收优惠措施等。

依照财政学的观点，在文化产业领域，财政对文化产业的支持主要通过财政政策和税收政策予以体现。[②] 财政政策对文化产业的促进主要通

[①] 卜海：《国际经济中的补贴与反补贴》，中国经济出版社 2009 年版，第 6—7 页。

[②] 参见杨京钟《中国文化产业财税政策研究》，厦门大学出版社 2012 年版；李琨《促进文化产业发展的财税政策研究》，中国税收出版社 2013 年版；臧志彭《中国文化产业政府补助研究》，中国社会科学出版社 2015 年版。

过财政补贴和财政奖励的方式,少量采取政府采购的方式。从目前的实践来看,主要的方式一是财政拨款,加大文化产业的财政投入,包括对文化产业基础设施的投入等;二是财政奖励,大都采取奖励基金的方式,对具有特定目的和事项的文化产业及其项目进行财政补助,例如欧洲理事会成立的关于电影支持的基金 Eurimages,该基金成立于 1989 年,通过为在欧洲制作的电影、动画片、纪录片的制作、发行和展览等提供财政支持来支持欧洲视听产业的发展,鼓励欧洲国家内专家之间的合作。

税收政策对文化产业的促进主要通过税收优惠的方式,从目前各国政策实践看,主要包括直接税收优惠①和间接税收优惠②两种方式。根据数据模型分析,间接税收优惠方式对文化产业发展的支持与激励作用效果更为明显。这是因为间接税收优惠属于税前优惠的方式,在文化产业领域采取间接优惠的方式更能持久扶持文化产业发展,目标更加明确,效果更加有效。③ 相对而言,直接税收优惠主要对文化产业纳税人的经营结果给予一定的减免税,其优惠作用体现在政策性倾斜或补偿纳税人的经营损失方面,具有一定的激励效应。但是长远来看其激励效果不显著。④

三 文化产业补贴的原因

从实践来看,文化产业较为发达的国家都离不开财政支持措施。补贴是各国普遍采用的文化政策措施,对文化产业的发展有重要的促进作用。例如,依据日本文化厅的报告,日本用于文化的预算自 2001 年以来(909 亿日元)一直保持较高的水平,并稳步增长,2015 年达到了 1038 亿日元。⑤ 数字化时代,新的数字媒体能够使文化创意的内容得到更广泛的传播。与此相适应,欧盟最近的补贴政策一直比较关注数字化

---

① 直接税收优惠是一种事后的利益让渡,主要针对企业的经营结果减免税,一般采取通过降低税率或减免税方式,具体包括优惠税率、减税、免税、延期纳税、出口退税、即征即退、先征后退、税收抵免等方式。

② 间接税收优惠侧重于税前优惠,主要通过对企业征税税基的调整,从而激励纳税人调整生产、经营活动以符合政府的政策目标,具体包括投资抵免、加速折旧、起征点、免征额等方式。

③ 梁云凤、孙亦军、雷梅青:《促进文化产业发展的财税政策》,载《税务研究》2010 年第 7 期,第 23—26 页。

④ 杨京钟:《中国文化产业财税政策研究》,厦门大学出版社 2012 年版,第 124 页。

⑤ 参见日本文化厅颁布的《日本文化事业政策》(2015),第 7—8 页。

时代文化创意产业的发展。① 因此，此部分探讨文化产业补贴的理论基础。本书认为，对文化产业进行补贴的原因主要可以分为以下两种。

（一）基于经济理论

1. 外部效益理论

外部效益理论的存在和范围与公共产品理论一样，也是富有争议的。外部社会效益与公共产品的属性具有密切联系，甚至一些文化经济学家将二者互换使用。二者的本质区别在于公共产品在缺乏政府资助的情况下不能存在，而外部社会效益源于市场上供应的产品或者服务，消费者支付的价格只反映私人利益。因此，最大值不能够通过市场供应体现（因为价格只能代表私人利益），需要额外的资助以鼓励生产者提供更多的产品。这就是基于市场失灵而给予公共补贴的情形。② 由于文化产品在交易的过程中不能充分反映这些产品对大众的文化价值，产生市场失灵的现象，这解释了为何在文化产业领域需要政府的适度干预。③

外部效益分为两种形式：一是消费的外部效益，二是生产中的外部效益或溢出效益。前者解决私人动机的消费对其他人的效益，例如观看演出这一行为属于个人的私人利益，但是能够使观众更加了解社会问题，这属于无形的社会利益。艺术生产过程中的溢出效益大部分是无形的，这一过程对于其他的商业或团体产生利益。溢出效益比外部效益更好地包含了相关的过程。总之，补贴能够纠正市场失灵。通过评估外部性的价值，政策制定者能够知晓通过税收获得的、给予文化产品生产者的补贴的数额。这些能够为生产者提供足够的资金以激励其提供具有最大社会性的产品和服务。④

---

① 由于数字化设备成本的高昂，一些电影院面临关闭的风险，欧盟认为需要对影院的数字化更新进行补贴，以保护文化的多样性。此外，欧盟还向文化遗产的数字化和公共图书馆的数字化（Europeana）等内容的数字化面进行财政资助。See European Commission, *Communication from the Commission to the European Parliament, the Council, the European Economic and Social Committee and the Committee of the Regions: A Digital Agenda for Europe*, COM (2010) 245 final, Aug. 26, 2010, p. 30.

② Ruth Towse, *Advanced Introduction to Cultural Economics*, Edward Elgar Publishing, 2014, p. 18.

③ Tania Voon, *Cultural Products and the World Trade Organization*, Cambridge University Press, 2007, p. 33.

④ Ruth Towse, *Advanced Introduction to Cultural Economics*, Edward Elgar Publishing, 2014, p. 19.

2. 公共产品理论

公共产品和服务是那些既具有消费上的"非竞争性"——个人对产品的使用或享受不会因为另一个人所减损，又具有"非排他性"——使用者不能被禁止"搭便车"的产品和服务。① 公共产品理论认为，公共产品，是相对个人产品而言的，不仅包含有形的物质产品，而且包含无形产品和服务。

从这个角度来说，文化产品具有特定文化属性，之所以能够被人类消费，是因为它能够满足人们的文化精神需求，促进人的思想精神境界的提高。② 实际上，文化产品是内容具有公共产品的属性，但是其以私人产品的形式为消费者所有。③ 大多数产品在某种程度上都同时具有公共属性和私人属性，只是在文化产品中公共属性所占的比例特别高，因此这将文化产品与其他产品区分开来。④

（二）基于文化产业的特征

如前所述，文化产业同时具有经济性和文化性的双重属性。其文化属性反映了其具有一定的文化内涵，反映和影响一国的文化认同，这一特征使文化产品具有区别于其他产品和服务的特点。结合前述文化产业的范围，文化产业并不是单纯指市场化概念，还包括一些公益性的文化门类，例如文化遗产、图书馆、博物馆等，一国政府对这些门类进行扶持是必要的。此外，从一国文化主权来说，文化竞争力作为一国软实力的重要方面，日益成为各国追求的目标，其重要性不言自明。正因如此，文化产业具有其他产业不具备的特征，需要予以特别关注。正是基于此，各国在文化领域实施了各种旨在保护和扶持的措施，这些措施被称为"文化政策措施"。文化政策和措施的概念非常广泛，以至于包括了政府制定的旨在保护和促进其国内文化发展的财政支持和促进措施。

---

① Ruth Towse, *Advanced Introduction to Cultural Economics*, Edward Elgar Publishing, 2014, pp. 16 – 17.

② 参见刘元发《促进我国文化产业发展的财税政策研究》，财政部财政科学研究所2014年博士学位论文，第32页。

③ Bruce M. Owen and Stephen S. Wildman, *Video Economics*, Harvard University Press, 1992, p. 23.

④ W. Ming Shao, "Is There No Business Like Show Business? Free Trade and Cultural Protectionism", *The Yale Journal of International Law*, Vol. 20, No. 1, 1995, p. 120.

其包括但不限于市场准入、配额、补贴和税收减免、其他措施。① 文化产业和文化产品具有双重属性。与这一双重属性相对应，国内文化政策措施同时具有促进文化产业的发展和保护文化多样性的双重任务。②

文化产业财政支持政策属于广义上"文化政策措施"的范畴，而补贴和税收优惠（税收减免）是文化产业财政支持制度中的重要措施。正如有学者指出的那样，在这些文化政策措施中，对国内文化产业的财政支持是其中最具有争议性的措施。③ 任何一个行业要发展，资金都是必不可少的，文化创意产业也不例外。根据欧盟的调查报告，对于文化创意产业来说，如何获得财政资金已经成为这一行业的发展问题之一④。文化产业需要政府进行一些保护和扶持措施，补贴和税收优惠是其中重要的措施。综上，本书认为，基于文化产业的特征，对文化产业进行补贴也是必要的。

第二节　文化产业补贴的国际法渊源

文化产业补贴的法律渊源包括联合国《保护和促进文化表现形式多样性公约》和《经济、社会及文化权利国际公约》中的相关规则、WTO 中的补贴规则、NAFAT 中的文化产业规则、双边贸易条约中的文化产业规则以及国内立法中的文化产业和补贴规则等。这些渊源从参与主体和立法层级来看，可以分为国际公约、多边规范、双边或区域规范等国际法渊源，以及各国财税法和文化产业立法中有关补贴内容的国内法渊源。而从内容来看，可以包括四个领域的规范，一是文化法领域的渊源，主要包括联合国教科文组织《保护和促进文化表现形式多样性公约》中成员方实施文化政策措施权利的规范，以及各国国内立法中文化

---

① Jingxia Shi, *Free Trade and Cultural Diversity in International Law*, Hart Publishing, 2013, p. 165; Tania Voon, *Cultural Products and the World Trade Organization*, Cambridge University Press, 2007, pp. 19–23.

② Jingxia Shi, *Free Trade and Cultural Diversity in International Law*, Hart Publishing, 2013, p. 51.

③ Dirk Pulkowski, *The Law and Politics of International Regime Conflict*, Oxford University Press, 2014, p. 161.

④ See Jenny Tooth, "The Mini‐study on the Access to Finance Activities of the European Creative Industry Alliance: Report to the European Commission DG Enterprise and Industry", 2010, www. europe‐innova. eu/creative‐industrie.

产业立法的补贴和税收优惠规范;二是贸易法①领域的渊源,由于一般来说文化产业补贴不具有特殊性,文化产业的补贴规范适用贸易规范中的一般贸易原则(即非歧视原则,包括最惠国待遇原则和国民待遇原则)对文化产业补贴的规制,以及补贴规范对文化产业补贴的规制;三是人权法领域的渊源,在《公民权利公约》和《经济社会文化公约》中规定的文化权利,与文化产业补贴有一定关系;四是财税法领域的渊源,包括财税立法中关于补贴和税收优惠的一般立法,以及一些国家专门的文化产业补贴的立法,这些主要是国内立法。鉴于本书主要讨论文化产业补贴的国际法问题,本节依据第二种思路梳理文化产业补贴的现有国际法渊源,由于主要讨论的是国际法问题,对于国内财税法领域关于文化产业补贴的规则,暂时不予论述,因此本书主要考察前三个领域中的文化产业补贴规则。

一 国际文化法渊源

2005年10月20日,UNESCO《文化多样性公约》在联合国教科文组织一般会议上获得通过,并于2007年3月18日生效。该公约旨在"保护和促进文化表达的多样性"②,鼓励不同文化之间的对话③,并加强各民族间的文化间性(文化互动)④。其"承认文化活动、货物与服务具有传达文化特征、价值与意义的特殊性"⑤,重申各国在其领域内有采取政策措施以保护和促进文化多样性之主权。⑥ 该公约规定了作为

---

① 根据国际贸易法专家施米托夫教授的观点,"国际贸易的法律涵盖的商事活动的范围异常广泛。包括国际货物销售、国外行销组织、出口融资、出口保险、出口运输、国际商事争端解决、建筑和长期合同以及海关法"。See Lan Fletcher, Loukas Mistelis & Marise Cremona, Foundationa and Perspectives of International Trade Law 9 (Sweet & Maxwell 2001)。鉴于本书论述的问题,主要在国际贸易公法意义上使用这一词语,主要是指以 GATT/WTO 为基础的国际贸易法律体制,以及区域性的国际贸易法律体制。参见李居迁《WTO 贸易与环境法律问题》,知识产权出版社 2012 年版,第1页。
② 《文化多样性公约》第1条第1款。
③ 《文化多样性公约》第1条第3款。
④ 《文化多样性公约》第1条第4款。
⑤ 《文化多样性公约》第1条第7款。
⑥ 《文化多样性公约》第1条第8款。此外,第6条规定各缔约方可在第4条第6款所定义的文化政策和措施范围内,根据自身的特殊情况和需求,在其境内采取措施保护和促进文化表现形式的多样性。二、这类措施可包括……(四)提供公共财政资助的措施。

文化政策措施之一的财政资助。

（一）公约对文化产业的界定：第4条第5款

公约在第4条第5款定义中界定了文化产业的概念，将文化产业定义为"生产和销售上述第4项所述的文化货物或服务的产业"。而根据第4款，"文化活动、货物与服务"是指那些从其具有的特定性质、用途或目的考虑时，能够体现或者传达文化表现形式的活动、货物与服务，是否具有商业价值不影响其作为文化活动、货物或服务。文化活动本身可以作为其目的，或者对文化货物或服务的生产有助益。由此看出，公约对文化产业的定义是通过"文化货物和服务"来界定的，而被认定为文化货物和服务的关键是"体现或者传达文化表现形式"。

公约对第4条第3款界定了"文化表现形式"，指个人、群体和社会创造的具有文化内容的表现形式。而根据第4条第2款，"文化内容"指源于文化特征或表现文化特征的象征意义、艺术特色和文化价值。由于"文化内容"的范围很广泛，实践中很难界定，例如，即使是一个轻微、看起来没什么文化意义的钉子，当与无数的具有外国影响、标准和材料制作的钉子进行比较的时候，可能就具有了文化含义。[①] 围绕此的相关争议很多。[②] 由公约的用语可以看出，公约对文化产业的定义范围是比较广泛的。

（二）公约所允许的文化政策措施：第6条第1款和第4条第6款

公约第6条第1款赋予了成员方"根据自身的情况和需求，在其境内实施旨在保护和促进文化表达多样性的措施"的权利。

关于"文化政策和措施"的含义，公约第4条第6款进行了规定，是指地方、国家、区域或国际层面上针对文化本身或为了对个人、群体或社会的文化表现形式产生直接影响的各项政策和措施，包括与创作、生产、传播、销售和享有文化活动、产品与服务相关的政策和措施。[③] 由此可知，该公约允许并保护成员方在其境内实施旨在保护和促进文化多样性的文化政策措施的权利。

---

① See Tania Voon, *Cultural Products and the World Trade Organization*, Cambridge University Press, 2007, p.11.
② 详见本书第五章，此处不赘。
③ 《文化多样性公约》第4条第6款。

(三) 作为文化政策措施之一的财政支持措施：第 6 条第 2 款

那么，公约所允许的文化政策措施是否包括财政支持措施在内？公约第 6 条第 2 款对文化政策措施进行了列举说明，其中包括为保护和促进文化表现形式的多样性而提供"公共财政资助"的措施（public financial assistance）①。

至于财政资助措施具体包括哪些，公约没有给出明确的定义。但是，在联合国教科文组织《保护和促进文化表现形式多样性公约》文本解释说明②中公布了成员国关于公约的操作指南，其关于公约第 7 条"促进文化表现形式"的内容中将"财政支助"作为文化政策和措施的一部分（cultural policies and adopt measures），并解释如下：包括税收激励在内的，为国内文化活动、货物和服务的创造、生产、发行和传播的财政支持机制的发展。③

此外，公约第 14 条关于成员方"为了发展而合作"条款中规定了为促进发展中国家文化产业的发展政策，其中界定了"财政支持"（financial support）的途径：包括基金（International Fund for Cultural Diversity）、官方援助（official development assistance）和低息贷款、奖励和其他补助机制（low interest loans, grants and other funding mechanisms）④。尽管用语略有差别，但是根据该词语本身的意义和财政学的基本原理，可以认为公约及其操作指南文本中"财政资助"与"财政支持"含义大致相当，包括直接的财政资助方式（基金、奖励、补助）和间接的财政资助方式（税收优惠），与本书论述的补贴含义一致。

由此可以认为，《文化多样性公约》直接规定了成员方可以实施文化补贴的权利，这是直接规定文化产业补贴的国际法渊源。至于公约赋予成员方实施包括财政支持措施在内的文化政策措施所需要的条件，将

---

① 《文化多样性公约》第 6 条第 2 款。
② Sabine von Schorlemer and Peter‑Tobias Stoll, *The UNESCO Convention on the Protection and Promotion of the Diversity of Cultural Expressions: Explanatory Notes*, Heidelberg: Springer, 2012.
③ UNESCO, *Diversity of Cultural Expressions Section*, *Basic Texts of the 2005 Convention on the Protection and Promotion of the Diversity of Cultural Expressions*, 2015, p. 27.
④ 《文化多样性公约》第 14 条第 4 款。

在本书第三章内容中进行详细讨论，此处不赘。

二　国际贸易法渊源

由于文化产业同其他产业一样具有商业性，因此，在文化产品进行贸易的过程中，需要受到贸易规则的规范。作为贸易法①领域内起着基础性作用的 WTO 规则，文化产业的相关问题受 WTO 规则的规制是毋庸置疑的。由于 WTO 中并未明确将文化作为贸易规则的例外，因此 WTO 的一般规则适用于文化产业。贸易法渊源主要指一般贸易原则和相关补贴规定对文化产业补贴的规范。一般贸易原则即非歧视原则，其内容主要通过最惠国待遇、国民待遇予以体现。在关贸总协定之前，非歧视贸易原则的规定主要是以双边贸易关系的准则存在的，适用的范围有限。关贸总协定确立非歧视原则的重要意义在于：它使过去这种双边贸易关系准则成为一项指导多边贸易关系的一般准则。②关贸总协定和《世界贸易组织章程》序言中明确规定，为实现各项宗旨，各缔约方应"在国际贸易关系中取消歧视待遇"。补贴规则主要是指《SCM 协定》中的相关规定。

此外，近年来，WTO 谈判逐渐陷入僵局，而自由贸易协定（FTAs）和区域贸易协定（RTAs）蓬勃发展。③但实际上，新近的 FTAs 和 RTAs 基本是以 WTO 的规则为基础而形成的，一般规定超 WTO（"WTO‑plus"）义务，少数事项上的义务比 WTO 更少（"WTO‑minus"）。一般来说，这些协定与 WTO 有着共同的价值和原则；吸收了 WTO 中一些核心的制度，例如关税、非歧视原则、一般例外等；其结构也与

---

①　根据国际贸易法专家施米托夫教授的观点，"国际贸易的法律涵盖的商事活动的范围异常广泛。包括国际货物销售、国外行销组织、出口融资、出口保险、出口运输、国际商事争端解决、建筑和长期合同以及海关法。"See Lan Fletcher, Loukas Mistelis and Marise Cremona, *Foundation and Perspectives of International Trade Law*, Sweet & Maxwell, 2001, p. 9. 鉴于本书论述的问题，主要在国际贸易公法意义上使用这一词语，主要是指以 GATT/WTO 为基础的国际贸易法律体制，以及区域性的国际贸易法律体制。参见李居迁：《WTO 贸易与环境法律问题》，知识产权出版社 2012 年版，第 1 页。

②　曾令良：《世界贸易组织法》，武汉大学出版社 1997 年版，第 38 页。

③　根据 WTO 官方网站统计，截至 2021 年 5 月 10 日，已经签订并生效的区域贸易协定有 348 个。http://rtais.wto.org/UI/PublicMaintainRTAHome.aspx.

WTO 类似。① 因此，本书以 GATT/WTO 体制中的规则为研究基础，在涉及 FTAs 和 RTAs 中相关规则的新发展时对其予以说明。

（一）非歧视原则与文化产业补贴

迄今为止，WTO 争端解决机制中，与文化问题相关的案件主要有：欧盟与加拿大之间关于电影发行的争议、土耳其电影税案、加拿大期刊案、美日影响消费胶卷与相纸案、美日影响发行服务措施案、中美出版物案。这些案件涉及文化与贸易的问题，与 WTO 中一般贸易原则有关。

1. 最惠国待遇原则与文化产业补贴

最惠国待遇的义务已经获得习惯国际法地位。② 最惠国待遇（Most-Favored-Nation Treatment，MFN）是缔结国际经济贸易条约、调整缔约方相互之间权利义务关系时通常适用的基本法律原则。③

最惠国待遇经历了一个由双边到多边、由有条件的到无条件的发展过程④，1948 年生效的《关税贸易总协定》第一次在世界范围内将最惠国待遇纳入多边贸易体制，并将最惠国待遇作为其基石，对战后国际贸易的迅速发展起到了重大推动作用。1995 年成立的世界贸易组织管辖

---

① Cottier Thomas, "The Common Law of International Trade and the Future of the World Trade Organization", *Journal of International Economic Law*, Vol. 18, No. 1, 2015, pp. 3 – 20.

② Petros C. Mavroidis, George A. Bermann and Mark Wu, *The Law of the World Trade Organization: Documents, Cases & Analysys*, West Academy Publishing, 2013, p. 8.

③ 沈四宝：《世界贸易组织法教程》，对外经济贸易大学出版社 2005 年版，第 43 页。

④ 最惠国待遇的萌芽始于 11 世纪，当时地中海沿岸的意大利各城邦、法国和西班牙的商人在从事国际贸易时，就普遍要求拥有同等的商业竞争机会和地位。西北非国家的阿拉伯统治者们承认此要求的合理性，并颁布命令给予城邦以特许权，这就是最惠国待遇的雏形。此时最惠国待遇是单方授权。到 18 世纪，国际贸易规模日益扩大，开始出现互相给予最惠国待遇的提法。到 19 世纪，欧洲各国签订的大批"友好通商与航运条约"中规定了最惠国待遇条款，但多是有条件的。这一时期的最惠国待遇原则也有其不光彩的一面，主要出现在资本主义国家与殖民地国家签订的条约中，由于双方实际上经济差距悬殊，表面上的待遇没有实际意义，从而成为资本主义国家进行殖民侵略的工具。1860 年英法两国签订的《科布登—切瑞尔条约》（Cobden-Cheralier）第一次采用了相互给予无条件最惠国待遇的现代模式，这是现代最惠国待遇的雏形。此后由于 20 世纪 70 年代直至一战后的贸易保护主义狂潮，最惠国待遇几乎被放弃。直到二战后，最惠国待遇在各国签订的双边条约中成为基本条款。1947 年《关税与贸易总协定》第一次在世界范围内把最惠国待遇纳入多边贸易体制。参见 John H. Jackson, *World Trade and The Law of GATT*, Bobbs-Merrill Company Inc., 1969, p. 249；贺小勇《WTO 法专题研究》，北京大学出版社 2010 年版，第 16—18 页；沈四宝《世界贸易组织法教程》，对外经济贸易大学出版社 2005 年版，第 44—45 页；宣增益《世界贸易组织法律教程》，中信出版社 2003 年版，第 12 页。

范围扩大了，最惠国待遇原则从货物贸易推广到了其他乌拉圭回合所达成的协议中，适用于所有协议，包括货物贸易、服务贸易、知识产权、非关税壁垒等方面，是整个 WTO 体系的基础。①

GATT 1947 第 1 条规定最惠国待遇的基本原则，它要求任一 WTO 成员给予另一成员进口产品的更优惠待遇，必须无条件、立即给予其他所有成员进口的相似产品。换句话说，所有 WTO 成员方之间不得有歧视性待遇，各成员自动享有其他成员享有的所有优惠。② 根据 GATT 1947 第 1 条的条文，最惠国待遇原则的适用范围主要包括以下：任何对进口、出口以及进出口产品的国际支付征收的关税和费用；征收前述税费的方法；与进出口相关的法规和手续；直接或间接征收的国内税或其他费用；与进口商品有关的国内税和国内规章的国民待遇方面。在最惠国待遇原则的适用中，几乎条文涉及的每个用语都存在法律解释问题，例如"优势、优惠、特权、豁免"（advantage、favor、privileges and immunities）"同类产品"（like products）"原产于"（originating in），相关争议大都集中在对条文含义的法律解释上。③

GATS 中的最惠国待遇原则及其例外。根据 GATS 第 2 条第 1 款最惠国待遇原则，成员方给任何其他国家的服务或服务提供者的待遇，应立即和无条件的给予其他成员方的同类服务或服务提供者。GATS 最惠国待遇与 GATT 最惠国待遇的区别是：前者不仅适用于服务，而且适用于服务的提供者；后者只适用于来源于其他成员方的产品，而不适用于产品的提供者。在例外方面，GATS 并没有像 GATT 那样制定统一的例外规则，而是允许成员方在进行最初承诺的谈判中，将其采取的不符合最惠国待遇的措施列入协议的附件二，并要符合免责条款所规定的条件。④ 作为 GATS 基本原则的最惠国待遇，采取负面清

---

① 但是具体内容上略有差别。例如服务贸易领域中最惠国待遇可以有例外清单，列明豁免的事项。
② 黄东黎、杨国华：《世界贸易组织法：理论·条约·中国案例》，社会科学文献出版社 2013 年版，第 146 页。
③ 黄东黎、杨国华：《世界贸易组织法：理论·条约·中国案例》，社会科学文献出版社 2013 年版，第 147 页。
④ See Annex on Article II Exemptions of GATT. 这种条件包括定期审查保留措施的必要性是否依然存在以及保留期限不应超过 10 年，以及一成员方日后要求增加新的不符合最惠国待遇原则的措施，需要得到世界贸易组织至少 3/4 成员方的同意等。

单的方式设立了例外清单，在符合条件的前提下列明豁免于最惠国待遇的事项。因此，GATS 中最惠国待遇义务的适用范围是"因人而异"的。依据 GATS 第 29 条附件，原则上，这些列入清单的贸易法规或政策措施，成员方享有豁免于提供给其他成员方的服务提供商最惠国待遇的义务，在自协议生效之日起不超过 10 年。因而理论上，截止 2005 年 1 月 1 日成员方应就此项豁免全部取消，然而现实中却并未发生。有学者指出，大部分成员方可能基于以下两个方面的原因迟迟不肯推动视听服务贸易自由化，一是基于视听服务领域的文化相关性的考虑，担心开放贸易对其国内文化会造成影响。二是由于 GATS 领域目前尚未形成完善的保障措施和反倾销、反补贴等贸易救济措施，在此情形下遵守 10 年的时间要求而放开服务贸易领域可能会使经济面临巨大风险。①

2. 国民待遇原则与文化产业补贴

国民待遇②是非歧视原则的具体表现，也是最惠国待遇原则的补充。最惠国待遇强调的是"外外平等"，即外国产品、服务或服务提供者之间的平等竞争；国民待遇原则强调的是"内外平等"，即调节进口产品、服务等与国内产品、服务等在国内市场上的竞争关系，要求成员方对进口产品、服务等给予不低于本国同类产品、服务等待遇，不要通过给进口产品以歧视，不要通过诸如国内税或者其他限制措施抵销关税减让给进口产品带来的好处。在国民待遇要求下，政府提供给国内厂商的补贴优惠，即使有同样的情况下也必须提供给外国供给者，因此补贴需要考量的层面，例如资源的多寡、分配与效率等便复杂得多，因此国民待遇原则虽未直接限制补贴的使用，却能间接控制补贴使用的频率与强度。

---

① 李墨丝、佘少峰：《WTO 框架下视听产品贸易自由化的法律问题》，载《国际贸易》2011 年第 4 期，第 65 页。

② 传统的国民待遇是赋予与本国有特定关系的外国人享有与本国国民同等的民事权利的一种制度。其渊源最早溯及 1789 年法国《人权宣言》和 1804 年《法国民法典》，从立法上明确了外国人在民事权利方面享受平等待遇的原则。随着国际经济交往的频繁，其范围、内涵和对象才突破了原有的民事权利的范畴，在国际贸易和国际投资领域表现得尤为突出。现有国民待遇原则的产生背景可以追溯到 18 世纪中叶，当时第一次工业革命之后社会化大生产要求的社会分工国际化和市场化，国际贸易规模迅速扩大，要求实现国际通商自由，并要求外国人在国际贸易中与国内的自然人、法人享有基本相同的权利。

在 WTO 中，国民待遇条款旨在要求成员方为进口产品提供与其国内相关产品同等的竞争条件，如果一国仅仅针对其国内文化产业提供某种财政优惠，该措施可能存在违反国民待遇原则的潜在风险。由于与文化产业补贴的国民待遇主要涉及产品和服务，因此在 WTO 法律规范中只讨论 GATT 和 GATS 中的国民待遇原则。

GATT 中的国民待遇原则旨在要求 WTO 成员为进口产品提供与其国内同类产品同等的竞争条件。第 3 条（"国内税收与管理的国民待遇"）集中体现国民待遇原则，共有 10 个条款，其中第 3 条第 1 款（基本原则）、第 3 条第 2 款（国内税、费）第 3 条第 4 款（国内法律、法规、规定）、第 3 条第 8 款（国民待遇例外），构成国民待遇的主要内容。第 3 条第 1 款设立了国民待遇的总原则，成员国不能以保护主义的方式设立其国内税收和其他费用，以及其法律、条例和规范。第 3 条第 2 款和第 4 款对第 1 款国民待遇的总原则进行了具体化。第 3 条第 1 款指出适用国民待遇的两种情况，一是国内税收和其他费用，二是国内法律、条例和规范。实践中对该条款发生的争议主要集中在第 3 条的涵盖范围有多大。其义务范围涵盖越广，对进口成员方的限制就越大。[①] 第 2 款涉及成员方境内的歧视性税收问题，规定成员国不能以直接或间接的方式对进口产品征收高于其国内产品的国内税或其他国内费用。第 4 款规定在关于产品的国内销售、兜售、购买、运输、分配或使用的全部法令、条例和规定方面，成员方有义务给予其进口产品以不低于同类国内产品的待遇。关于该条的含义和条款之间的关系，在日本——酒精税案中有论述。该案上诉机构裁定，关于第 3 条的含义，最恰当的方式是条文解释。第 3 条第 1 款确定一个理解和解释其他各条（款）所规定具体义务的一般原则，目的在于规范第 3 条的其他条款但又不削弱其他条款的具体内容。因此，第 3 条第 1 款是其他款上下文的一部分。以任何一种别的方式理解第 3 条各款之间的关系，都会使第 3 条第 1 款的内容丧失含义，因而违反条约解释中有效解释的根本原则。

GATS 中的国民待遇原则规定在第三部分"具体承诺"的第 17 条中，这说明服务贸易领域的国民待遇不是一般义务，而是一项具体承诺

[①] 黄东黎、杨国华：《世界贸易组织法：理论·条约·中国案例》，社会科学文献出版社 2013 年版，第 167 页。

义务，各成员只在自己承诺开放的服务部门中给予外国服务和服务提供者以国民待遇。就 GATS 而言，其追求的是"逐步的自由化"，并以此为手段促进所有贸易伙伴的经济增长和发展中国家的发展，将国民待遇和市场准入设为特定义务即是这种逐步性的表现。①

（二）《SCM 协定》与文化产业补贴

在东京回合《补贴守则》的基础上达成的《补贴与反补贴措施协议》（以下简称《SCM 协定》）是国际补贴与反补贴规则发展中的一个里程碑。② 正如有学者指出的那样，《SCM 协定》最重要贡献之一是对补贴的含义和专向性进行了界定，补贴定义的从无到有、补贴分类从模糊到清晰、反补贴中损害的确定和因果关系的判断等，体现出补贴与反补贴国际规则的日趋完善。③

由于 GATT/WTO 体制中没有明确的文化产业例外，因而文化产业补贴需要遵守《SCM 协定》。《SCM 协定》中关于补贴的认定规则、禁止性补贴和可诉性补贴、反补贴措施的规则应当适用于文化产业领域的补贴措施。不过，《SCM 协定》规定的是货物贸易领域的补贴，服务贸易领域文化产业的补贴问题应当适用 GATS 框架下补贴的规定。

三　国际人权法渊源

《公民权利和政治权利国际公约》（International Covenant on Civil and Political Rights，ICCPR）第 19 条规定公民有自由表达的权利。④《经济、社会及文化权利国际公约》（The International Covenant on Economic，Social，and Cultural Rights，ICESCR）第 15 条规定公民有参与

---

① 房东：《WTO〈服务贸易总协定〉法律约束力研究》，北京大学出版社 2006 年版，第 3 页。
② 单一：《WTO 框架下补贴与反补贴法律制度与实务》，法律出版社 2009 年版，第 51 页。
③ 欧福永：《国际补贴与反补贴立法与实践比较研究》，中国方正出版社 2008 年版，第 21 页。
④ 《公民权利和政治权利国际公约》第 19 条：（一）、人人有权持有主张，不受干涉。（二）、人人有自由发表意见的权利；此项权利包括寻求、接受和传递各种消息和思想的自由，而不论国界，也不论口头的、书写的、印刷的、采取艺术形式的或通过他所选择的任何其他媒介。（三）、本条第二款所规定的权利的行使带有特殊的义务和责任，因此得受某些限制，但这些限制只应由法律规定并为下列条件所必需：（甲）尊重他人的权利或名誉；（乙）保障国家安全或公共秩序，或公共卫生或道德。

文化生活的权利。① 这两条规定相互补充：前者保护个人以影响公共观点为目的的沟通性的互动；后者保护公民通过沟通性的过程塑造大众价值、观念和认同。这两条规定通过各自的条约机构适用于文化政策。② 其中，ICESCR 明确规定了成员方采取经济支持措施保障公民实现文化参与权利这一义务。

在人权委员会对《公民权利和政治权利国际公约》第 19 条的解释中，公民的文化表达属于该条自由表达的核心要素，这种文化表达包括以其民族的语言自由表达（其观点）的权利。该条还赋予国家"采取有效措施……阻止对媒体的控制，因为这可能会干预每个个体的自由表达的权利"这一义务③，但是第 19 条第 3 款规定的内容除外。作为沟通自由的必然结果，第 19 条保护个体包括通过媒体实现的，追求和获得信息的权利。

经济社会文化权利委员会以一种更加具体的方式强调文化创造的政策。根据《经济、社会及文化权利国际公约》第 2 条第 1 款，"每一缔约国家承担尽最大能力个别采取步骤或经由国际援助和合作，特别是经济和技术方面的援助和合作，采取步骤，以便用一切适当方法，尤其包括用立法方法，逐渐达到本公约中所承认的权利的充分实现"。正如所有的文化权利一样，对每一个成员方来说，公民参与文化生活的权利属于为达到权利的全部实现而利用"一切适当方法"这样一种尽最大努力的义务。经济社会文化权利委员会明确指出，成员方促进公民文化参与最显著的方法，是通过补贴和基础设施投资；补助是促进文化发展和大众参

---

① 《经济、社会及文化权利国际公约》第 15 条：（一）、本公约缔约各国承认人人有权：（甲）参加文化生活；（乙）享受科学进步及其应用所产生的利益；（丙）对其本人的任何科学、文学或艺术作品所产生的精神上和物质上的利益，享受被保护之利。（二）、本公约缔约各国为充分实现这一权利而采取的步骤应包括为保存、发展和传播科学和文化所必需的步骤。（三）、本公约缔约各国承担尊重进行科学研究和创造性活动所不可缺少的自由。（四）、本公约缔约各国认识到鼓励和发展科学与文化方面的国际接触和合作的好处。

② See R. O'Keefe, "The 'Right to Take Part in Cultural Life' under Article 15 of the ICESCR", *International and Comparative Law Quarterly*, Vol. 47, No. 4, 1998, p. 904; E. Stamatopoulou, *Cultural Rights in International Law: Article 27 of the Universal Declaration of Human Rights and Beyond*, Martinus Nijhoff, 2007, p. 107.

③ UN, *General Comment No. 34*, Human Rights Committee 102nd Session, CCPR/C/GC/34, July 11 – 29, 2011.

与文化生活的有效方法，包括公共支持（public support）鼓励私人投资积极性在内的措施，也是实现文化参与权不可或缺的一部分。此外，国家还必须建立一些诸如文化中心、博物馆、图书馆、剧院、电影院、传统艺术和手工艺业等场所，以"促进大众参与到文化当中"。文化基础设施不限于这些传统场所。此外值得注意的是，经济社会文化权利委员会指出，"大众媒体和沟通媒体在促进文化生活参与方面具有重要作用"。[①] 由上可知，《经济、社会及文化权利国际公约》中赋予缔约国采取"一切适当方法"促进"公民文化参与"。根据公约制定的背景和其他材料，"一切适当方法"包括公共资助的方法，文化产业中的核心文化产业部门以及包括媒体在内的门类是"公民文化参与"的重要组成部分。因此，尽管不是直接规定，该公约对文化产业补贴起到一定的间接规范作用。

第三节　文化产业补贴的相关国际法问题

一　文化产品的定性

文化产品的分类问题，即对文化产品是属于货物还是服务这一问题的定性。文化产品分类的争议，又可以称为对文化产品"货物/服务"性质的识别冲突。由于界分货物和服务是判断涉案产品适用何种法律规范的前置问题，因而有必要对货物和服务做出区分。在许多法律体系里，都将货物和服务划分在了不同的规范中并使用不同的规则（例如WTO）；而在另一些情况下，它们则未被区分对待（例如欧盟）。实际上，考虑到他们本质上的特征，货物和服务应当被区别对待。那么此时，需要解决的问题是如何划分二者的界限。有些学者指出，区分二者的因素可能是商品本身的性质，也可能是一些外部考虑因素，包括经济特征、法律内容，甚至是制造产品的目的等。[②]

---

① UN Economic and Social Council, *Report on the Fifth Session of Committee on Economic, Social and Cultural Rights* (*26 November – 14 December 1990*), E/1991/23; E/C.12/1990/8, 1991, p. 108.

② Fiona Smith & Lorna Woods, "A Distinction Without a Difference: Exploring the Boundary between Goods and Services in the World Trade Organization and the European Union", *Columbia Journal of European Law*, Vol. 12, No. 1, 2005, p. 1.

现代的国际贸易中，货物贸易与服务贸易越来越密不可分，在货物贸易中包含服务的情况下，这一问题极具实践意义，尤其是对文化产业来说，其货物和服务的双重特征使得涉及文化产品的案件很难区分是与货物贸易还是服务贸易有关。尽管分类问题不是文化产品独有，但是对文化产品的分类问题进行深入分析会发现，文化产品的分类问题较之一般产品的分类更为复杂。货物和服务的融合现象在文化产品领域更加明显，因而二者之间的界限更难界定。实践中，被诉方往往会提出关于分类问题的抗辩。WTO 争端解决机制中，为数不多的涉及文化产品的案件中具有重要影响的两个案件——加拿大期刊案和中美出版物案，都涉及对分类问题的争论。由于对文化产品的特殊属性认识不足，导致该问题在理论和实践中均远没有厘清。值得注意的是，从对这两个案件的分析中可以发现，文化产品的分类主要包括三个方面，一是文化产品的性质和分类标准；二是文化产品的性质对涉案措施的影响；三是文化产品的性质适用法律的影响，文化产品的性质和法律适用属于两个问题，理论上不做区分会影响对这两个问题的理解。此外，数字化文化产品的分类问题还与电子商务息息相关，这也正是文化贸易之争的新领域，美国具有放弃传统视听领域争议，转而向代表未来文化产业发展方向的数字化文化产品领域要求贸易自由化的倾向[①]。本书第二章将系统论证这一问题，从文化产品分类的特殊性谈起，逐步讨论实践中对文化产品进行分类的标准，以及由文化产品分类问题导致的对适用法律的影响，最后分析文化产品分类困境的原因并对由此导致的问题提出建议。

二 文化产业合法补贴的条件

文化产业补贴的认定、类型及合法的条件问题是本书所要解决的核心问题。《SCM 协定》第 1 条对补贴进行了明确界定，据此，补贴只有在满足下列三个条件时才构成 WTO 所规范的补贴：第一，补贴是由政府或公共机构提供的；第二，财政资助（financial contribution）的形式；第三，补贴使产业或企业得到了利益。此外，还应当关注补贴的专向性

[①] Des Freedman, "Media Policy – Making in The Free Trade Era: The Impact of The GATS Negotiations on Audiovisual Industries", in Sylvia Harvey, *Trading Culture: Global Traffic and Local Cultures in Films and Television*, John Libbey Publishing, 2006, p. 29.

(specificity)问题。那么,文化产业领域的诸多财政资助,是否符合《SCM 协定》的这些补贴的要求?这是本书需要解决的认定问题。关键在于讨论文化产业领域补贴的特殊性问题。由于服务领域尚未制定具体的补贴规范,而文化产业的诸多领域属于服务领域,因此在认定服务领域的补贴时不仅要参考《SCM 协定》的规定,也需要考虑服务领域的一些特殊性。对此需要关注最新进展,例如目前正在谈判中的 TISA。

《SCM 协定》将补贴分为三种类型,即禁止性补贴、可诉性补贴和不可诉补贴,实践中存在的文化产业的补贴属于哪一类补贴,是否有可能构成违反性的禁止性补贴?属于可诉性补贴会面临什么样的法律风险?不可诉补贴最安全,是否能够适应文化产业发展的需求?这些是文化产业补贴类型面临的现实问题。我国现阶段文化产业补贴正处于如火如荼的发展阶段,各项专项基金层出不穷、各级文化立法均关注补贴问题。解决这些问题,对我国文化产业补贴的现状来说无疑具有重要的现实意义。

在此基础上,有必要进一步明确文化产业补贴合法的条件,包括文化法视域下和贸易法视域下的合法文化产业补贴条件,以便对现有文化产业补贴的合法性及其条件问题予以一个总体的了解。在文化法视域下,符合 UNESCO《保护和促进文化表现形式多样性公约》条件的补贴需要满足的条件是"直接文化影响"标准;在贸易法视域下,由于 WTO 中缺乏文化产业的例外规定,因而要在一般贸易原则和《SCM 协定》的规则中审视文化产业补贴问题。

由于货物领域的补贴规则不同于服务领域的补贴规则,服务领域甚至没有形成一个明确完整的补贴规则,因此,本书在阐释这一部分内容的时候,试图区分二者进行分别论述,希望将这一领域的补贴规则与文化产业补贴问题进行一个较为明确、系统的说明。

三 文化产业补贴的例外规则

文化产业补贴的例外规则是从例外角度看待文化产业补贴问题,按照范围的从大到小,具体包括三种例外形式:一是文化产业的总体例外(cultural industry exception, CIE),尽管加拿大、法国、欧盟等提出的"文化例外"(culture exception)诉求在 WTO 和 MAI 中以失败告终,但是在一些双边和区域贸易协议中却得以确定，尤其是以加拿大为代表的双边贸易协议和投资协议中，基本上均包含了文化产业例外的规定。此外，晚近一些双边贸易协定中文化产业例外的规定还有一些新的发展，因此需要予以关注。

二是一般例外规则的例外。贸易领域的一般例外规则是重要的例外条款之一，以 WTO 协定为例，即 GATT 第 20 条和 GATS 第 14 条，其他的区域贸易协定和双边贸易协定基本均是以 WTO 规则为蓝本。其中与文化产业相关的例外包括公共道德例外和国家珍宝例外。由于 GATT 和 GATS 没有明确界定"公共道德"和"国家珍宝"，其含义和适用条件需要在 DSU 的实践中予以发展和确认。DSU 实践中涉及公共道德例外的案件迄今为止有三起，其中中美出版物案是第一起文化产业有关的援引"公共道德"例外进行抗辩的案件。专家组和上诉机构认可了文化产业被公共道德所保护，只是需要满足"必要性"要求。在"必要性"的认定上，需要考虑相关措施对保护公共道德的作用；相关措施的贸易限制效果；以及被诉方是否有合理的可替代措施。由于不满足这些条件，中国的诉求没有得到支持。但是该案证明了文化产业援用公共道德例外的可能性，对今后的同类案件具有参考价值。此外，关于"国家珍宝"例外，是否可以作为文化产业的抗辩，如何才能作为一个可行的抗辩。这是需要讨论的问题。尽管要求较高，但是本书认为，文化产业中的一些门类，诸如文化遗产，还是符合这一要求的，因而可以尝试援引该条例外进行抗辩。

三是补贴的例外，包括 GATT 第 3 条第 8 款（b）项的国民待遇原则的补贴例外。加拿大期刊案中，加拿大据此进行了抗辩，试图证明其补贴邮费率属于国民待遇原则的例外。专家组和上诉机构对此进行了判断，得出结论认为，符合这一例外要求的补贴必须是涉及政府的直接支出。那么税收减免这种间接的补贴形式是否符合这一要求，需要进一步研究。此外，与 GATT 不同，GATS 中没有规定国民待遇原则的补贴例外，那么 GATS 中该如何认定这一问题，这也是需要研究的问题。这一部分与国民待遇原则息息相关，因此尽管从逻辑上也属于抗辩理由，但是在正文中将安排在第三章进行论述。

四 文化产业补贴规则的冲突及其解决

文化产业补贴的相关规则，从内容上看，涉及文化法、贸易法和人权法三个领域的内容；而依据规则的参与者的不同来看，又可以分为国际公约、区域协定、双边协定等。这些规则之间可能会产生一定的冲突，例如 UNESCO《文化多样性公约》与 WTO 规则中关于补贴的规定可能存在不一致的情况，当争端双方都是二者的成员方或者缔约国时，这两个规则该如何适用？又如，近年来伴随着 FTA 和 RTA 的数量增多，区域贸易协定和 WTO 多边贸易协定之间不可避免地会发生管辖权冲突和挑选法院的现象，加拿大期刊案就是一个很好的例子。面对这些可能的冲突造成的法律规则适用上的混乱，本书的研究有必要对相关制度的冲突及其协调做出阐释，具体分为管辖权的冲突与解决，以及法律规则的冲突与解决。

在这些冲突的背后，究其本质，是立法目标的冲突以及不同国家在文化产业领域利益的冲突——《文化多样性公约》旨在保护和促进文化表达方式的多样性，着眼点在于文化的保护和保存，其中财政支持措施必不可少；WTO 规则的主要目标是促进贸易自由化，消除贸易壁垒，成员方实施的文化政策措施具有违反 WTO 规则之虞，尤其是对补贴领域的严格，《SCM 协定》规则之下审视成员方现实中普遍存在的文化产业补贴。而纵观文化与贸易问题的历史发展，以美国"自由贸易至上"和欧盟"文化例外"为代表的两派之间的冲突迄今为止几乎延续了一个世纪，并在当今数字化和信息化时代中继续，其战场也从多边贸易规则转向了各自的区域贸易协定。因此，在本书最后一部分跳出规则本身，系统地分析这一问题，有助于对本书研究的问题提供一种新的视角。

本章小结

本章论述了文化产业补贴的基本问题，以期为本书的研究奠定基础。具体包括四个方面的内容。

一是"文化产业"的界定，本书依据国际上与文化产业有关的最新官方报告和立法等资料，系统地梳理了文化产业概念的历史发展、内涵、外延，并阐释了文化产业所具有的"文化—经济"双重属性这一特点。从文化产业及其相关概念的历史发展过程来看，概念用语上"文化工业"到"文化产业"（cultural industries）再到"文化创意产业"（cultural and creative industries）的背后是政治经济因素的作用，反映了不同的时代对这一产业的关注点和接纳程度的不同。文化产业的含义，同样处于一个不断发展的动态过程。各国对这一概念的界定略有差异，然而本书认为，文化产业的概念内核是"文化""创意"等概念的商业化和产业化，离不开经济与文化之间关系的博弈和互动。对于文化产业的范围问题，由于涉及哪些具体的门类属于文化产业，对范围问题的讨论相比抽象的含义而言更加直观，也更为重要。通过比较研究，本书发现可以将现有的文化产业范围分为三大类，而所有的界定都包括在内的是视听媒体业、图书出版业、视觉艺术表演艺术业、设计和手工艺等行业，这一类文化性和商业性的双重属性体现得最为明显；剩下的两类有的界定中包括、有的并未包括，一是具有公益性的文化产业，例如文化遗产和自然遗产以及公益性的场所，这一类 WIPO 并没有将其囊括其中。另一类则属于不是文化产业核心部分的旅游业、体育产业甚至计算机软件和数据库等，这一类行业门类的特点是文化属性不那么明显，只有少部分认为其属于创意产业的范畴。行文至此，可以指出的是，对文化产业范围理解的差异是"文化与贸易"争议的重要原因。此外，英国 DCMS 2014 模式中对文化产业范围的界定创造性地使用了"创意强度"标准，依据创意产业对经济和就业的贡献程度为标准划分创意产业的范围和门类，与传统的模式相比能够更加直观地体现出文化产业的特点，由于英国在创意产业的发展中扮演着举足轻重的作用，这一新发展值得我们借鉴和反思。最后，对文化产业所具有的最明显的特征，即"经济—文化"双重属性予以阐释，可以说这一特征是围绕文化产业相关争议的根本原因。

二是文化产业补贴的一般问题，简要论述了补贴的含义和分类，从经济学和文化产业基本特点的角度阐释了对文化产业进行补贴的理论基础，考察了主要国家对文化产业进行补贴的实践。指出本书研究的文化产业补贴的含义是法律意义上的补贴，就其形式而言主要考虑的是直接形式的国家财政直接转移的方式,以及间接形式中的税收优惠等措施。本书认为,不论是基于经济理论还是基于文化产业的特征,在一定情形下对文化产业进行补贴都是有必要的,而考察主要国家文化产业补贴的实践发现,补贴是各国普遍采用的文化政策措施。

　　三是文化产业补贴的国际法渊源。文化产业补贴的法律渊源内容丰富,立法层级多样。本章主要从文化、贸易、人权三个领域予以梳理,文化领域主要包括联合国教科文组织《保护和促进文化表现形式多样性公约》中成员方实施文化政策措施权利的规范;贸易领域的渊源,主要包括贸易规范中的一般贸易原则对文化产业补贴的规制,以及其中的补贴规范对文化产业补贴的规制;人权领域的渊源主要是指《公民权利和政治权利国际公约》和《经济、社会及文化权利国际公约》中规定的文化权利,这与文化产业补贴也有一定关系。

　　四是对本书研究的文化产业补贴的国际法问题的主要内容予以系统的总结和简要的说明,具体包括文化产业补贴的国际法问题,即分类问题、合法性问题和例外问题以及规则之间的冲突和协调问题,这部分内容将在以下内容中具体阐释,此处不展开说明。综上,本章的内容为本书梳理了研究的框架,奠定了研究的基础。

第二章

文化产品的定性

一般而言，产品被分为货物或者服务①。很容易举例说明什么是货物，什么是服务，但是在涉及文化产品时，界定其属于货物还是服务变得比较困难。②之所以要界分文化产品的"货物/服务"属性，是因为 WTO 中货物与服务规则的不一致，尤其是对补贴规则来说，更是如此。由于货物贸易和服务贸易补贴规则的差异，相对成熟的货物贸易补贴法律制度的适用范围是否及于服务贸易补贴？尤其是对同时具有货物和服务属性特征的文化产品来说，这一问题更加重要。故此，本章将在对文化产品分类争议的现状进行梳理的基础上，结合实践（主要是 WTO 实践）探讨文化产品分类的标准以及该标准对规则适用可能造成的影响，试图指出文化产品的特殊性在该定性问题中的困境及其解决办法，为下文探讨的规则适用奠定基础。

第一节 文化产品定性问题的提出

一 文化产品定性的争议

联合国教科文组织于 2000 年发布的《文化、贸易与全球化的问与

---

① 这几个用语是从 "cultural products" "goods/services" 翻译而来，对此中文使用比较混乱，本书在一般意义上使用，将 "cultural products" 译为文化产品，将 "good/services" 译为 "货物/服务"。

② 例如，一份报纸，其是由纸张构成的，但是其内容是由一系列的服务活动构成，并且正是这一服务为报纸增加了最大的附加内容，这是使其与其他产品（普通纸张）区别开来的最大特征。那么，将报纸认定为货物还是服务？又如，一项观众观看的剧院演出被视为服务，然而，若将此内容记录下来，是否就被看作货物？又或者，是否一旦记录下来具有服务性质的内容，录影带就不成为货物了？

答》的报告中对"文化货物"①和"文化服务"②进行了定义,并认为"文化商品和文化服务合起来被称作文化产品"。但是,该文件中也指出,在某些情况下可能会对文化产品的性质存在不同的观点。例如图书或者电影——它们既能够在线提供,又可以以有形的物质形式存在,那么它们到底是如一些国家认为的那样是有形商品,还是如另一些国家提出的是服务?该报告认为:"尽管文化商品和文化服务看起来似乎差别明显,实际上有些时候二者很难界分。"③在"货物/服务"二分法下,文化产品通常同时具有"货物"和"服务"的属性,因此对文化产品的性质常常存有争议。总结而言,文化产品分类的争议类型主要包括以下三种。

(一) 传统文化产品"货物/服务"定性的争议

文化产品到底属于货物还是服务?对于其性质常常存有争议。早在20世纪60年代美欧之间就存在关于电视节目性质的争论,美欧提出了不同的主张,美国坚持文化产品属于货物,欧盟则认为其为服务。此外,DSU实践中与文化产品相关的两个重要案件——加拿大期刊案和中美出版物案,都涉及对文化产品"货物/服务"定性的争议。④

1. 认为文化产品属于货物

1961年,美国要求电视节目的出口应当受到GATT的限制,提出限制国外电视节目的规定违反了GATT第3条的国民待遇原则。⑤ 美国同

---

① 文化货物(cultural goods)一般是指传播思想、符号和生活方式的消费品,能够提供信息和娱乐,进而形成群体认同并影响文化行为。个体或集体的创意的结果是形成以版权为基础的文化产品,通过产业化的生产过程和全球范围内的传播得以再生产和繁荣。图书、杂志、多媒体产品、软件、电影、录影带、视听节目、建筑和时尚设计组成了单边或多边的文化提供,能够最大限度地满足人民需要。UNESCO, *Culture, Trade and Globalization: Question and Answers*, UNESCO Publishing, 2000, p. 13.

② 文化服务指的是那些旨在满足文化兴趣或者需求的活动。这些活动并不代表物质形态本身,它们由一系列政府、私人以及半公共性质的机构或者公司向公众提供文化活动的措施或者支持机制构成。文化服务的提供既可以是免费的,也可以是商业性收费的。UNESCO, *Culture, Trade and Globalization: Question and Answers*, UNESCO Publishing, 2000, p. 13.

③ UNESCO, *Culture, Trade and Globalization: Question and Answers*, UNESCO Publishing, 2000, pp. 13-14.

④ 对此将在本章第二节详述,此处不赘。

⑤ WTO, *Application of GATT to International Trade in Television Programmes: Statement by the United States Representative*, GATT Doc. L/1646, Nov. 21, 1961; WTO, *Application of GATT to International Trade in Television Programmes: Proposal by the Government of the United States*, GATT Doc. L/2120, Mar. 18, 1964.

时要求第 4 条电影例外的规定不适用于电视节目，因为电视节目与电影不同，电影多数是通过录音带的方式录制的，但是电视节目常被视为文化和信息的媒介，对政府而言有特殊意义。GATT 对此问题专门组成了一个工作小组。工作小组审视了 GATT 现存条款与影响电视节目国际贸易的措施之间的关系以决定这些现存条款是否足以解决市场准入的问题。[1] 然而，工作小组就此问题没能达成一致的协议[2]。此后美国又于 1962 年和 1964 年提出这一问题，后续发布了几个文件[3]，但是工作小组没有采取最终的措施。

此后，美欧之间对欧盟的《影视无国界指令》的性质依然存有争议，并将这种争议持续到乌拉圭回合的服务谈判中。1989 年，美国基于 GATT 第 22 条正式要求与欧盟进行双边磋商[4]，并提出该指令的内容限制条款违反了 GATT。从中可以看出，美国认为电视节目应适用货物贸易规则。

2. 认为文化产品属于服务

欧盟则提出电视节目应为服务而不是货物，其认为一盘空白的录音带可能属于"货物"范畴，但是一旦其录制了电视节目内容，则不再属于"货物"了。因为电视节目的价值在于其内容，而不是作为其载体的录音带。而决定其价值的内容属于服务的范畴，录音带这一"货物"属于服务的附带品，并非主要。[5] GATT 工作小组的法国代表还提出，具有同样内容的戏剧，将其现场演出视为服务，而一旦其被录制在录音带中便被认定为货物，这种做法是武断的和讽刺的。[6] 欧盟还提

---

[1] WTO, *Working Party on Application of GATT to International Trade in Television Programmes*, GATT Doc. L/ 1686, Dec. 18, 1961.

[2] WTO, *Report of the Working Party on Application of GATT to International Trade in Television Programmes*, GATT Doc. L/1741, Mar. 13, 1962.

[3] WTO, *Application of GATT to International Trade in Television Programmes: Revised United States Draft Recommendation*, GATT Doc. L/1908, Nov. 10, 1962; WTO, *Application of GATT to International Trade in Television Programmes: Proposal by the Government of the United States*, GATT Doc. L/2120, Mar. 18, 1964.

[4] "U. S. Requests Consultations on EC TV Broadcast Directive", *GATT Focus*, Vol. 66, Nov. 1989, p. 3.

[5] WTO, *Report of the Working Party on Application of GATT to International Trade in Television Programmes*, GATT Doc. L/1741, Mar. 13, 1962.

[6] WTO, *Report of the Working Party on Application of GATT to International Trade in Television Programmes*, GATT Doc. L/1741, Mar. 13, 1962.

出,电视节目与其他类型的服务有相同的传输方式,通过给予广播者在一定数量的时间内播放电视节目的法律、合同的安排,电视节目得以传输。一般来说,电视节目播放者不能获得一个外国制作的节目的所有的权利,只能获得在一定条件下放映该节目的权利。这种交易行为,不像是具有所有权的货物买卖的交易,更类似于一种服务。①

此外,从国际税收实践也可以看出一些端倪。由于目前各国对服务不征收关税,在各国对需要征收关税的货物都要列出的关税表中不包括服务。从各国的关税表来看,基本上都对有形的图书、报纸、期刊、音像制品征税。由此可见,尽管包含无形知识产权,这些图书、报纸、期刊、音像制品等文化产品在关税实践中仍被视为货物。②

(二) 数字化文化产品"货物/服务"定性的争议

文化产品分类问题的特殊性还表现在,数字化技术使得原来通过物理方式进行贸易的文化产品在通过网络方式传输的情况下,应当属于货物还是服务的问题。计算机信息技术和互联网的普及带来的以电子商务的方式进行的贸易迅速增长,颠覆了很多传统的规则,给 WTO 规则的适用及其国内法规则都带来了很多棘手的问题。可以说,数字化带来的产品分类的争议这一问题,不是文化产品独有的问题,只是在数字化文化产品中表现得尤为突出。WTO 专门成立了电子商务工作计划小组解决这一问题③,因此对数字化文化产品分类的界定问题可以参考关于电子商务分类的讨论。对数字产品分类的主张的争议主要有以下四种。

1. 数字化文化产品适用 GATT 的主张

美国一直在视听产品领域主张贸易自由化,对于数字化文化产品这一领域,美国认为这代表了这一领域新的发展方向,这一领域更是其极

---

① See Keith Acheson & Christopher Maule, "Trade Policy Responses to New Technology in the Film and Television Industry", *Journal of World Trade*, Vol. 23, No. 2, 1989, pp. 39 – 40.
② 阳明华:《略论文化产品在 WTO 中的归类》,载《中国出版》2010 年第 1 期,第 35 页。
③ WTO, *Ministerial Declaration* Adopted on 14 November 2001, WT/MIN (01) /DEC/1, Nov. 20, 2001, para. 34; WTO, *Fifth Dedicated Discussion on Electronic Commerce under the Auspices of the General Council on 16 May and 11 July 2003: Summary by the Secretariat of the Issues Raised*, WT/GC/W/509, July 31, 2003; WTO, *Work Programme on Electronic Commerce Adopted by the General Council on 25 September 1998*, WT/L/274, Sept. 30, 1998, paras. 2. 1, 3. 1.

力要求贸易自由化的重点。美国要求数字化产品适用 GATT 的主要理由有三个①：(1) 由于 GATT 的自由化程度较高，把数字产品归类为货物而不是服务更有利于贸易发展；② (2) 把电子商务归属为 GATT 有利于保障 WTO 协定的技术中性原则；③ (3) 产品的物理特征决定了其应当属于货物。④

2. 数字化文化产品适用 GATS 的主张

欧盟则主张电子化传输是由服务的提供所组成的，属于 GATS 的范围。⑤ 欧盟的理由主要是：(1) GATS 从长远目标上更有利于数字化文化产品的贸易自由化；⑥ (2) GATT 不能更好地为数字化产品提供恰当的分类标准⑦，GATT 和 ITA 都不能确保数字化产品贸易的自由化；

---

① WTO, *Work Programme on Electronic Commerce: Submission by the United States*, WT/COMTD/17; WT/GC/16; G/C/2; S/C/7; IP/C/16, Feb. 12, 1999, para. 7.

② 其认为，如果把所有电子传输归类为货物并且永久对其免征关税，那么自由贸易将更加盛行。GATT 与 GATS 之间的差异进一步表明，前者的自由化程度比后者更加广泛。既然 WTO 成员已花费了 50 多年时间完善 GATT 框架并提高其承诺水平，那么 GATT 更有利于贸易自由发展是十分正确的。

③ GATT 减让表中的关税税种、数额限制和通过 ITA 给予软件的待遇似乎表明，目前这一交易内容受到 GATT 的约束。然而，虽然软件和电影目前被视为货物，但仅仅因为出现了一种新型分销技术，而重新把它们从货物中归类为服务，这是不可理解的。此外，根据 ITA，消费者可以免交关税且不受任何贸易限制就能够获得通过有形方式交付的软件，然而，在线传输的同种软件却要受到 GATS 中贸易限制的约束。

④ 美国主张，实践中有许多产品（如娱乐游戏）在贸易过程中每次都可以改变其载体。例如游戏制造商可以把 CD 游戏内容复制到硬盘上，然后通过因特网发送给消费者，最后消费者消费 CD 中的游戏。在绝大多数情况下，内容与有形物体密切联系在一起。在消费过程中数字产品没有被消耗掉，这一"持久性"和有形媒体的"独立性"意味着数字产品是货物而不是服务。

⑤ WTO, *Communication from the European Communities and their Member States: Electronic Commerce Work Programme*, S/C/W/183, Nov. 30, 2000, para. 6 (a).

⑥ 欧盟认为，那些认为 GATT 为数字化产品贸易提供了更有利的规定的观点是基于一种静态分析得出的结论。从长远来看，GATS 允许通过四种方式进行自由贸易，那么数字化产品在 GATS 框架下自由化的程度更高，只是目前还未能作更充分的考虑，一旦自由化完成，其取得的成果要超过 GATT 下取得的成果。例如，市场准入问题，视听产品在 GATT 之下没有能够解决，但是若在 GATS 中做出充分承诺，拥有当地电视播放许可权或经营地方有线电视网络这些问题可以得到解决。

⑦ 在货物贸易领域，关税的额度通常是由载体的价值决定的，而不是由载体中所包含的内容决定。对于那些包含有内容的进口载体，在确定关税时只需要考虑载体本身的价值，不应包括数据的价值。从这一例子中可以更好地证明 GATT 不能为数字化产品提供最合适的归类标准。

（3）WTO 框架下不存在确保技术中立的规则；① （4）数字化产品的物理特征应当归属于服务。

3. 数字化文化产品适用 TRIPS 协定的主张

在世界贸易组织中，有些成员（如印度尼西亚、新加坡和澳大利亚）主张数字化产品贸易适用 TRIPS 加以调整。② 这些观点主要基于的理由是，文化产品在销售过程中发生的权利转移是不完整的、暂时的，完全的权利仍保留在出卖人手里，消费者获得的仅仅是许可使用权。有学者从 TRIPS 协定和 GATT、GATS 的关系的角度出发，对这一观点提出了批评，认为不论是货物贸易还是服务贸易，都应当受到 TRIPS 协定的约束。此外，从 TRIPS 协定的内容上看，尽管其为知识产权保护提供了具体的法律规则，但它不是规范贸易自由化的规则。在某些时候，知识产权甚至会构成贸易的壁垒。③

本书认为，这一主张的提出是由于文化产品与知识产权的调整客体的重叠性及二者天然的关联性导致的。从知识产权角度，一般来说创意性的文化产品同时亦包含知识产权保护的客体——创意。尤其重要的是，文化产品最大的价值可以说在于创意本身，这是构成其与其他产品相区分的最明显特征。尽管在数字化文化产品的贸易中，消费者获得的的确是许可使用权。但是这一点不能作为定性数字化文化产品的依据。用这一特征代替"货物/服务"分类的问题，这是混淆了界定的范畴。实际上，创意在"货物/服务"二分法的语境下在本质上是一种服务，

---

① 欧盟认为，能否在 CPC 中找到相应的分类，从而依据这一结果来判定数字化视听产品是属于 GATT 还是 GATS 这一观点是错误的，因为判断数字化视听产品的价值不是依据其载体，而是其内容本身。

② 其认为这些贸易的价值在于知识产权所保护的思想和内容这样的一种贸易形式，可能给人一种既不属于服务贸易也不属于货物贸易的印象。这种贸易形式体现为对版权使用费或者许可费的支付。其认为，当一个消费者购买储存在 CD 上的音乐或者 CD－ROM 上的计算机软件程序时，其交易的法律属性不同于购买实物产品。真实发生的只是消费者在一定的范围内使用录音制品或软件的一种有限许可。当跨境购买软件时，不是购买了软件程序，而是购买了以特定的方式使用这一软件的许可，程序本身依然在知识产权所有人的控制之下。因此认为数字化产品贸易可以看作版权贸易，适用的规则是 TRIPS。WTO, *Submission from Australia on Electronic Commerce Work Program*, IP/C/W233, December 7, 2000, para. 13; WTO, *Working Program on Electronic Commence*, Communication from Indonesia and Singapore, WT/GC/W/247, July 9, 1999, para. 12.

③ 张华：《文化产品国际贸易法律问题研究》，厦门大学出版社 2013 年版，第 70—71 页。

而知识产权体系是从另外一种角度构建的对知识产品的保护机制。

4. 混合主张

WTO 电子商务工作组曾提出过一个混合方案,即把数字化文化产品归为 GATS,但同时确保在 GATT 层面上的市场准入。对此,新加坡和日本代表认为,这一做法实质上是承认无条件的最惠国待遇、国民待遇、禁止数量限制和市场准入等,在此情况下把数字内容归属于货物或服务的主张可能是没有意义的。①

由于 WTO 成员方之间争议的巨大,最终并未对数字化文化产品的性质做出一个确定的结论。2005 年,各方搁置了对数字化产品属于货物还是服务的争议,仅达成了一个对数字化传输的产品不征收关税的非正式协议。② 目前,对数字化文化产品的定性问题远没有结束。《全面与进步跨太平洋关系协定》(CPTPP) 电子商务,章节中对"数字产品"的概念进行了界定③,但是专门注释说明这一定义并不能理解为反映成员方对电子传输的数字产品是属于货物贸易还是服务贸易的观点④,实际上暂时回避了这一颇具争议的定性问题。美国和摩洛哥的自由贸易协定中也以注释的方式规定了同样的内容。⑤ 因此,对于数字化文化产品性质的争议依然没有解决。

(三) 文化产品具体服务门类的争议

此外,另一个问题是,若认定为服务,则应当划分为服务行业的哪一门类?以在线游戏为例,即可以被视为计算机及相关服务,又可以被视为附加传输服务,又或者娱乐或者视听服务。⑥ 数字化技术革新带来的传输方式的便捷,极大地加深了这种分类的不确定性。

之所以产生这一争议,一方面是由于 GATS 分类的本身原因:GATS

---

① 张华:《文化产品国际贸易法律问题研究》,厦门大学出版社 2013 年版,第 70—71 页。

② WTO, *Doha Work Programme: Ministerial Declaration*, WT/MIN (05) /DEC, Dec. 22, 2005, para. 46.

③ Article 14.1 of CPTPP.

④ "The definition of digital product should not be understood to reflect a Party's view on whether trade in digital products through electronic transmission should be categorized as trade in services or trade in goods."

⑤ The United States – Morocco Free Trade Agreement, June 15, 2004, https://ustr.gov/trade-agreements/free-trade-agreements/morocco-fta, Art. 21.1.

⑥ Sacha Wunsch-Vincent, *The WTO, The Internet and Trade in Digital Products*, Hart Publishing, 2006, p.71.

现有体制之下对于服务的分类标准已经使用了 15 年（W/120 和 CPC），已经不能反映由科技进步带来的现有市场的实际需要。① 现有的服务分类不够细致，不同类型之间有重复或者遗漏，已经遭受诟病。因此有学者呼吁，需要设立一个更加清晰的、结构良好的、更新的分类，尤其是在文化领域以及视听和通信领域。② 另一方面，也是由于现有国际贸易规则中，并未考虑文化产品的特殊属性所导致。

二 文化产品定性的必要性

货物和服务的定性之所以重要，是因为在一些法律体系中，针对货物和服务分别规定了不同的适用规则，而这两者之间的差别较大，分类的不同对实践中文化产品被如何对待会产生巨大的影响。

以 WTO 规则为例，世界贸易组织的前身关贸总协定成立于二战之后不久，由于当时世界贸易主要以货物贸易的方式进行，其降低关税壁垒和其他影响贸易进出口的政府措施的目标只是针对货物贸易的规范，直到 1995 年世界贸易组织成立，服务贸易规则才被纳入。因此，其针对货物和服务分别适用 GATT 和 GATS 两套法律体系，而二者又有显著不同。GATT 的所有规则是基于国民待遇和最惠国待遇这两项不歧视的基本原则展开。GATT 采用的是"负面清单"的方式（a "top – down" or "negative list" approach），其国民待遇和数量限制项下的义务对其成员是普遍适用的，除非一些特殊的例外；而 GATS 则采取的是"正面清单"的方式（a "top – up" or "positive list" approach），成员可以选择其作出国民待遇和市场准入承诺的服务行业及其子类型。总体来看，适用于服务的规则 GATS 比适用于货物的规则 GATT 更加宽松。此种情况下，对货物和服务的界分有时候甚至会影响案件的成败。③ 而在另一些法律规则中，尽管对货物和服务做了区分，但是适用于二者的规定差别不大。例如欧盟，其内部有关货物的自由流动和关于服务的自由流动的规则差别不大，在这种情

---

① WTO, *Background Note by the Secretariat: Audiovisual Services*, S/C/W/310, Jan. 12, 2010, para. 9.

② Mira Burri, "Reconciling Trade and Culture: A Global Law Perspective", Journal of Arts Management Law & Society, Vol. 41, No. 2, 2011, pp. 148 – 149.

③ Paola Conconi & Joost Pauwelyn, "Trading Cultures: Appellate Body Report on China – Audiovisuals", *World Trade Review*, Vol. 10, No. 1, 2011, p. 97.

况下，对文化产品货物和服务的区分更多的则是具有学术意义。

具体到本书研究的文化产业补贴问题，以补贴规则为例，在 GATT 中，补贴既要受到国民待遇原则和最惠国待遇等一般贸易原则的制约，还要受到《补贴与反补贴协定》（以下简称《SCM 协定》）专门规范补贴问题的规则的制约；而 GATS 中尚未有 GATT 那样具体的补贴规则，成员方只能在具体的国民待遇承诺表和最惠国待遇的豁免中进行认定，因此可以说，GATS 中的补贴规则相对自由。

正是由于上述规则内容的差异，成员方往往会基于文化产品的性质提出抗辩，以最大化地维护自身利益。例如，在 WTO 争端解决机制中为数不多的涉及文化产品的案件中具有重要影响的两个案件——加拿大期刊案和中美出版物案，都涉及对分类问题的争论。究其实质，成员方提出分类问题的目的往往在于排除 GATT 的适用或排除 GATS 的约束，从而减少 GATT 或 GATS 对其所施加的义务，最大化地保留其文化政策措施的空间。[①] 不论是在 DSB 的争端实践中还是 WTO 谈判过程中均是如此。因此，分类问题常常成为文化产品特殊性争论中的焦点问题。

第二节 文化产品定性的标准

一 定性的一般标准

（一）传统经济学分类标准

一般说来，描述货物和服务之间如何区别尚无一个权威的认定标准。[②] 按照传统经济学分类标准，区分货物与服务的标准有三个。一是物理上的有形性标准，若是有形的就是货物，若无形就是服务。二是以是否能够储存为标准，服务通常不能被储存并且生产和消费具有同时性；货物具有可储存性；第三个标准是贸易的方式，通常来说，服务不

[①] 陈卫东、石静霞：《WTO 体制下文化政策措施的困境与出路——基于"中美出版物和视听产品案"的思考》，载《法商研究》2010 年第 4 期，第 53—54 页。

[②] M. Trebilcock and R. Howse, *The Regulation of International Trade*, London: Routledge, 1995, p. 218.

能被远距离消费。① 而电子传输方式的革新则改变了这一现状。

(二) 法学分类标准

在法学领域，货物贸易法中的"货物"一般是指（有形的）私人财产（"chattels personal"，"personal property"）。例如，《美国统一商法典》第2－105 (1) 条将货物定义为"所有在买卖合同确定时是可移动的"，并"包括特别制造的货物"，而排除信息和"行为"（things in action）；英国1979 年《货物买卖法》第14 条第 (2) 款 (d) 项和第61 条将"货物"定义为包括所有"除行为和金钱之外的个人财产"；欧盟 Directive1999/44/EC② 第1 条第 (2) 款 (b) 项将"货物"定义为"有形可移动的物品"。

在消费者保护法中，魁北克省《消费者保护法》第1 (d) 条将"货物"定义为"任何动产"；欧盟在关于消费者保护的指令中将有形性作为认定信息产品属于货物的标准，而对于不具有有形载体的在线传输的信息产品的性质，认为不属于货物也不属于服务，而应当单独归属为一类③。

在民法中，货物一般指的是动产（"movable property"），并将行为（"things in action"）排除在外。例如魁北克省《民法典》第905 条将"货物"定义为"不论是通过自身还是外部作用下可以移动的财产"；第907 条定义为，所有其他的财产，如果不能被法律界定的，都是动产。④

货物和服务的定性对国内法的适用会产生一定的影响，例如，一般来说无形财产被排除在货物贸易法和消费者保护法的适用范围之外；又如，侵占和普通法上的留置权的客体，其客体只是有体物；⑤ 在消费者

---

① John David Donaldson, "Television Without Frontiers: The Continuing Tension Between Liberal Free Trade and European Cultural Integrity", *Fordham International Law Journal*, Vol. 20, No. 1, 1996, pp. 112–123.

② E. U., *Directive 1999/44/EC of the European Community Parliament and Council on Certain Aspects of The Sale of Consumer Goods and Associated Guarantees*, May 25, 1999, p. 12.

③ E. U., *Directive 2011/83/EU of the European Parliament and of the Council of 22 November 2011 on Consumer Rights*, *Amending Council Directive 1993/13/EEC and Directive 1999/44/EC of the European Parliament and of the Council and Repealing Council Directive 1985/577/EEC and Directive 1997/7/EC of the European Parliament and of the Council*, Nov. 22, 2011, recital 19.

④ Civil Code of Quebec, CQLR, c. C–1991, Art. 905, 907.

⑤ Pascale Chapdelaine, "The Under Reliance on Physical Objects in the Regulation of Information Products", *Journal of Technology Law & Policy*, Vol. 20, No. 1, 2005, pp. 69–70, 92；齐爱民：《数字文化商品确权与交易规则的构建》，载《中国法学》2012 年第5 期。

保护法领域，认定货物和服务的举证责任不同、赔偿的性质不同。[1] 因此，将文化产品定性为货物或者服务，其适用的国内法规则也会有所不同。

二 文化产品定性的标准

（一）文化产品定性之 WTO 实践

1. 加拿大期刊案

（1）案情简介。

加拿大期刊案[2]由以下几个事实引起：①加拿大通过 9958 号关税条例禁止分销期刊（与其在本国发行的期刊具有相同或者相似的编辑内容，但是含有针对加拿大市场的广告）的进口；②加拿大通过税收实施法案第六部分，以每一期为基础对加拿大发行的分销期刊中的广告收入实施 80% 的税；③加拿大邮政公司，通过加拿大遗产部的资助为某些加拿大出版的期刊实施了补贴性质的邮政税率。适用于加拿大期刊的邮政税率低于那些适用于进口期刊的税率（"国际"税率）。一些附加的减免措施对加拿大期刊适用，却不适用于进口期刊。

在该案中，文化产品是货物还是服务这一问题不是论述的重点，双方在对税收实施法案第六部分的争议中，对涉诉措施是针对货物还是服务的措施的性质产生了分歧。专家组和上诉机构对涉诉期刊的性质问题的分析并不深入，也没有明确提出认定的标准和依据。尽管如此，DSB 对文化产品（期刊）定性问题的认定思路和其背后隐含的划分依据还是可以从双方对此问题的争议内容和专家组及上诉机构的报告中窥知一二。

（2）美加之间关于文化产品分类的争议。

美国提出，加拿大税收实施法案中对分销期刊征收 80% 的税收的规定与 GATT 第 3 条第（2）款第一句话不相符合。[3] 加拿大则主要基

---

[1] Robert Bradgate, "Consumer Rights in Digital Products: A research report prepared for the UK Department for Business, Innovation and Skills", September 2010, https://assets.publishing.service.gov.uk/government/uploads/system/uploads/attachment_data/file/31837/10-1125-consumer-rights-in-digital-products.pdf, pp. 28–29.

[2] Canada - Certain Measures Concerning Periodicals, WT/DS31/R, WT/DS31/AB/R.

[3] WTO, *Report of the Panel on Canada - Certain Measures Concerning Periodicals*, WT/DS31/R, Mar. 14, 1997, para. 3.32.

于期刊的性质进行了抗辩，其认为该案争议焦点属于关于广告服务的措施，应当适用 GATS 而不是 GATT。由于加拿大在 GATS 中没有做出对广告服务的承诺，因此不受制约。①

　　针对美国的指控，加拿大作了如下辩解：争议的焦点是关于为加拿大广告商的广告服务的条款，税收实施法案第六部分也是一项有关广告服务的措施。② 影响广告服务的多边规则应该是 GATS 而不是 GATT，因此 GATT 第 3 条不适用于税收实施法案第六部分。③ 其理由主要是基于两个方面，一是该法案实施的对象是出版商的广告收入④；二是杂志既有货物属性，又具有服务特点。加拿大指出，"实际上，一本杂志具有两个显著特点，一是由其内容决定了它是一种公共产品，二是其具有双重属性——由于其具有两种不同的收入来源，因此它既是一种消费货物，又是一种广告服务。其收入来源包括发行收入——由杂志（货物）的销售量获得；以及广告收入——是由服务的销售获得。所有杂志都体现出来这种实质上的双重性"。⑤ 基于认为该项措施属于针对服务贸易的措施的观点，加拿大还提出美国不能要求一项在 GATT 而不在 GATS 中的权利，这种做法实际上是为了扩大贸易权利的尝试。⑥

　　美国没有直接针对期刊的货物和服务属性问题进行论述，而是将重

---

　　① WTO, *Report of the Panel on Canada – Certain Measures Concerning Periodicals*, WT/DS31/R, Mar. 14, 1997, para. 3.34.
　　② WTO, *Report of the Panel on Canada – Certain Measures Concerning Periodicals*, WT/DS31/R, Mar. 14, 1997, para. 3.32.
　　③ WTO, *Report of the Panel on Canada – Certain Measures Concerning Periodicals*, WT/DS31/R, Mar. 14, 1997, para. 3.33.
　　④ 杂志出版商依靠两部分来获得收入：一个是杂志卖给读者的销售额，另一个是将杂志的广告版面卖给广告商。销售向杂志读者做广告的权利属于一项广告服务。由于税收实施法案实施的对象是杂志出版商通过广告服务获得的收入，因此这是有关广告服务的税收条款。详见加拿大期刊案专家组报告，第 3.32 段。
　　⑤ WTO, *Report of the Panel on Canada – Certain Measures Concerning Periodicals*, WT/DS31/R, Mar. 14, 1997, para. 3.33.
　　⑥ 这一关于税收实施法案措施的争议是美国间接获得贸易利益的一种尝试。美国试图假借货物贸易的规则说服专家组允许其在一项依据国际贸易规则其没有获得授权的服务领域享有权利。专家组是否应该允许一个成员通过其在一个协议具有的权利从而获得其在另一个协议中没有被允许的权利？如果如此那么专家组在 GTAS 和 GATT 的关系上冒险带来了一项不确定性。详见加拿大期刊案专家组报告，第 3.35 段。

点放在了论述 GATT 也可以适用于某些服务这一问题上。① 但是从其措辞来看，直接将期刊认定为货物。②

（3）专家组对文化产品分类问题的裁决。

在专家组报告中，对税收实施法案这一措施对象的性质的识别问题仅以一句话评论，即"专家组不能被加拿大将税收实施法案是意图规范广告服务的措施这一观点说服，因为没有与其他媒体的广告的相关规则，以及该税收是基于'每一本'为基础来实施的"。③ 由此可见，专家组只是论述了加拿大上诉提出的论点一，将税收实施法案的措施的性质认定为属于规范广告服务的措施；而对于加拿大提出的期刊具有货物和服务的双重属性这一点，并未予以论述。

（4）上诉机构对文化产品分类问题的裁决。

在上诉中，加拿大继续提出了基于性质的抗辩，认为专家组对税收实施法案第六部分适用 GATT 的观点是错误的，其性质应当属于与服务有关的措施。④

上诉机构报告中称加拿大的主要论点是税收实施法案第六部分"从其本身来说"是与服务贸易相关措施的规则，因此应当适用 GATS。上诉机构不同意加拿大主张的 GATT 不应当适用于税收实施法案第六部分的观点，提出了两项理由，一是从措辞论证税收措施是针对期刊的分销版本实施的。⑤ 二是针对期刊的属性进行了认定，即"期刊是由编辑内容和广告内容这

---

① 美国指出，GATS 并不影响 GATT 的义务。WTO 协议附件 1A 规定了 GATT 1994 与其他多边协议之间冲突的规则。据此，GATT 第 3 条第（4）款甚至可以适用于与货物相关的服务，比如"分销"和"运输"。详见加拿大期刊案专家组报告，第 3.36 段。

② 美国指出，这一税收实施措施属于 GATT 第 3 条第 2 款规定的直接或间接针对产品——期刊的分销版本——的税收。（a tax on a product, split-run magazine editions）详见加拿大期刊案专家组报告，第 3.37 段。

③ WTO, Report of the Panel on Canada – Certain Measures Concerning Periodicals, WT/DS31/R, Mar. 14, 1997, para. 5.15.

④ WTO, Report of the Appellate Body on Canada – Certain Measures Concerning Periodicals, WT/DS31/AB/R, June 30, 1997, pp. 3–4.

⑤ 税收实施法案第六部分标题的字面用语是"TAX ON SPLIT-RUN PERIODICALS"（此处大写是报告原文使用的，笔者认为主要是为了起强调作用，表明对期刊本身的强调），而不是针对广告实施的税收（tax on advertising）。此外，一项有关税收实施法案和所得税法案的法案摘要部分的用语是：税收实施法案是"tax in respect of split-run editions of periodicals"。详见加拿大期刊案上诉机构报告，第 17 页。

两部分组成的，这两部分都能被视为具有服务内容，但是二者结合起来构成了一个有形的产品（physical product），即期刊本身"。① 从这一推理的逻辑似乎可以看出，上诉机构似乎认为，对于那些附加具有服务特征的产品，只要具有有形性（physical）特征，即可被认定为货物。

最后，上诉机构还在关于税收实施法案第六部分措施争议的结论中强调，"上诉中有争议的措施，即税收实施法案第六部分，明显的是适用于货物的措施（tax act is a measure applies to goods）——属于对期刊的分销版本实施的税收"。② 从其结论的用词上可见，其以"措施适用的是针对期刊的税收"为判断依据，可以说是以产品的有形性特征作为对文化产品性质的认定标准，这是将传统的对产品的分类标准适用于文化产品。

2. 中美出版物和视听产品案

（1）案情及关于文化产品分类的内容简介。

中国出版物与视听产品案③是 WTO 实践中继加拿大期刊案之后又一起典型的涉及文化产品（文化产品和服务）的案件，主要针对中国的一系列影响文化产品的进口，或者（和）与上述产品相关的服务和服务提供者的措施。该案具体涉及四类文化产品：一是读物（reading materials），例如图书、期刊、报纸和电子出版物；二是家庭视听娱乐产品（Audio Visual Home Entertain Products，AVHE），如 VCD、DVD；三是录音制品（sound recording），如唱片；四是供影院放映的电影（films for theatrical release）。

美国就以下争议措施向专家组提出了诉请：①中国未把贸易权授予在中国的企业、外资企业、个人，违反了《中国入世议定书》和《中国加入工作组报告》项下的义务；②中国对外国服务提供者拒绝市场准入及歧视的措施，违反了 GATS 第 16 条、第 17 条项下的具体承诺；和/或③与国内产品相比，歧视进口产品，违反了 GATT 1994 第 3 条第 4 款。④ 中国抗辩

---

① WTO, *Report of the Appellate Body on Canada – Certain Measures Concerning Periodicals*, WT/DS31/AB/R, June 30, 1997, p. 17.

② WTO, *Report of the Appellate Body on Canada – Certain Measures Concerning Periodicals*, WT/DS31/AB/R, June 30, 1997, p. 20.

③ WTO, *Report of the Panel on China – Measures Affecting Trading Rights and Distribution Services for Certain Publications and Audiovisual Entertainment Products*, WT/DS363/R.

④ WTO, *Report of the Appellate Body on China – Measures Affecting Trading Rights and Distribution Services for Certain Publications and Audiovisual Entertainment Products*, WT/DS363/AB/R, para. 126.

的理由主要是，中国的一些措施不受美国援引条款的义务约束，另一些措施属于可能符合 GATT 第 20 条第（a）项的公共道德例外。①

从 2007 年 4 月 10 日美国提出正式磋商起，到 2009 年 12 月 21 日 WTO 争端解决机制做出上诉机构报告为止，该案历时两年八个月的时间。该案涉及的内容复杂、参与主体众多，具有广泛争议，不仅对 WTO 中文化与贸易这一议题具有深远影响，还对 WTO 中的很多问题都具有里程碑意义②。

该案中涉及文化产品分类的内容，分散在双方对具体问题的争辩之中。在专家组争议中，中美双方的两次书面陈述和两次口头陈述中多次提到对定性问题的争议，在上诉中，中国就贸易权承诺适用于供影院放映的电影和未完成的音像制品的裁定提出上诉，指出电影应该被视为服务，涉案《电影管理条例》属于规范服务的规定，与货物无关。双方继续在这些问题上存在争议。正如上诉机构报告指出的那样，"我们明白中国争辩的意图，《电影管理条例》规范服务贸易，因而在审查时只适用于货物贸易的中国贸易权承诺时应被排除在外"。③ 如果说，加拿大期刊案涉及的文化产品定性主要是期刊，尚不足以反映文化产品定性的困难，那么本案中，中美双方的争议更加激烈，更可以体现出文化产品在分类问题上的特殊性和复杂性。

（2）中美双方对文化产品分类问题的争议

中方针对美方提出的中国对进口特定类型文化产品的贸易权的有关政策措施违反了 WTO 国民待遇义务、数量限制的一般取消义务等指控，作出了对涉案"供影院放映的电影""家庭视听娱乐产品""录音制品"属于服务的抗辩。

针对美国提出的关于供影院放映的电影（motion pictures）的贸易

---

① WTO, *Report of the Appellate Body on China – Measures Affecting Trading Rights and Distribution Services for Certain Publications and Audiovisual Entertainment Products*, WT/DS363/AB/R, para. 127.

② Joost Pauwelyn, "Squaring Free Trade in Culture with Chinese Censorship: The WTO Appellate Body Report on China – Audiovisuals", *Melbourne Journal of International Law*, Vol. 11, No. 1, 2010, p. 119; Paola Conconi & Joost Pauwelyn, "Trading Cultures: Appellate Body Report on China – Audiovisuals", *World Trade Review*, Vol. 10, No. 1, 2011, p. 95.

③ WTO, *Report of the Appellate Body on China – Measures Affecting Trading Rights and Distribution Services for Certain Publications and Audiovisual Entertainment Products*, WT/DS363/AB/R, para. 193.

权违反《中国入世议定书》第 5.1、5.2、1.2 段和《中国入世工作组报告》第 83、84 段，中国的抗辩论点之一是这些规则是关于货物的规则，而该项措施属于服务。① 中国援引国际分类标准对服务特征做了进一步论证。② 此外，中国援引 Schedule to the GATS 的承诺中关于"供影院放映的电影的进口"来证明这是一项属于服务的措施。③ 在针对美国指出的用于出版的视听产品（Audiovisual products used for publication）的贸易权的指控中，中方的理由同上类似。④ 在针对美国指出的影院放映的电影的分销服务的控诉中，中国也提出了基于其性质的抗辩。中方的理由是，基于前述影院放映的电影不符合货物的要求，则影院放映电

---

① 中方的理由如下：首先，中方总结了电影（motion pictures）所具有的五个服务特征，即"①电影商业开发中的公开放映主要涉及三个服务提供商，制片人、发行人及电影院。②外国电影的进口、发行以著作权许可协议为基础，由制片人许可发行人使用电影著作权以便使发行人在与制片人约定的时间段和区域内进行发行。③电影是印制在电影胶片上的内容。发行人获得影像、声音及其他宣传材料以便在其获得许可的范围内发行。放映期结束后，发行人要么应将以上材料以及发行人创作的材料归还，要么应将所有材料销毁。④电影是由在屏幕上快速播放的有声音连续画面所组成，从本质上讲是无形的（intangible），并且不能被占有。其发行人并不是购买了电影，而只是获得了放映的权利。此外，电影的商业价值是由商业开发提供的服务所带来的收入所体现，而不是作为货物买卖的固定收入。货物的特点是有形的（tangible）和能够被占有，因此电影不能视为货物。⑤尽管电影所负载的材料从传统上来看是有形的物体，但是这些材料也仅仅是作为服务的附属品存在，并不能将电影的性质转作为货物对待。" WTO, *Report of the Panel on China – Measures Affecting Trading Rights and Distribution Services for Certain Publications and Audiovisual Entertainment Products*, WT/DS363/R, paras. 4.96 – 4.100.

② "电影所具有的上述服务特点为国际分类标准所确定，分类标准将那些与供影院放映的电影的开发有关的活动视为服务，与电影有关的唯一'货物'类型是电影胶片，而这只是服务的附属品。" WTO, *Report of the Panel on China – Measures Affecting Trading Rights and Distribution Services for Certain Publications and Audiovisual Entertainment Products*, WT/DS363/R, para. 4.101.

③ "电影所具有的上述服务特点为国际分类标准所确定，分类标准将那些与供影院放映的电影的开发有关的活动视为服务，与电影有关的唯一'货物'类型是电影胶片，而这只是服务的附属品。" WTO, *Report of the Panel on China – Measures Affecting Trading Rights and Distribution Services for Certain Publications and Audiovisual Entertainment Products*, WT/DS363/R, para. 4.103.

④ "电影所具有的上述服务特点为国际分类标准所确定，分类标准将那些与供影院放映的电影的开发有关的活动视为服务，与电影有关的唯一'货物'类型是电影胶片，而这只是服务的附属品。" WTO, *Report of the Panel on China – Measures Affecting Trading Rights and Distribution Services for Certain Publications and Audiovisual Entertainment Products*, WT/DS363/R, paras. 4.105 – 4.106, 4.202.

影的分销也不能被视为货物的分销,而属于一种基于授权协议的无形产品的分销。①

美方针对中国认为"供影院放映的电影"属于服务的主张,一一进行驳斥。不得不说,美国的这些意见有咬文嚼字和曲解中国观点的嫌疑。美国首先依据 GATT 第 4 条对电影的特别规定条款来证明电影属于货物贸易范畴②。其次,美国将中国的观点理解为"电影的'非物质'属性('intangible'nature)使其成为服务",并在此基础上进行了反推,认为中国意在将有形性作为认定"货物"的关键标准("tangibility"is the key element of a"good"),美国指出"就算此观点正确的话,美国指控的对象是中国禁止外商投资企业进口已冲洗电影胶片的硬拷贝,这属于有形货物的进口"。③ 再次,美国援引了 2007 年《商品名称及编码协调制度》(Harmonized Commodity Description and Coding System,HS)以及联合国的《核心产品分类》(Central Product Classification,CPC)④。其次,美国认为中国抗辩中电影属于服务的推理所基于的理由"因为电影是通过一系列的相关服务进行商业开发,因此不属

---

① "电影所具有的上述服务特点为国际分类标准所确定,分类标准将那些与供影院放映的电影的开发有关的活动视为服务,与电影有关的唯一'货物'类型是电影胶片,而这只是服务的附属品。"WTO,*Report of the Panel on China – Measures Affecting Trading Rights and Distribution Services for Certain Publications and Audiovisual Entertainment Products*,WT/DS363/R,paras. 4. 183 – 4. 184.

② "电影所具有的上述服务特点为国际分类标准所确定,分类标准将那些与供影院放映的电影的开发有关的活动视为服务,与电影有关的唯一'货物'类型是电影胶片,而这只是服务的附属品。"WTO,*Report of the Panel on China – Measures Affecting Trading Rights and Distribution Services for Certain Publications and Audiovisual Entertainment Products*,WT/DS363/R,para. 4. 199.

③ "电影所具有的上述服务特点为国际分类标准所确定,分类标准将那些与供影院放映的电影的开发有关的活动视为服务,与电影有关的唯一'货物'类型是电影胶片,而这只是服务的附属品。"WTO,*Report of the Panel on China – Measures Affecting Trading Rights and Distribution Services for Certain Publications and Audiovisual Entertainment Products*,WT/DS363/R,para. 4. 200.

④ 美国认为 HS 在 3706 条中规定了此种货物类别;同时 CPC 明确将电影(cinematographic film)作为第 3895 子类别下的货物,并将相关服务规定在其 96113 子类别中。WTO,*Report of the Panel on China – Measures Affecting Trading Rights and Distribution Services for Certain Publications and Audiovisual Entertainment Products*,WT/DS363/R,para. 4. 201.

于货物"一旦被采纳,将产生持续的不好影响。① 再次,美国援引了加拿大期刊案中上诉机构认为作为货物的期刊也具有服务属性的认定。最后,美国还援引了中国的关税实践,来证明电影属于货物。②

对此,中国提出的理由基本重申了前述观点③,对供影院放映的电影的分销服务(distribution of motion pictures for theatrical release),中国强调"分销"是针对货物的分销,而影院放映的电影的分销不属于货物的分销,因而 GATT 第 3 条第 4 款不应适用。④ 对用于出版的视听产品,中国基于类似的理由提出抗辩。

(3) 专家组和上诉机构的裁决

专家组对涉诉电影性质的认定依据,主要是基于三个方面的考量。一是实践中的其他分类,专家组援引了这三个事实来佐证:a. 其中税目第 3706 项定义为,"电影(cinematographic film),已经曝光并经过制作的,不论是否包括声轨还是仅仅包括声轨";b. 中国的货物关税《减让表》(Schedule of Concessions),包括了与 HS 3706 项一样的内容;c. 中国的关税实践,中国在专家组中确认其向电影进口征收关税。二是,HS 分类中 3706 项的注释表明,该条包括供影院放映的电影,这表明尽管已经曝光并制作的电影被用来提供服务,但是总体来说,影院中电影的放

---

① 美国的意思是,由于绝大部分货物的商业开发均需通过相关服务来完成,中国的主张可能使所有的货物变成服务。美国进一步指出"即便如中国所述,相关措施中的某些条款所规制的是著作权许可协议,这并不能改变其他条款直接禁止外商投资企业进口相关货物的事实。"美国认为 HS 在 3706 项中规定了此种货物类别;同时 CPC 明确将电影(cinematographic film)作为第 3895 子类别下的货物,并将相关服务规定在其 96113 子类别中。WTO, *Report of the Panel on China – Measures Affecting Trading Rights and Distribution Services for Certain Publications and Audiovisual Entertainment Products*, WT/DS363/R, para. 4. 202.

② WTO, *Report of the Panel on China – Measures Affecting Trading Rights and Distribution Services for Certain Publications and Audiovisual Entertainment Products*, WT/DS363/R, para. 4. 203.

③ WTO, *Report of the Panel on China – Measures Affecting Trading Rights and Distribution Services for Certain Publications and Audiovisual Entertainment Products*, WT/DS363/R, para. 4. 243 – 4. 251.

④ 美国声称电影的发行应当依据 GATT 第 3 条第 4 款进行审查。中国认为该款针对的是影响货物的"国内销售、兜售、购买、运输、分配或使用"措施,在这一语境下,"分销"指的是将货物提供给卖家或者是消费者的过程。供影院放映的电影的发行并不属于货物的销售,因为影院消费者追求的是现场观影的权利,获得的是对电影的记忆。如前所述,这不符合 GATT 第 3 条第 4 款所规定的货物的分销的含义。WTO, *Report of the Panel on China – Measures Affecting Trading Rights and Distribution Services for Certain Publications and Audiovisual Entertainment Products*, WT/DS363/R, paras. 4. 253 – 4. 255.

映和展示被视为货物。三是，援引了加拿大期刊案中的"期刊中可以具有服务属性，但是其结合起来构成了一种有形物品，即期刊本身"这一论证，认为包含内容的物质载体可以被视为货物（physical carrier containing content is treated as a good）。① 最后，专家组总结到，"美国在诉讼中要求的供影院放映的电影（films for theatrical release），例如以任何有形形式表现的电影胶片（hard-copy cinematographic films），属于中国贸易权承诺中的货物"②。正是基于此判断，"中国在上海中认为"美国转移了诉讼请求，将主题从"供影院放映的电影"转变成为"电影胶片"，从而把无形内容转变成了有形货物。③ 而上诉机构报告中却指出，由于美国一直将电影理解为货物，其词语的转换并没有改变美国的诉请，专家组的表达是"为了描述货物可以被用作供影院放映的电影"的裁定没有错误。④

在随后的《电影管理条例》的可适用性问题的论述上，双方对"电影"一词具体含义继续进行了争议，双方甚至援引了独立翻译人提供的证据。专家组认为，解决中美在"电影"这一词语含义上的纷争并非分析中国进口电影措施合法性的关键因素，关键在于涉案措施是否影响谁能够从事这项货物的进口。专家组在这里没有对定性问题作出确凿判断，而是指出不管做何种理解，中国相关措施都受中国《入世议定书》中有关贸易权利条款的规制。上诉机构报告也指出："尽管专家组承认《电影管理条例》第30条可能与电影内容相关，但它没有宣布电影一词的含义，或者具体到该词是否仅指独立于物质载体之外的内容的问题。"⑤ 其认为，"专家组未就《电影管理条例》中电影一词做出精准裁定没有错误。专家组接受电影胶片作为电影一词的一种含义，也没有

---

① WTO, *Report of the Panel on China – Measures Affecting Trading Rights and Distribution Services for Certain Publications and Audiovisual Entertainment Products*, WT/DS363/R, paras. 7.524 – 7.525.

② WTO, *Report of the Panel on China – Measures Affecting Trading Rights and Distribution Services for Certain Publications and Audiovisual Entertainment Products*, WT/DS363/R, para. 7.526.

③ WTO, *Report of the Appellate Body on China – Measures Affecting Trading Rights and Distribution Services for Certain Publications and Audiovisual Entertainment Products*, WT/DS363/AB/R, para. 171.

④ WTO, *Report of the Appellate Body on China – Measures Affecting Trading Rights and Distribution Services for Certain Publications and Audiovisual Entertainment Products*, WT/DS363/AB/R, para. 174.

⑤ WTO, *Report of the Appellate Body on China – Measures Affecting Trading Rights and Distribution Services for Certain Publications and Audiovisual Entertainment Products*, WT/DS363/AB/R, para. 189.

错误"。① 因此，专家组和上诉机构其实没有就电影的货物/服务性质给出准确的界定。

中国还上诉认为，争议措施只规范服务和内容，因此不包括在只与货物相关的中国贸易权承诺范围内。上诉机构指出，中国提出上诉的问题是第 30 条指定单位进口的对象是否为货物。在此争议中，中国贸易权承诺对《电影管理条例》第 30 条的适用性取决于该条款是否规范货物。中国认为该条规定的是电影的"无形内容"，而不是这些内容的"物质载体"。② 上诉机构不认为内容和货物相互排斥。其认为"内容包含在物质载体中，内容和载体共同形成了一项货物"③。基于中国的关税减让表中包括了 HS 税目 3706 项（已曝光并经制作的电影胶片），上诉机构认为中国的关税体制中，带有内容的实体电影胶片属于货物。最后其认同了美国的观点，即中国的辩解是人为地将电影二分为内容和包含了内容的物质载体。④ 尽管上诉机构的报告中明确指出电影胶片属于货物，这同前述专家组报告一样，认同电影胶片是电影的一种理解，其实没有为电影的性质做出明确界定。有学者将这一措辞理解为上诉机构的观点是，不认为电影"是"（is）货物，而是"具有"货物属性或者是"包括"货物（has a goods component or includes a good）。⑤

3. 对 WTO 实践中文化产品分类问题的简评

从这两个案件的专家组和上诉机构报告中，可以得出 WTO 实践对于文化产品"货物/服务"分类问题的以下几个结论。

一是，承认文化产品具有货物和服务的双重属性，但是依据"有形性"（物质载体）作为定性文化产品属于货物还是服务的关键标准。在

---

① WTO, *Report of the Appellate Body on China – Measures Affecting Trading Rights and Distribution Services for Certain Publications and Audiovisual Entertainment Products*, WT/DS363/AB/R, para. 190.

② WTO, *Report of the Appellate Body on China – Measures Affecting Trading Rights and Distribution Services for Certain Publications and Audiovisual Entertainment Products*, WT/DS363/AB/R, para. 171.

③ "Content can be embodied in a physical carrier, and the content and carrier together can form a good."

④ WTO, *Report of the Appellate Body on China – Measures Affecting Trading Rights and Distribution Services for Certain Publications and Audiovisual Entertainment Products*, WT/DS363/AB/R, para. 195.

⑤ Paola Conconi and Joost Pauwelyn, "Trading Cultures: Appellate Body Report on China – Audiovisuals", *World Trade Review*, Vol. 10, No. 1, 2011, p. 100.

加拿大期刊案中，专家组对于期刊的性质问题基本一笔带过；而从上诉机构判断推理的过程来看，其实际上是承认了期刊的双重属性，但是基于有形性将期刊认定为货物。其强调税收的对象是"期刊"表明其是以区分货物和服务的传统标准——有形性作为依据来认定涉诉期刊的性质。从中美出版物案专家组及上诉机构的观点来看，WTO实践中对待文化产品性质的态度是，承认文化产品可以同时具有货物和服务的属性，但是以有形性作为认定货物的标准。虽然中国在论证中指出了电影与一般货物相比存在特殊性，并因此将其归入服务之中，作为第三方的韩国也在一定程度上认同这种观点，但是在现行解释之下这种主张却不能得到支持，也就是说，已固定在某种有形载体（比如胶片）中的电影固然与其他货物相比存在特殊性，但其并不会因此变为服务。

二是，文化产品属于货物还是服务这一分类问题，与应当适用GATT还是GATS这一法律适用问题，是两个不同的问题。由于专家组和上诉机构在分析中都将这两个问题放在一起论述，有必要在分析中予以辨别。有学者认为加拿大期刊案中认定税收同时适用于货物和服务[1]，本书看来这其实是没有注意上诉机构对定性的结论，混淆了性质问题和法律适用问题。

三是，专家组和上诉机构实际上没有考虑文化产品贸易中的文化因素，文化产品的货物和服务双重属性在案件中并没有起到重要作用。正如此案判决之后有学者评述的那样，WTO并没有很好地理解文化产品的双重属性，并且未解决文化产品的属性问题（货物还是服务）以至于其到底是适用GATS还是GATT。[2] 有中国学者基于本案中对电影性质的争议，提出中国的问题在于相关用词不准确以至于给了美国以可乘之机。实际上，更深层的原因在于文化产品本身的属性的特

---

[1] 阳明华：《略论文化产品在WTO中的归类》，载《中国出版》2010年第1期，第36页。Trevor Knight, "The Dual Nature of Cultural Products: An Analysis of the WTO's Decisions Regarding Canadian Periodicals", *University of Toronto Faculty of Law Review*, Vol. 57, No. 2, 1999, p. 181.

[2] Trevor Knight, "The Dual Nature of Cultural Products: An Analysis of the WTO's Decisions Regarding Canadian Periodicals", *University of Toronto Faculty of Law Review*, Vol. 57, No. 2, 1999, p. 166.

点，导致的分类问题争议巨大，正如本章第一节所总结的在此领域的争议表现。

（二）文化产品定性之其他实践

1. 有形性标准

在美国、英国、加拿大，有很多案件将具有物质载体的信息产品的复制品认定为货物贸易法中的义务"货物"。①

英国上诉法院在"St. Albans City 案"②的判决中认定信息产品必须具备有形性，才能被视为货物。该案中法官指出，是否具有有形媒介来提供涉案计算机软件的复制品，是决定一个计算机软件是否为货物的决定性因素。

美国法院也倾向于在提供具有物理属性的物品存在的情形下将信息产品认定为"货物"。在"Shema"案③中，援引了支持将软件许可作为 UCC 中货物对待的判例法，双方同意将软件许可协议作为"货物"对待。在"Gross"案④中，法院将不具有物质属性的在线传输的软件视为加州美国统一商法典中的"货物"对待。美国商务部也曾在一个有关计算机软件的反倾销案件中明确表示，一旦将信息存储在软盘上，程序设计者的思想就转换成货物。程序设计者的思想只有采取无形的形式才能被认为是服务。⑤

在欧盟法院中，也有为数不少的案件将具有物质属性的信息产品作为货物来对待。不过，也有少数案件的法官认为这种做法不合理。其指出这种以是否具有物质支持媒介作为信息产品是否构成货物的决定因素，从某种程度上来说是一种人为的区分。⑥ 会导致在分析合同的性质及其影响时，传输的方式将会优于以产品的价值或者是双方的利益来说

---

① Pascale Chapdelaine, "The Under Reliance on Physical Objects in the Regulation of Information Products", *Journal of Technology Law & Policy*, Vol. 20, No. 1, 2015, p. 69.
② St. Albans City & Dist. Council v. Int'l Computers, Ltd., [1996] EWCA (Civ.) 1296.
③ Shema Kolainu – Hear Our Voices v. Providersoft, 832 F. Supp. 2d 1 94 (E. D. N. Y. 2010), at 199.
④ Gross v. Symantec Corp., 3: 12 – cv – 00154 – CRB (N. D. Cal. Jul. 5, 2012), at 9.
⑤ United States Department of Commerce International Trade Administration, *Preliminary Affirmative Countervailing Duty Determination: Certain Computer Aided Software Engineering Products from Singapore*, 55 FR 1596, Jan. 17, 1990.
⑥ Beta Computers (Europe) Ltd. v. Adobe System (Europe), 1996 S. L. T. 604, at 606.

占主导性质的因素，会产生消极的影响。①

2. 实质价值标准

美国法院在涉及税收的案件中，发展出来一种"真实价值"标准，根据交易背后的真实价值来判断性质。当买方在交易中追求的真实购买目标是服务时，法院将交易界定为属于服务的销售。② 美国法院曾经在几个案件中依据这种思路，把内含邮寄清单的磁带认定为服务③；将包含有无形知识的磁带视为服务④；将含有卡通的报纸的购买视为服务⑤。

三　文化产品定性适用一般标准的评述

若文化产品适用一般标准，会得出两个结论，一是其通常可以被看作具有货物和服务的属性——其通过服务的方式被创造或者提供，例如电影的发行，但是同时可以以有形媒介的方式存在，例如电影胶片、CD、DVD、录像带、录音带等。二是，同样内容的文化产品，只是传输方式或者说是媒介的不同，会影响其定性的不同。例如，通过卫星和因特网电子传输的方式被阅读和购买的报纸、杂志等，更像一种服务；而同样内容的纸质报纸、杂志等，通常被认为是货物。在这种情况下，意味着纸质报刊是货物，而同样内容的电子版报刊就被视为服务。例如，IMF 在 2008 年版的"Balance of Payments and International Investment Position Manual"（BPM6）中⑥，对电子传输方式的视听产品作为服务进行统计，将那些在物理上有形的视听产品，例如 DVD、CD 等，包括在商品中，而不是包含在服务中。

此时，会产生以下几个问题。一是，仅以有形性作为文化产品的定性标准存在问题，对文化产品略失公平。因为：首先，对于文化产品来说，物质载体并不是主要的构成要素，是其所包含的文学、功能、艺术

---

① Beta Computers (Europe) Ltd. v. Adobe System (Europe), 1996 S. L. T. 604, at 608 – 609.
② See e. g. , Accountants Computer Services, Inc. v. Kosydar, 35 Ohio St. 2d 120; Bullock v. Statistical Tabulating Corp. , 549 S. W. 2d 166 (Tex. 1971).
③ Spencer Gifts, Inc. v. Taxation Div. Director, 440 A. 2d 104, 118 (N. J. Tax Ct. 1981).
④ Commerce Union Bank v. Tidwell, 538 S. W. 2d 405, 408 (Tenn. 1976).
⑤ Washington Times – Herald, Inc. v. District of Columbia, 213 F. 2d 23 (D. C. Cir. 1954).
⑥ International Monetary Fund, *Balance of Payments and International Investment Position Manual* (*BPM6*), December 2008, p. 266.

特征使得其与其他产品区别开来；其次，正如学者指出的那样，很多文化产品必须通过一定的有形性媒介得以存在并传播。① 难道某种服务一旦以有形性展示出来，就能够将其性质转化为货物么？那么举一个极端的例子，对于金融和法律服务这样的传统服务而言，出具法律意见书同样可能会通过纸质媒介，是否意味着将其性质转变成了货物？② 因而，以有形性作为对文化产品定性的标准，对文化产品来说实在是有失偏颇。正因为如此，有学者指出，很明显，文化产品同时具有货物和服务属性③，文化产品很难被单独定义为是货物还是服务④。依照传统分类标准将文化产品区分为商品或服务可能会带来一些问题和不准确性。传统的划分标准简单地适用于文化产品造成定性上的不确定和混乱，因而在分类问题上需要考虑文化产品的特殊性。

二是，容易混淆产品的属性。一般来说，货物更倾向于与有形性相关，而服务与无形性相关。有学者从国内法中合同法、知识产权法和消费者保护法的角度论述了仅仅将有形的信息产品作为货物对于保护民事关系中当事人的权利是不利的。指出对物质载体的依赖是不合理的，强调信息产品的有形属性会造成法律适用上的任意性结果。⑤ 由于服务更典型地与信息产品的在线传递相联系，将此种交易仅仅作为服务，是忽略了这种交易同时也可能涉及交易客体的转移。⑥

正如有学者指出的那样，这种依赖物质载体作为认定货物还是服务的原因是由于基本概念的混淆，以及对"有形财产"含义的狭义理解，导致

---

① Leigh Parker & Michael Braun, "Trade in Culture: Consumable Product or Cherished Articulation of A Nation's Soul", *Denver Journal of International Law and Policy*, Vol. 22, No. 1, 1993, p. 187.

② Trevor Knight, "The Dual Nature of Cultural Products: An Analysis of the WTO's Decisions Regarding Canadian Periodicals", *University of Toronto Faculty of Law Review*, Vol. 57, No. 2, 1999, pp. 180–181.

③ Trevor Knight, "The Dual Nature of Cultural Products: An Analysis of the WTO's Decisions Regarding Canadian Periodicals", *University of Toronto Faculty of Law Review*, Vol. 57, No. 2, 1999, p. 181.

④ Leigh Parker & Michael Braun, "Trade in Culture: Consumable Product or Cherished Articulation of A Nation's Soul", *Denver Journal of International Law and Policy*, Vol. 22, No. 1, 1993, p. 188.

⑤ Pascale Chapdelaine, "The Under Reliance on Physical Objects in the Regulation of Information Products", *Journal of Technology Law & Policy*, Vol. 20, No. 1, 2015, pp. 72, 74.

⑥ Pascale Chapdelaine, "The Under Reliance on Physical Objects in the Regulation of Information Products", *Journal of Technology Law & Policy*, Vol. 20, No. 1, 2015, p. 76.

很容易依赖"有形性"的一般含义得出没有物质载体而通过数字化方式提供的信息产品属于"无形财产"的结论。"有形性"的字面意义是能够通过被有形接触而获得。司法实践中将信息产品定性为货物的时候,必须要求有形存在。然而,在一个越来越无形的世界,有形和无形的区别可能会迷失。尤其是在数字化环境下,有形载体消失这一趋势更为明显。"货物"和"服务"之间界限越来越模糊,是对信息产品定性问题争议的核心。

　　三是,可能带来法律适用上的任意性结果。如前所述,尽管文化产品的"货物/服务"属性不是直接影响适用 GATT 还是 GATS 的直接因素,但是其对涉案措施属于规范货物还是服务的措施具有直接影响作用,因此其对法律适用具有重要意义。而采用有形性为标准时,正如学者鲍威林(Pauwelyn)指出的那样,[①] 某一产品若具有物质载体时,便被认定为属于货物。那么与之相对,假如一个产品不具有物质载体,则是否被认定为属于服务?据此逻辑,很可能是肯定的。此时,在中美出版物案中,假如美国电影生产商是以电子传输的方式而不是有形电影胶片的方式将电影出口至中国境内,很可能就不属于货物贸易,中国的贸易权不再适用,而是依据 GATS 进行审视。在此情形下,中国可能就不再违反其入世议定书,而应当受到其 GATS 下承诺的限制。仅仅是因为传输方式的不同,法律适用的结果就差别如此之大,这种结果不利于法律适用的确定性。

第三节　文化产品定性对规则适用的影响

一　GATT 与 GATS 的重叠适用

（一）加拿大期刊案

1. 专家组报告

　　该案专家组报告在认定 GATT 应当适用时,主要针对的问题不是包含广告的期刊的货物或服务性质问题,也没有明确对涉案期刊的货物/服务属性做出定论,而将重点放在说明 GATT 对加拿大税收实施法案的适用性以及 GATT 和 GATS 之间的重复适用这一问题。

[①] Paola Conconi and Joost Pauwelyn, "Trading Cultures: Appellate Body Report on China – Audiovisuals", *World Trade Review*, Vol. 10, No. 1, 2011, pp. 101–102.

专家组认为不能被加拿大关于税收实施法案的措施属于规范广告服务的措施这一观点说服，并在此基础上提出假设，就算加拿大主张 GATS 适用，是否能排除专家组依据 GATT 审查加拿大的义务和承诺？[①] 为了回答这一问题，专家组检视了 WTO 协议及其附件的结构，并依据《维也纳条约法公约》第 31 条第（1）款有关条约的善意解释规则[②]，指出"结合 GATT1994、GATS 以及 WTO 协定第 2 条第 2 款的字面意义来看，GATT1994 和 GATS 能够共存，并不存在一个比另一个更优先"。"由于 GATT 和 GTAS 中并没有规则之间等级的条款，这意味着在 WTO 协定中 GATT 和 GATS 处于同等地位，二者之间并没有优先等级"[③]。与此相关，专家组认为，"GATT 和 GATS 规则之间的重复是不可避免的，并且会随着技术进步和经济活动的全球化而继续增加。我们不认为这种重复会削弱 WTO 体系的整体性"。"实际上，某些类型的服务例如传输和分销属于被 GATT 第 3 条第 4 款所认可的一项事物。在这一方面，广告服务长久以来与 GATT 第 3 条规则有关亦是值得关注的。"[④] 专家组还援引了 1970 年 GATT 关于边境税收调节制度的报告[⑤]，以及在 GATT 第 3 条的内容下检验了服务问题的几个案件[⑥]。专家组在这一问题上总结到，"没有理由说明为何 GATS 和 GATT 不能都适用于税收实施法案。因此，GATT 第 3 条可以适用于税收实施法案"。[⑦] 专家组在 GATT 的可适

[①] WTO, *Report of the Panel on Canada – Certain Measures Concerning Periodicals*, WT/DS31/R, Mar. 14, 1997, para. 5.15.

[②] WTO, *Report of the Panel on Canada – Certain Measures Concerning Periodicals*, WT/DS31/R, Mar. 14, 1997, para. 5.16.

[③] WTO, *Report of the Panel on Canada – Certain Measures Concerning Periodicals*, WT/DS31/R, Mar. 14, 1997, para. 5.17.

[④] WTO, *Report of the Panel on Canada – Certain Measures Concerning Periodicals*, WT/DS31/R, Mar. 14, 1997, para. 5.18.

[⑤] GATT, *Report of the Working Party on Border Tax Adjustments*, L/3464, December 2, 1970, para. 15.

[⑥] WTO, *Report of Panel on Canada – Import, Distribution and Sale of Certain Alcoholic Drinks by Provincial Marketing Agencies*, BISD 39S/27, February 18, 1992; WTO, *Report of Panel on United States – Measures Affecting Alcoholic and Malt Beverages*, BISD 39S/206, June 19, 1992; WTO, *Report of Panel on Thailand – Restrictions on Importation of and Internal Taxes on Cigarettes*, DS10/R – 37S/200, November 7, 1990.

[⑦] WTO, *Report of the Panel on Canada – Certain Measures Concerning Periodicals*, WT/DS31/R, Mar. 14, 1997, para. 5.19.

用性问题上的分析思路存在弊病。

2. 上诉机构报告

该案上诉机构在提出的四个理由基础上认定 GATT 适用于涉案措施之后，① 对 GATT 和 GATS 的关系问题没有多余的评述，只是指出 GATS 的生效并不减损 GATT 的适用范围，并同意专家组关于"GATT 1994 和 GATS 能够共存，并不存在一个比另一个更优先"的观点。② 上诉机构认为没有必要认定 GATT 和 GATS 之间是否具有潜在重复性这一问题，因为双方都同意这一问题与上诉无关。因此，上诉机构认为，在上诉中考虑加拿大在 GATS 框架下的权利和义务既没有必要，也不合适。此案中争议的措施属于适用于货物的措施。③

---

① 上诉机构报告中称："加拿大的主要论点是税收实施法案第 6 部分'从其本身来说'是与服务贸易相关措施的规则，因此应当适用 GATS，他们认为专家组报告中将其认定为是关于货物的措施并应用 GATT 是法律上的错误。我们不同意加拿大主张的 GATT 不应当适用于税收实施法案第六部分的观点。理由如下：第一，税收是针对期刊的分销版本实施的。税收实施法案第六部分标题的字面用语是'TAX ON SPLIT – RUN PERIODICALS'，而不是针对广告实施的税收（'tax on advertising'）。此外，一项有关税收实施法案和所得税法案的摘要部分的用语是：税收实施法案是'tax in respect of split – run editions of periodicals'。第二，期刊是由编辑内容和广告内容这两部分组成的，这两部分都能被视为具有服务内容，但是二者结合起来构成了一个有形的产品（physical product），即期刊本身。"然后，上诉机构以税收实施法案与 9958 号关税条例的关系为依据，进一步阐释了该措施属于对货物实施的措施这一观点。上诉机构的分析如下："税收实施法案第六部分是为了实施 9958 号关税条例而实施的。9958 号关税条例是对某些版本的期刊，包括分销版本或者地区性的版本的进口限制。这些在广告内容上主要面对加拿大市场，与在其本国境内发行的期刊的版本并不完全一致。加拿大同意 9958 号关税条例是影响货物贸易的措施，即使其余税收实施法案同样适用于分销期刊。加拿大在这次上诉的口头听证中指出：9958 号关税条例主要是对有形货物的进口禁止，例如杂志本身。从这个意义上整个辩论是关于是否有可能反对 GATT 第 11 条的适用。因此，（措施）具有直接影响，并且加拿大承认对于有形货物——过境期刊有影响。专家组认为 9958 号关税条例是（货物）的进口限制，加拿大没有对这一观点提出上诉。很明显，税收实施法案是旨在补充和影响 9958 号关税条例的进口禁止的实效性的。作为一种进口禁止的补充，税收实施法案具有同 9958 号关税条例相同的目标和目的，因此应当以同样的方式来分析。"上诉机构的理由还包括，从该税收计算的方式和征税对象来看，都与广告商无关，因而该税收是针对期刊而不是广告而设计的："税收实施法案的实施还证明，该税收是以'每一期'为基础对货物，即期刊的分销版本征收的税收。从（法案）的结构和设计来看，这是一种针对期刊征收的税收。税收的主要责任人是期刊的出版者；若其不在加拿大境内，则印刷者或者是零售者负有连带责任。而不是广告者。"

② WTO, *Report of the Appellate Body on Canada – Certain Measures Concerning Periodicals*, WT/DS31/AB/R, June 30, 1997, p. 19.

③ WTO, *Report of the Appellate Body on Canada – Certain Measures Concerning Periodicals*, WT/DS31/AB/R, June 30, 1997, p. 20.

(二) 中美出版物案

在分类问题引发的规则适用后果上,中国认为《电影管理条例》第 5 条和第 30 条只适用于服务贸易的规则制约,即适用 GATS 和中国的服务贸易承诺表。① 专家组在讨论这一问题时,援引了欧共体香蕉案中的论述,因而认为《电影管理条例》第 5 条和第 30 条可能是规制服务的事实,也不能排除其适用中国贸易权承诺。② 在此分析的基础上,如果将《电影管理条例》第 5 条与第 30 条中的电影理解为电影胶片,那么这两条就会直接规制谁能从事货物(good),即电影的硬拷贝的进口;如果将其理解为"可以在电影院进行商业开发的内容",此时,由于电影的内容是通过电影胶片所进口的,则这两个条款将必然会影响谁能够从事电影胶片的进口。③ ……专家组认为,不论对涉案规则的哪种理解正确,中国相关措施都受中国《入世议定书》中有关贸易权利条款的规制,因为其要么直接规定谁有权从事电影胶片的进口,要么必然会对谁能够从事这项货物的进口(importing of such goods)产生影响。④

上诉机构也同意了这一逻辑,认为"只要是电影的内容是由有形物质所承载(physical delivery materials),则《电影管理条例》第 30 条就不可避免地规范谁可以进口货物"。"因为电影的内容是通过有形货物表达,并包含在有形货物(physical good)中。"⑤

从这一分析过程看出,上诉机构认为电影的内容属性不能改变由于其具有物质载体这一事实,只要这一事实存在,就必然会影响谁可以进口一项货物。针对中国力图将《电影管理条例》认定为规范服务贸易,因而被排除在只适用于货物贸易的中国贸易权承诺之外的意图。上诉机

---

① WTO, *Report of the Panel on China – Measures Affecting Trading Rights and Distribution Services for Certain Publications and Audiovisual Entertainment Products*, WT/DS363/R, para. 7.540.

② WTO, *Report of the Panel on China – Measures Affecting Trading Rights and Distribution Services for Certain Publications and Audiovisual Entertainment Products*, WT/DS363/R, para. 7.542.

③ WTO, *Report of the Panel on China – Measures Affecting Trading Rights and Distribution Services for Certain Publications and Audiovisual Entertainment Products*, WT/DS363/R, para. 7.543.

④ WTO, *Report of the Panel on China – Measures Affecting Trading Rights and Distribution Services for Certain Publications and Audiovisual Entertainment Products*, WT/DS363/R, para. 7.543.

⑤ WTO, *Report of the Appellate Body on China – Measures Affecting Trading Rights and Distribution Services for Certain Publications and Audiovisual Entertainment Products*, WT/DS363/AB/R, para. 188.

构援引了加拿大期刊案中"GATS 的生效没有减损 GATT 的义务",以及欧盟香蕉案,认为"尽管 GATT 和 GATS 的客体不同,特定措施'可能被认定同时属于 GATT 和 GATS 的适用范围',这样的措施包括'涉及一项与特定货物相关的服务,或一项与特定货物一并提供的服务的措施'"。其认为上述分析涉及 GATT 和 GATS 的关系,虽然不是直接分析中国贸易权承诺与服务贸易承诺之间的关系,但是有助于阐明一项措施是否能够"同时受制于货物贸易相关义务和服务贸易相关义务的问题"。上诉机构认为,这些裁决有助于解决规范服务的措施是否受到中国贸易权承诺制约这一问题。[①] 据此,其认为"一项措施能够同时规范货物和服务,因此同一措施可以受制于影响货物贸易的义务和影响服务贸易的义务"。[②] 上诉机构认为,"电影胶片的进口与提供系争服务的权利同时并且在实体上相关联表明,在实物载体用于进口和许可电影内容的情况下,涉案措施就不可避免地影响谁可以进口货物"。即使"涉及电影胶片的进口贸易可能不是对相关电影加以利用的本质特征,但这一事实并不能排除中国贸易权承诺对《电影管理条例》的适用"。[③]

二 重叠适用引发的解释问题

依照 WTO 在上述案例中的观点,由于文化产品同时具有货物和服务的属性,则 GATT 和 GATS 可以同时适用。然而,这种重叠适用 GATT 和 GATS 的观点会带来解释上的问题,尤其是在二者的规定产生冲突的时候。[④] 而这种冲突是常见的,尤其是在文化领域。以电影的配额问题为例,若成员方在视听服务领域做出了市场准入承诺且没有做出配额的

[①] WTO, *Report of the Appellate Body* on *China – Measures Affecting Trading Rights and Distribution Services for Certain Publications and Audiovisual Entertainment Products*, WT/DS363/AB/R, para. 193.

[②] WTO, *Report of the Appellate Body* on *China – Measures Affecting Trading Rights and Distribution Services for Certain Publications and Audiovisual Entertainment Products*, WT/DS363/AB/R, para. 194.

[③] WTO, *Report of the Appellate Body* on *China – Measures Affecting Trading Rights and Distribution Services for Certain Publications and Audiovisual Entertainment Products*, WT/DS363/AB/R, para. 196.

[④] 这实际上也是规则的冲突与协调的一种,没有选择放在第五章而是这里,是由于该问题与本章论述的问题息息相关。

限制,则可以说该成员方放弃了 GATT 第 4 条关于电影配额的例外。但是这不能排除其依据 GATT 的义务。① 相反,GATT 第 4 条的电影配额例外也不能排除 GATS 对与之相关的服务的适用。此时,依据 GATT 第 4 条是被允许的,然而却有可能违反 GATS 第 14 条有关市场准入的规则。②

又如,在本书论述的补贴领域,由于 GATS 国民待遇原则没有规定补贴的例外,某种引起歧视的补贴可能违反 GATS 国民待遇原则的承诺。假如这一补贴依据的是《补贴与反补贴协议》并且符合这一协议的规定,那么这一结论会有不同吗?相反的,由于对视听产品的补贴可能无论如何都是由 GATT1994 和《SCM 协定》所规范的,这一结论的变化是否由于 GATS 中补贴规则的缺失?③ 这些例子表明了这种重复适用的论断带来的消极影响。尽管这一问题不只是在视听产品中独有的,但是由于被分类为货物还是服务所受的待遇的不同,以及成员方在这一领域的敏感性,因此这种矛盾在视听产品领域表现得尤其明显。诚如有学者指出的那样,应当呼吁对文化产品在贸易规则中的待遇进行协调,但是在达成这种协调之前,这种冲突可能造成文化产品受到双边的制约,以至于可能会对成员方的文化政策造成威胁。④

这对 WTO 成员方造成的可能影响是,在制定新的规则时应当注意同时符合 GATT 和 GATS。⑤ 不少学者由专家组和上诉机构在上述案件中"GATT 和 GATS 并不互相排斥"的论断,得出的观点是,一国政府措施的某些方面可能既适用 GATT,也适用 GATS。并进一步提出,由于 GATT 的规则比 GATS 更加严格,所以针对另一成员方具有贸易限制效

---

① Tania Voon, "A New Approach to Audiovisual Products in the WTO: Rebalancing GATT and GATS", *UCLA Entertainment Law Review*, Vol. 14, No. 1, 2007, p. 11.

② Tania Voon, "China and Cultural Products at the WTO", *Legal Issues of Economic Integration*, Vol. 37, No. 3, 2010, p. 256.

③ Tania Voon, "A New Approach to Audiovisual Products in the WTO: Rebalancing GATT and GATS", *UCLA Entertainment Law Review*, Vol. 14, No. 1, 2007, p. 11.

④ Jingxia Shi & Weidong Chen, "The 'Specificity' of Cultural Products versus the 'Generality' of Trade Obligations: Reflecting on China – Publications and Audiovisual Products", *Journal of World Trade*, Vol. 45, No. 1, 2011, pp. 159 – 186.

⑤ Paola Conconi & Joost Pauwelyn, "Trading Cultures: Appellate Body Report on China – Audiovisuals", *World Trade Review*, Vol. 10, No. 1, 2011, p. 100.

果的文化政策措施,起诉者自然选择依据GATT进行起诉。① 对成员方来说最安全的办法是,不论文化产品的分类为何,制定使用与文化有关的措施和法规时以更加严格的规则为准。可是,由于GATS和GATT之间的差别较大,尤其是在文化领域,严格遵守这一结论会对成员方国内文化政策措施造成严重影响。而若不如此,又会导致违反WTO义务。而在原本就极其敏感和颇具争议的文化产品补贴领域,这种影响尤其明显。这可能产生的后果是:那些依据GATS承诺表和国民待遇原则的例外所进行的补贴,由于GATT中严格的补贴规则,可能会不再符合WTO的要求。尽管实践中,WTO专家组和上诉机构的报告是否具有造法功能这一问题颇具争议,在这一结论基础上针对成员方文化产业补贴提出起诉的可能性很小②,各国事实上默许补贴的现实也使得这种做法也没有必要,但这一结论造成的潜在影响还是值得注意的。

三 对重叠适用的评述

从专家组和上诉机构的推理可以看出,其似乎认为,一项措施能够同时规制货物和服务,因此,该措施就同时受制于货物贸易规制和服务贸易规则的制约。③ 有学者基于加拿大期刊案中"GATS的生效,并不缩减GATT1994的适用范围"的分析,认为这意味着"如果一项交易涉及服务项目,但又不是GATS所定义的服务贸易,则仍有可能受制于货物贸易补贴法律规范"。④ 这代表了DSB这一分析对补贴规则产生的影响。本书认为,正是由于DSB的这种GATT和GATS的重复适用的分析

---

① Christoph Beat Graber, "Audiovisual Media and the Law of the WTO", in Christoph Beat Graber, Michael Girsberger & Mira Nenova eds. , *Free Trade versus Cultural Diversity*, Schulthess: Zürich, 2004, p. 21.

② 尽管对DSB的裁决是否具有先例作用存在争论,因为根据WTO争端解决谅解备忘录DSB的裁决并不能产生先例的效果,但正如杰克逊教授指出的那样,由于DSB实践中总在其裁决中引用先前的报告,使得GATT/WTO的先前裁决具有事实上的先例效果(de doctrine of stare decisis)。因此,DSB的裁决还是具有重要的参考价值。See John H. Jackson, "The Jurisprudence of GATT and the WTO: Insights on Treaty Law and Economic Relations", *American Journal of International Law*, Vol. 95, No. 4, 2001 p. 129.

③ Li Yu, "WTO and National Cultural Policy: Rethinking China Measures Affecting Trading Rights and Distribution Services for Certain Publications and Audiovisual Entertainment Products", *Revue Juridique Thémis*, Vol. 45, No. 3, 2011, p. 472.

④ 彭岳:《贸易补贴的法律规制》,法律出版社2007年版,第11页。

导致了上述理解，而该分析存在一定的问题。"案件最终败诉不等于最终的裁决是公正、合理的"①，"上诉机构的解释不是金科玉律，不能被绝对化，对其盲从和迷信将不利于提高 WTO 判例的研究质量"②。本书从以下两点对 WTO 争端解决机构在处理这一问题时的上述论断进行评述。

（一）没有分清 GATT 和 GATS 在本案中的关系

专家组和上诉机构认为 GATT 和 GATS 可以同时适用于某一项特定措施，原则上没有哪一个协议优先于另一个。的确，从规则的效力来看二者之间的关系的确是平行关系，并不存在哪一个协议比另一个更优先。然而需要进一步分析二者在具体案件中的权利义务关系，依据鲍威林的观点，二者的关系可能属于重叠、补充、相互冲突三种情况。

首先可能存在重复的关系。例如，对同一项措施，通过在 GATS 中规定了类似的义务，从另一个（服务）的角度对 GATT 项下的义务进行了确认。此时，当 GATT 和 GATS 义务在本质上互相确认（虽然是从不同的角度）时，一旦某一措施违反了其中的一个义务，对另一个义务就无须审查。

其次，在二者的关系是互为补充的时候，在一个协议中的已无可能会增加或补充另一个协议中的义务。在这种情况下，专家组必须审查两个协议。因为，一项措施符合 GATT 并不意味着就一定会符合 GATS。

再次，二者之间可能会构成冲突，尤其是发生义务与明确权利之间的冲突。即，同一措施在二者中都有规定，但是规定的内容不相同。在这种情况下，首先必须承认冲突的存在，然后适用解决冲突的一般国际法原则。此时，由于不存在冲突解决条款，二者之间订立的时间也相同（后法优于前法原则），因此此时应当适用特别法原则来解决二者的冲突。

加拿大期刊案可以说是属于第三种构成冲突的情况。而专家组和上诉机构只是简单地依据 GATT 和 GATS 直接的平行关系便认定二者都适

---

① "因为无论是专家组还是上诉机构，毕竟只有三人组成，要对如此复杂的案件做出公正、合理的裁决，实在是勉为其难。"详见曾令良《从"中美出版物市场准入案"上诉机构裁决看条约解释的新趋势》，载《法学》2010 年第 8 期，第 12 页。

② 白巴根：《补贴认定的若干问题研究》，北京大学出版社 2014 年版，第 54 页。

用于涉案措施，这是不严谨的。

（二）没有处理好 GATT 与 GATS 的冲突

在 GATT 和 GATS 发生冲突的时候，应该进一步分析哪一种规则是更加特殊的规则。WTO 协定中却没有规则规定如何解决 GATT 和 GATS 之间的冲突。只有在马喀什协定附件 1A 规定了如何解决 GATT1994 与该附件中其他与货物贸易有关的多边贸易协议之间的冲突。

尽管普遍承认 GATT 适用于货物贸易，并且在《多边货物贸易协议》的附件 1A 中列表规定，但是在 GATT 条文中并没有明确将其范围限制于货物贸易。甚至，根据 GATT 的某些条款，其范围甚至不限于货物贸易，例如，GATT 第 3 条第 4 款国民待遇原则关于国内规则的规定涉及批发、运输和分配等方面，属于服务贸易的行为，似乎意味着 GATT 也覆盖了某些服务贸易的领域，只要这些服务措施对货物产生了影响，就应适用 GATT 第 3 条。①

相比之下，GATS 第 1 条预先规定了 GATS 的实际适用范围，即 GATS "适用于影响服务贸易的措施"，依据 GATS 第 27 条第（c）款的规定，这些措施包括：①服务的购买、支付或使用；②与服务的提供有关的，各成员要求向公众普遍提供的服务的获得和使用；③一成员的个人为在另一成员方境内提供服务的存在，包括商业存在。然而尽管 GATS 确定了其一般适用范围，但它也是以一种概括的方式来确定其适用范围。尤其是其标准"影响服务贸易的措施"其实比较模糊，在这一方面其与 GATT 第 3 条比较相似。②

当一项措施限制外国销售者服务的提供时，这项措施也很可能"影响"由这些外国销售者所提供的外国货物；反之，当一项措施限制特定货物的进口时，那么对分配和销售这些货物所必需的外国服务，很可能会减少需求并实施限制。因此，GATT 和 GATS 二者的规定很可能重叠，尤其是在二者规定的义务有很大差别的时候，就更可能产生冲突。由于 GATT 和 GATS 都规定了概括的适用范围，那么存在下列措施：一是，

---

① Joost Pauwelyn, *Conflict of Norms in Public International Law: How WTO Law Relates to Other Rules of International Law*, Cambridge University Press, 2005, p. 400.

② Joost Pauwelyn, *Conflict of Norms in Public International Law: How WTO Law Relates to Other Rules of International Law*, Cambridge University Press, 2005, p. 401.

仅属于 GATT 的规定；二是，仅属于 GATS 的规定；三是，GATT 和 GATS 都有规定。甚至可以说，很难找到一个仅仅属于 GATT 或 GATS 规定的措施（即前述第一、二种情况），因为很多货物措施有可能会影响服务，反之亦然。①

鲍威林明确指出，在加拿大期刊案中，"冲突的可能甚至没有得到承认"，"上诉机构在审查加拿大的主张时，仅仅使用了一种实际上不应当首先适用的解释 GATT 的方法"。② 当然，GATT 对这项措施是有规定的，但是，对此措施 GATS 是否也有规定，同样是争论的问题。那么此时，就存在冲突，此时就不再只是对 GATT 第 3 条的解释的问题，而应当是 GATT 第 3 条与 GATS 的冲突的问题。但是依据上诉机构在该案中并没有这样做，其认为一旦 GATT 对某项措施做出了规定，GATT 就必然适用，而不考虑是否存在与之冲突的 GATS 条款。然而，上诉机构给予 GATT 优先权的考虑，没有任何原文的参考，也没有任何冲突规则的规定。③ 依据其报告"GATS 的生效……并不意味着 GATT1994 范围的缩小"，可见似乎该案的上述机构认为，在 GATT 禁止事项与 GATS 明确授权的事项产生冲突时，都应根据 GATT 作出决定。由于缺乏明确支持 GATT 的冲突条款，而 GATT 和 GATS 又是同一条约的一部分（因此它们是同时产生的），那么加拿大期刊案中上诉机构优先考虑 GATT 的做法不能认为是正当的。实际上，该案中 GATT 第 3 条与 GATS 的规定存在冲突，并且依据进一步的审查，GATS 的规定应当优先而不适用 GATT 的规定。

第四节 文化产品定性的反思

一 文化产品定性争议的分析

一是，现有的全球贸易框架中缺乏对"货物"和"服务"的明确

---

① Joost Pauwelyn, *Conflict of Norms in Public International Law: How WTO Law Relates to Other Rules of International Law*, Cambridge University Press, 2005, p. 403.
② Joost Pauwelyn, *Conflict of Norms in Public International Law: How WTO Law Relates to Other Rules of International Law*, Cambridge University Press, 2005, p. 405.
③ Joost Pauwelyn, *Conflict of Norms in Public International Law: How WTO Law Relates to Other Rules of International Law*, Cambridge University Press, 2005, p. 405.

界定和有效、可行以及清晰分类的方法，导致分类标准的混乱和模糊。在 GATS 生效之前，并不存在对服务和货物贸易的统一定义，学者们对此也持不同的观点。从规则上来看，GATS 第 1 条并未明确界定什么是"服务"，对服务的提供方式、货物与服务的区分这些问题也没有涉及，回避了学术之争。事实上，甚至很难达成一个对"服务"的一致的定义。①

二是现有的分类标准缺乏对文化产品特殊性的考量，传统标准适用于文化产品会不适宜。尽管货物和服务的分类是所有产品都面临的问题，并非文化产品所独有。但是纵观 WTO 中涉及分类争议的这些案件，还是可以看出，文化产品分类的特殊性的根源在于，其本身文化属性带来的困惑。此外，以计算机软件为例，GATT 和《信息技术协议》（ITA）对于软件的调整针对的是软件以物理方式存在的磁盘。ITA 协议中所说的计算机软件包括哪些承载软件的媒体，如磁盘、磁带和光盘等，这是协调税制（harmonized system of tariff nomenclature）对软件的分类。②

三是，基于文化保护主义的立场提出文化产品性质的抗辩，企图以分类为手段规避义务。从实践中的案例和各国的主张来看，现有对文化产品分类的分歧还有一个重要原因，即各国提出文化产品性质的抗辩，主要目的是希望援用对本国文化产业更有利的贸易规则。基于保护本国文化产品的考量，而在现有贸易体系中选择对自己最有利的方式，其目的是以分类为手段来规避自己的义务，从而在某种程度上加剧了分类的不确定性和非规范性。

二 文化产品定性问题的改进建议

一是在现有框架中对货物和服务的分类进行改进。在 1996 年 WTO 秘书处关于服务补贴的报告中即指出，服务的生产和销售经常与货物的生产和销售过程不可分割。这种"包括"现象的结果就是，一些对服

---

① Michael Trebilcock and Robert L. Howse, *The Regulation of International Trade*, London: Routledge, 1995, pp. 216 – 218.

② 世界贸易组织秘书处：《电子商务与 WTO 的作用》，对外贸易经济合作部世界贸易组织司译，法律出版社 2002 年版，第 97 页。

务的补贴看起来或被作为对货物的补贴来对待。① 这一现象产生的原因可能仅仅是由于某项服务蕴含在货物之中（例如唱片，录制音乐服务被包含在其载体有形唱片中），或者是服务作为货物生产的投入部分。该报告指出，在制定有关服务贸易补贴规则的时候，应当考虑这种服务蕴含在货物中的情形。改进现有分类标准不仅是解决分类带来的问题所需，而且是缓解文化与贸易之间矛盾的重要途径。② 因此，有必要在更新货物服务分类标准的时候，以一种更加符合当今货物与服务密不可分现象的同时，适度考虑数字化产品和文化产品的分类特殊性问题。

二是从长远来看，可以考虑统一货物贸易和服务贸易的规则。从更深层次来看，文化产品定性的这些问题，虽然主要源于文化产品属性，但更重要的是货物服务规则的不同。的确，货物和服务具有不同的特点，需要被不同对待，但是在 WTO 中二者贸易规则的差别巨大，这当然主要是由于货物规则和服务规则出现的时间不一致所造成的。但值得注意的是，分类问题不仅仅是文化产品分类独有的困境，随着技术的革新，在一些新兴领域产生的制度也面临着分类的难题，例如碳排放交易，其性质属于商品还是金融服务？美欧之间也存在争议。随着"全球价值链"（Global Value Chain）的兴起和服务贸易占据的份额越来越大，商品和服务在企业网络中作为一个整体被提供。全球价值链中制造业越来越依赖服务业（servicification），以及逐渐增多的跨行业政府支持政策使得针对制造业的补贴和针对服务的补贴更加难以区分。③ 货物和服务逐渐在一起被提供的事实以及货物和服务前所未有的生产过程的紧密联系，要求通过一种无分别的整体来制定货物和服务贸易规则以适应这一追求经济规模的要求。也有学者提议，不再区分货物和服务，而是对所有领域的贸易制定一种总体的协议（A Genaral Agreemeet on Trade in

---

① WTO, *Note by The Secretariat: Subsidies and Trade in Services*, Working Party on GATS Rules S/WPGR/W/9, Mar. 6, 1996, para. 10.

② Mira Burri, "Reconciling Trade and Culture: A Global Law Perspective", *The Journal of Arts Management, Law and Society*, Vol. 41, No. 1, 2011, p. 13.

③ WTO, *Background Note by The Secretariat: Subsidies for Services Sectors Information Contained in WTO Trade Policy Reviews*, Working Party on GATS RulesS/WPGR/W/25/Add. 7/Rev. 1, Jan. 13, 2015, para. 2. 3.

Everything)。① 这不仅是文化产品的需求，可能还是贸易发展的一种可能趋势。但是至少在目前的阶段，这属于一种学理上的讨论，是否能够达成尚未可知。

本章小结

由于界分货物和服务是判断涉案产品适用何种法律规范的前置问题，因而有必要对货物和服务做出区分。本章的内容主要包括四个方面，一是文化产品货物服务定性问题的提出，二是文化产品的性质和分类标准，三是定性对规则适用的影响，四是在此基础上的改进建议。

本章主要通过对 WTO 实践中涉及文化产业的加拿大期刊案和中美出版物案的分析，简要考察了一般文化产品分类的标准和其他实践，发现文化产品属于货物还是服务是案件面对的首要问题，并富有争议。在 WTO 实践中，专家组和上诉机构只要发现文化产品具有物质属性，就将其认定为货物；并且专家组和上诉机构判定，GATT 和 GATS 规则要同时适用于文化产品。

本书认为，文化产品的性质和法律适用属于两个问题，理论上不做区分会影响对这两个问题的理解。专家组和上诉机构关注的重点实际上不是产品的"货物/服务"属性，而是涉案措施是属于规范货物的措施还是规范服务的措施。② 实际上，产品的"货物/服务"属性（作为条件①）、涉案措施属于规范货物/服务的措施（作为条件②）、适用 GATT/GATS（作为条件③），这三者是不同的问题，具有不同的逻辑结构和认定方法。本书通过对上述案件中专家组和上诉机构推理的考察，认为实践中这三者的关系是层层递进：适用 GATT 还是 GATS（条件③）的关键在于涉案措施属于规范货物还是服务的措施（条件②），而产品的"货物/服务"属性（条件①）对认定涉案措施性质（条件②）具有

---

① Pierre Sauve, Keynote Address at the University of Tsinghua Law Review Symposium: WTO at 20: Multilateral Trading System, Dispute Settlement and Developing Countries, July 3, 2015.

② Paola Conconi & Joost Pauwelyn, "Trading Cultures: Appellate Body Report on China – Audiovisuals", *World Trade Review*, Vol. 10, No. 1, 2011, p. 100.

重要的参考作用。由于文化产品的货物/服务的双重属性，以"有形性"为标准认定文化产品"货物/服务"的性质，一旦具有有形载体，便属于货物，会影响到案件的法律适用。

专家组和上诉机构不只是在这两个案件中认定 GATT 和 GATS 可以同时适用，在欧共体香蕉案中也持如此观点。这一判决结果对文化产业补贴规则来说影响很大，因为补贴领域的货物贸易规则和服务贸易规则差别较大，同时适用无疑会增加成员方的义务。然而若不如此，鉴于 DSB 判决事实上的先例效力，极有可能有违反 WTO 义务之嫌。作为 WTO 实践中为数不多的涉及文化产品的案件，这两个案件在今后 WTO 实践中涉及文化产品的案件被援引的可能性极大。并且二者对文化产品定性的标准和同时适用 GATT 和 GATS 问题的观点基本一致，因此这种判决对今后文化产品在 WTO 实践中的案件具有重要影响，值得我们关注和思考。

实际上，以有形性为标准来定性的后果，不仅会导致成员方权利义务的变更，而且容易造成法律适用上的不确定性。就算是定性上同时具有两种属性，可以借鉴国际私法中的特征性履行方法，来决定涉案的措施到底是与货物有关、还是与服务有关。本章首先讨论这一前置问题，对 DSB 的判决进行了评述，认为这一现象产生的原因与文化产品的特殊性息息相关，为下文的分析厘清了障碍。

第三章

文化产业补贴的合法性

从实践来看，对文化产业的补贴十分普遍。依据《SCM协定》第25条，成员方有义务对其国内实施的补贴予以通知，其中，加拿大通知了其对图书出版商和文学艺术杂志的编辑提供的补贴项目;[①] 美国的亚利桑那州、阿肯色州、夏威夷州、纽约州和弗吉尼亚州等都对视听产业中的电影产业提供多种资助和税收优惠。[②] 然而，各国政府对其国内文化产业的补贴税收等激励政策是否符合国际法，是需要考量的重要问题。以美国和加拿大的电影产业为例，由于地缘的接近，以及加拿大实施的电影产业的优惠政策，好莱坞的电影越来越多地在加拿大进行制作，有美国学者曾分析过加拿大电影产业税收优惠法案与《SCM协定》的合法性问题，以便维护美国电影产业的权益。本章将探讨文化产业补贴在国际法视野下的合法性问题，包括但不限于贸易法领域中的WTO规则，还包括晚近区域自由贸易协定，以及文化法领域的《文化多样性公约》和人权领域的《公民权利和政治权利国际公约》《经济、社会及文化权利国际公约》等。

[①] WTO, *New and Full Notification Pursuant to Article XVI: 1 of the GATT 1994 and Article 25 of the Agreement on Subsidies and Countervailing Measures: United States*, G/SCM/N/123/USA, November 15, 2007.

[②] WTO, *New and Full Notification Pursuant to Article XVI: 1 of the GATT 1994 and Article 25 of the Agreement on Subsidies and Countervailing Measures: Canada*, G/SCM/N/123/CAN, August 1, 2005.

第一节 文化产业货物贸易补贴

一 文化产业补贴的认定

补贴的认定是涉及补贴的案件面对的首要问题,因此有必要先讨论这一问题。《SCM 协定》第 1 条明确对补贴进行了界定,① 据此,补贴只有在满足下列三个条件时才构成 WTO 所规范的补贴:第一,补贴是由政府或公共机构提供的财政资助（financial contribution）;第二,补贴使产业或企业得到了利益;第三,补贴须具有专向性（specificity）。在 WTO 实践中,DSB 对主体——"政府或公共机构"、补贴形式——"财政资助"和补贴效果——"利益"这三个方面进行具体的解释与澄清。实践中文化产业补贴的形式多样,尽管尚未出现对文化产业补贴认定的争议,但是《SCM 协定》的规则和 WTO 实践为文化产业补贴的认定提供了依据。

（一）《SCM 协定》下文化产业补贴的界定

1. 主体：政府或公共机构的认定

尽管《SCM 协定》第 1 条规定了主体标准,但是如何判断一个主体是否属于该规定的"政府"或"其他公共机构",定义中并未明确指出,因此需要参考专家组和上诉机构的实践。

（1）控制标准/职能标准

"欧盟诉韩国造船补贴案"案中提供财务补助的单位是公营的金融

---

① "1. 为本协议之目的,以下情况应视为存在补贴：(a)(1)在某一成员的领土内由政府或任何公共机构（在本协议中统称"政府"）提供的财政资助,即(i)涉及资金直接转移的政府行为（如赠予、贷款、投股）、资金或债务潜在的转移（如贷款担保）;(ii)政府本应征收收入的豁免或未予征收（如税额减免之类的财政鼓励）;(iii)政府不是提供一般基础设施而是提供商品或服务,或收购产品;(iv)政府通过向基金机构支付或向私人机构担保或指示后者行使上述所列举的一种或多种通常应由政府执行的功能,这种行为与通常的政府从事的行为没有实质性差别,或(2)存在 1994 年关贸总协定第十六条规定所定义的任何形式的收支或价格支持,和(b)由此而给予的某种利益。2. 上述第 1 款所定义的补贴应遵守第二部分条款的规定,如果该项补贴根据第二条规定是属于专向性的,则仅遵守第 3 部分或第 5 部分规定。"

机构，其小组报告采用了"控制"标准，① 即某一实体若为政府或其他公立机构所控制，则构成所谓的"公共机构"。也就是说，不论是在财务上还是决策上，只要该实体实际上为政府或其他公共机构所控制，其采取的措施即归属于政府的措施。

在中美"双反措施"案中，专家组采用的标准与此一致；然而上诉机构推翻了专家组的意见，认为公共机构必须是一个拥有、实施或被授予政府职权的实体。公共机构的核心特点是被授权和履行相关的政府职能，国有并不是一个决定性标准，但可以和其他要素一起作为判断政府授权的证据。②

（2）受政府委托或指示的机构

此外，根据第1条第1款（a）（1）（iv）的规定，除了政府或公共机构以外，筹资机构（funding mechanism）与私营机构（private body）也可能成为补贴的主体，只要筹资机构接受政府的资金、私营机构受政府的委托（entrust）或者指示（direct），从事与政府实施第1条第1款（a）（1）（i）—（iii）规定的行为无实质差异的行为。

根据"美国出口限制案"案争端解决小组的解释，"私营机构"是"政府"或"公共机构"的相对词，只要非政府也非公共机构，即为民营机构，两名词所涉的主体反而有重合之处。③

而"委托"或"指示"通常指政府的行为，须同时具备三个条件：①明确而肯定的授权（delegation，在"委托"的案件中）或命令（command，在"指示"的案件中）；②针对特定的主体；③委托或指示的内容为一项特定的任务或责任。④ 而"欧盟诉韩国造船补贴案"小组认为，授权或命令的形式可以是明示的，也可以是默示的，只要具备证据力和说服力（probative and compelling），不需明确（explicit），也不

---

① WTO, *Panel Report on Korea - Measures Affecting Trade in Commercial Vessels*, WT/DS273/R, para. 7.50.

② WTO, *Appellate Body Report on United States - Definitive Anti - Dumping and Countervailing Duties on Certain Products from China*, WT/DS379/AB/R, para. 322.

③ WTO, Panel Report on United States - Measures Treating Exports Restraints as Subsidies, WT/DS194/R and Corr. 2, para. 8.25.

④ WTO, Panel Report on United States - Measures Treating Exports Restraints as Subsidies, WT/DS194/R and Corr. 2, para. 8.26.

需事无巨细（specified in great detail）。①

2. 形式：财政补助的认定

《SCM 协定》第 1 条第 1 款（a）项（1）目②列举了财政资助的几种形式，据此，财政资助主要有四类方式。

第一，涉及资金的直接转移（如赠款、贷款和投股）、潜在的资金或债务的直接转移（如贷款担保）的政府做法。"资金"包括广义上的各种"财产性资源"和"财产性主张"；同样，任何可以引起债务人财务状况改善的并包含财产性权利、主张转移的行为，都可以构成资金的"转移"。③

在"加拿大诉巴西飞机出口资助计划案"（简称"巴西飞机案"）中，加拿大政府抗议巴西政府利用"出口融资计划"对巴西飞机的出口提供补贴。专家组认为："只要存在这种政府行为，就可认定存在补贴，至于该行为涉及到是资金的直接转移还是潜在的资金直接转移中的哪一种，则与判断补贴是否存在无关。如果要求只有在资金的直接转移或潜在的资金直接转移实际发生时，才能认定补贴存在，那么该协定（即《SCM 协定》）将因此而完全失效……"④ 因此，此处"资金的转移"并不需要实际发生。

第二，放弃或未征收在其他情况下应征收的政府税收（如税收抵免之类的财政鼓励）。在对"原本应当征收"的理解上，美国外销公司税收案的专家组和上诉机构提出了很好的分析。专家组以"如果没有"为标准进行认定，比较美国一般法律规定和外国销售公

---

① WTO, *Panel Report on Korea – Measures Affecting Trade in Commercial Vessels*, WT/DS273/R, paras. 7.369 – 7.372.

② （1）(i) 涉及资金直接转移的政府行为（如赠予、贷款、投股）、资金或债务潜在的转移（如贷款担保）；(ii) 政府本应征收收入的豁免或未予征收（如税额减免之类的财政鼓励）；(iii) 政府不是提供一般基础设施而是提供商品或服务，或收购产品；(iv) 政府通过向基金机构支付或向私营机构委托或指示后者行使上述所列举的一种或多种通常应由政府执行的功能，这种行为与通常的政府从事的行为没有实质性差别，或（2）存在 1994 年关贸总协定第十六条规定所定义的任何形式的收支或价格支持。

③ 朱榄叶：《世界贸易组织国际贸易纠纷案例评析 2007—2009》，法律出版社 2010 年版，第 272—273 页。

④ WTO, *Panel Report on Brazil – Export Financing Programme for Aircraft*, WT/DS46/R, para. 7.13.

司免税法规。① 上诉机构则认为"本应支付表明争议措施应征收的措施与在其他情况下应征收的措施进行比较，比较的基础是该成员方本身的税收规则。同时认为该案专家组标准不能作为一个普遍适用的标准"。②

第三，政府或公共机构提供除一般基础设施外的货物或服务，或购买货物。美国——软木案Ⅳ中，上诉机构认为，《SCM 协定》第 1 条第 1 款（a）（1）（iii）规定了两类交易：一是政府提供除一般基础设施外的货物或服务；二是政府从私人机构购买货物。③

第四，属于受政府委托的主体实施的上述方式。即政府或公共机构向一筹资机构付款，或委托或指示一私营机构履行上述一种或多种通常应属于政府的职能，且此种做法与政府通常采用的做法并无实质差别。此外，符合 GATT 第 16 条的规定的补助形式，亦为财政资助的方式。财政资助的实质是政府或公共机构利用行政权力的直接或间接指引完成的经济资源和利益的无对价或低对价转移。

在 WTO 争端解决机制的裁决中，认定了许多属于财政资助的形式，例如利息抵扣（reductions）和递延（deferrals）、利息或债务免除与债权转股权④、使用者行销给付、行销贷款计划给付、收成保险给付等⑤，由此可见，财政资助的具体表现形式非常广泛。资金直接转移与租税减免是 WTO 成员最常使用的补贴方式，也是文化产业补贴的常用方式。

3. 条件：受有利益的认定

认定授予一项利益的关键在以下三个方面。

（1）利益的认定。

《SCM 协定》第 14 条规定了在认定利益授予时的几项准则，但是没有对"利益"的具体含义作出界定。加拿大飞机案上诉机构认为

---

① WTO, *Panel Report on United States – Tax Treatment for " Foreign Sales Corporations"*, WT/DS108/R, para. 7. 45.

② WTO, *Appellate Body Report on United States – Tax Treatment for " Foreign Sales Corporations"*, WT/DS108/AB/R, para. 90.

③ WTO, *Appellate Body Report on United States – Final Countervailing Duty Determination with Respect to Certain Softwood Lumber from Canada*, WT/DS257/AB/R, para. 53.

④ WTO, *Panel Report on Japan – Countervailing Duties on Dynamic Random Access Memories from Korea*, WT/DS336/R, para. 7. 446.

⑤ WTO, *Panel Report on United States – Subsidies on Upland Cotton*, WT/DS267/R, paras. 7. 1153 – 7. 1155.

"利益"一词隐含着某种比较关系，若接受者接受财务补助的条件优于其他接受者在市场上所能取得的条件，则该接受者即受有利益。① 利益之所以产生必须有人实际上收受了某些东西，即"利益"隐含着接受者的存在。②

（2）财政资助与授予利益相互独立。

此外，"巴西诉加拿大影响民用飞机出口措施案"（简称"加拿大飞机案"）还指出，不能将"财政资助"与"授予利益"相混淆，两者相互独立，一起决定了补贴的存在。区分二者的标准在于前者侧重于政府的具体措施，后者则是站在利益接受者的角度衡量其未接受政府补贴措施之前、后之利益差异。③ 如果从政府而不是利益接受者的角度诠释"利益"，将与《SCM 协定》多边规范的目标和目的不一致。

（3）利益具有传递性。

一般而言，政府给予补贴，接受者就获得利益。但在一定条件下，补贴的接受者和实际受益人可能不一致。④ 比较典型的是国企私有化，原国有企业的利益可能在私有化过程中传递给私有化之后的企业。对此，美国商务部发展出若干不同的判断标准。⑤

以上述补贴的定义来审视现有实践中的文化产业补贴，实践中大量的文化产业补贴基本属于《SCM 协定》规定的补贴定义。例如，加拿大针对电影和视频制作服务的税收优惠（the Film or Video Production Services Tax Credit，PSTC）⑥ 规定的电影产业税收优惠激励措施。在文化产业补贴领域广泛存在的各种基金会等补贴措施，从主体条件上看，

---

① WTO, *Appellate Body Report on Canada – Measures Affecting the Export of Civilian Aircraft*, WT/DS70/AB/R, para. 157.

② WTO, *Appellate Body Report on Canada – Measures Affecting the Export of Civilian Aircraft*, WT/DS70/AB/R, paras. 153 – 154.

③ WTO, *Appellate Body Report on Canada – Measures Affecting the Export of Civilian Aircraft*, WT/DS70/AB/R, para. 156.

④ 甘瑛：《WTO 补贴与反补贴法律与实践研究》，法律出版社 2009 年版，第 23 页。

⑤ 甘瑛：《国际货物贸易中的补贴与反补贴法律问题研究》，法律出版社 2005 年版，第 316—330 页。

⑥ See Canadian Audio – Visual Certification Office, Film or Video Production Services Tax Credit, https://www.canada.ca/en/canadian – heritage/services/funding/cavco – tax – credits/canadian – film – video – production.html.

可以属于受政府委托或指示的机构；从形式要件来看，认定补贴的形式非常广泛，包括了实践中大部分文化产业补贴的类型。一般而言，文化产业补助措施的形式主要有：a. 税收优惠；b. 贷款贴息；c. 项目补助；d. 奖励；e. 保费补助等。由前述分析可知，这些形式一般来说属于《SCM协定》补贴定义之下的财政资助方式。

（二）专向性与文化产业补贴

根据《SCM协定》第2条，并非所有的补贴均受WTO之约束，只有具有专项性的补贴才受到WTO的规范。因为若一项补贴不具有专项性，国内各企业或产业均可获得，则受到利益的企业或者产业并未因此获得竞争优势，便不会对贸易产生扭曲，不受WTO规范的约束。[1] 依据《SCM协定》规定，补贴的专向性分为四种类型。[2]

认定专向性的标准主要是区分"法律上"（de jure）的专向性和"事实上"（de facto）的专向性。一国政府为了规避法律规定，给予的补贴在表面上没有特定目的，是针对许多部门提供利益，但实际上只有少数部门从中获得利益，因此在实践中法律上的专向补贴越来越少，多数表现为事实上的专向性补贴。认定事实上的专向性更为困难，需要结合案件的客观情况加以分析。

依据《SCM协定》第2条第1款（c）项，在认定专向性时有四项应当考虑的因素[3]。至于这四项因素是需要全部考虑，还是只要足够认定事实上的专向性因素即可，不必考虑所有。在美国软木案中，争议双方对此曾发生过分歧。加拿大认为，证明事实上的专向性应当至少审查所有四项因素；但美国持相反观点，认为只要有限的使用者使用补贴，就足够认定事实上的专项性。专家组最终支持了美国的立场。[4]

而对于文化产业补贴是否具有专向性的认定，需要在实践中区分情

---

[1] Pietro Poretti, *The Regulation of Subsidies within the General Agreement on Trade in Services of the WTO: Problems and Prospects*, Kluwer Law International, 2009, p. 121.

[2] 一是企业专向性，即一国政府挑选一个或几个特定公司进行补贴；二是产业专向性，即一国政府针对某一个或几个特定产业进行补贴；三是地区专向性，即一国政府对其领土内特定地区的生产进行补贴。四是拟制专向性，即《SCM协定》第3条规定的禁止性补贴。

[3] 即有限数量的企业使用补贴的计划；某些企业主要使用补贴；给予某些企业不成比例的大量补贴；授予机关在作出给予补贴的决定时行使决定权的方式。

[4] WTO, *Panel Report on United States – Preliminary Determinations with Respect to Certain Softwood Lumber from Canada*, WT/DS236/R, para. 7.11.

况，在个案的基础上进行考察。不过本书认为，总体来说，针对文化产业整体的补贴很难被认定为具有专向性，因为文化产业涵盖的范围广泛。但是针对其具体领域的补贴有可能被认定为具有专向性。此外，针对某些特定地区或者某些文化企业进行的补贴，也可能被认定为具有地区专向性和企业专向性。需要指出的是，即使文化产业的补贴被认定为具有专向性，其也不一定在 WTO 框架下被诉，应该视具体情况是否满足《SCM 协定》第二部分和第三部分规定的禁止性和可诉性补贴的其他条件而定。

二　补贴的类型与文化产业补贴

《SCM 协定》规定了三种补贴的类型，以下结合这三种类型的补贴对文化产业补贴进行分析。

（一）禁止性补贴与文化产业补贴

《SCM 协定》第 3 条第 1 款规定了两种类型的禁止性补贴，即"出口补贴"和"进口替代补贴"。

1. 出口补贴①

出口补贴是迄今为止争议最多、最复杂的一类补贴。国际反补贴规则在形成初期就对出口补贴进行专门规制，GATT1947 第 16 条就专门针对出口补贴进行了规定。《SCM 协定》中认定出口补贴的关键在于"在法律上或事实上以出口实绩为条件"。DUS 实践中大量案例发展出了如何认定"法律上"或者"事实上"以出口实绩为条件。②

（1）"contingent"的含义。

对于《SCM 协定》第 3 条第 1 款定义中"contingent"的含义，"Australia – Automotive Leather Ⅱ 案"的专家组将其认定为"其存在依

---

①　所谓出口补贴，是"法律上或事实上视出口实绩为唯一条件或多种其他条件之一给予的补贴，包括《SCM 协定》附件 1 列举的补贴"。

②　详见单一：《WTO 框架下补贴与反补贴法律制度与实务》，法律出版社 2009 年版，第 56 页；甘瑛：《WTO 补贴与反补贴法律与实践研究》，法律出版社 2009 年版，第 35 页；彭岳《贸易补贴的法律规制》，法律出版社 2007 年版，第 28 页；卜海：《国际经济中的补贴与反补贴》，中国经济出版社 2009 年版，第 23 页等。

赖于其他事项的存在","有条件的;依据……;当……"。① 在加拿大飞机案中还指出,无论是对法律上的还是事实上的视出口而定,"contingent to"表达出的法律标准是一样的。②

(2) 法律上的出口补贴认定。

如果立法、规章或其他法律文件的措辞能够证明补贴的给予是视出口实绩而存在的,则能够认定是在法律上给予的出口补贴。至于措辞如何规定才被视为符合这一要求,巴西—加拿大汽车案的上诉报告③中指出,只要是法律文件对出口条件作出了清楚的规定,即使其没有明确措辞要求必须在满足一定的出口实绩条件后才可以获得补贴,就可以被认为是在法律上视出口实绩而给予的补贴。由此看出,DSB 对法律上的出口补贴的认定采取比较宽松的"必要"标准。④

从 DSB 实践还可以看出,认定法律上出口补贴还需区分法律文件的强制性规范和任意性规范。如果涉案法律文件属于强制性规范,那么申诉方可以直接针对该规范本身进行申诉,即满足了举证责任;如果涉案法律文件属于规定主管机构一定自由裁量权的任意性规范,该文件本身不构成法律上的违反,还需要证明事实上实施该措施,才可能导致构成违法。⑤

(3) 事实上的出口补贴认定。

对于"事实上以出口为实绩"的认定较为困难,相对而言要考虑的因素更多,需要对相关事实进行综合评估。但是由于评估标准的缺乏,专家组和上诉机构在此问题上有较大裁量权。⑥ DSB 实践中发展出

---

① WTO, *Panel Report on Australia – Subsidies Provided to Producers and Exporters of Automotive Leather*, WT/DS126/R, June 16, 1999, para. 9.55.

② WTO, *Appellate Body Report on Canada – Measures Affecting the Export of Civilian Aircraft*, WT/DS70/AB/R, paras. 166 – 167.

③ WTO, *Appellate Body Report on Canada – Certain Measures Affecting the Automotive Industry*, WT/DS142/AB/R, para. 100.

④ 彭岳:《贸易补贴的法律规制》,法律出版社 2007 年版,第 133 页。

⑤ 单一:《WTO 框架下补贴与反补贴法律制度与实务》,法律出版社 2009 年版,第 156 页;甘瑛:《国际货物贸易中的补贴与反补贴法律问题研究》,法律出版社 2005 年版,第 28 页;龚柏华:《WTO 有关禁止性出口补贴规则研究——以中美"知名品牌产品出口补贴"WTO 磋商案为视角》,载《国际商务研究》2010 年第 2 期。

⑥ 单一:《WTO 框架下补贴与反补贴法律制度与实务》,法律出版社 2009 年版,第 157 页。

了以下几个标准：一是"紧密联系"标准，澳大利亚皮革案中专家组认为应该要求在补贴的给予与出口实绩之间存在紧密联系；① 二是三要素标准，加拿大飞机案中上诉机构在审查《SCM 协定》地位的基础上提出判断的三要件，即"给予或维持一项补贴""实绩或预期出口或出口收入""联系"，必须区分这三个不同的实质因素。②

（4）出口补贴可能采取的形式。

对于出口补贴可能采取的形式，《SCM 协定》附件 1 列举了十二种典型的出口补贴。③ 主要分为四种类型。为出口补贴的认定提供了参考。

2. 进口替代补贴④

如果给予补贴是以产品的投入中大部分为国产货物为条件，那么此类补贴就可能构成进口替代补贴。印尼汽车案专家组曾指出，《SCM 协定》第 3 条第 1 款（b）项是禁止以使用国产货物为条件，而不是禁止国家使用国产货物。⑤ 加拿大汽车案上诉机构将该条解释为包括法律上和事实上的出口条件性限制。⑥

由于进口替代补贴属于国内补贴，在国内和国外存在差异，因而还与 GATT 第 3 条国民待遇原则有关。对于二者的关系，印度尼西亚汽车案的专家组⑦曾指出，二者的着眼点不同，具有不同的目的和适用范围。在具体规则上，提供的救济不同、争端解决的时间不同、执行要求也不同。GATT 第 3 条重点在于禁止在国内货物和进口货物之间造成歧视，而《SCM 协定》则旨在规范成员方提供补贴。在二者的适用关系上，应当

---

① WTO, *Panel Report on Australia – Subsidies Provided to Producers and Exporters of Automotive Leather*, WT/DS126/R, June16, 1999, para. 9. 55.

② WTO, *Appellate Body Report on Canada – Measures Affecting the Export of Civilian Aircraft*, WT/DS70/AB/R, paras. 169 – 180.

③ See Annex I of the *SCM Agreement*.

④ 所谓进口替代补贴，是"视使用国产货物而非进口货物的情况为唯一条件或多种其他条件之一而给予的补贴"，又称禁止当地含量补贴（local content subsidy）。

⑤ WTO, *The Panel Report on Indonesia – Certain Measures Affecting the Automobile Industry*, WT/DS54/R, WT/DS55/R, WT/DS59/R, WT/DS64/R, paras. 14. 50 – 14. 51.

⑥ WTO, *Appellate Body Report on Canada – Certain Measures Affecting the Automotive Industry*, WT/DS142/AB/R, paras. 139 – 143.

⑦ WTO, *The Panel Report on Indonesia – Certain Measures Affecting the Automobile Industry*, WT/DS54/R, WT/DS55/R, WT/DS59/R, WT/DS64/R, paras. 14. 33 – 14. 39.

适用特别法优先原则（lex specialis），即《SCM 协定》第 3 条第 1 款（b）项。①

3. 禁止性补贴与文化产业补贴

那么，文化产业补贴是否具有构成禁止性补贴的可能性？有学者认为，目前来说没有迹象表明文化产业领域的补贴会构成禁止性补贴。②因为通常说来，国家对文化领域提供补贴的目的主要是促进其领域内的文化多样性的发展。就出口补贴而言，尽管文化产业的出口增长是其带来的客观结果，但是其补贴的数量并不取决于出口的规模。③ 同样，就进口替代补贴而言，对大多数文化产品的生产者来说这也并非其选择，因为文化产品更多的是一种劳动密集型产业而并非资源密集型产业，那种基于视使用国内产品多于进口产品而定的补贴对文化产业其实没有太大的影响。④ 但是也有学者指出了文化产业补贴可能构成禁止性补贴的情形。⑤ 例如，法国政府给予法国出版商的资助，如果是以促进法国图书及其销售的出口为条件的，将可能构成《SCM 协定》禁止的出口补贴。又如，荷兰政府对荷兰的书店征收的所得税优惠措施，假若以要求其购进比进口图书更多的国内图书来销售为条件的话，则此种措施可能属于《SCM 协定》中的进口替代补贴。

虽然在 WTO 争端实践中尚未出现文化产业补贴构成禁止性补贴的案件，但依据上述分析，本书认为文化产业领域内针对货物的补贴是具有属于出口补贴和进口替代补贴可能性的。就出口补贴来说，尽管文化产业领域的补贴一般来说是为了促进本国的文化发展所实施的，但是不

---

① See WTO, *The Panel Report on Canada – Certain Measures Affecting the Automotive Industry*, WT/DS142/R, para. 10. 125; Gustavo E. Luengo Hernández de Madrid, *Regulations of Subsidies and State Aids in WTO and EC Law: Conflict in International Trade Law*, Kluwer Law International, 2006, p. 157.

② Dirk Pulkowski, *The Law and Politics of International Regime Conflict*, Oxford University Press, 2014, p. 169.

③ Dirk Pulkowski, *The Law and Politics of International Regime Conflict*, Oxford University Press, 2014, p. 169.

④ Dirk Pulkowski, *The Law and Politics of International Regime Conflict*, Oxford University Press, 2014, p. 169.

⑤ Peter Van den Bossche, "Free Trade and Culture: A Study of Relevant WTO Rules and Constraints on National Cultural Policy Measures", Maastricht Faculty of Law Working Paper No. 2007 – 4, http://papers.ssrn.com/sol3/papers.cfm?abstract_id=979530, p. 78.

排除为了使本国文化产品出口的目的和进口替代的目的实施的补贴。假如某国的补贴措施在用语上就表明为了出口，很可能被认定为"法律上"以出口为业绩。就进口替代补贴来说，对国产化程度较高的产品给予一定补贴会有利于国内产业发展，因而进口替代补贴在不同时期都曾经普遍地和经常地被一些发达工业国家使用。可是发展中国家成员方没有意识到这一问题，在多哈规则谈判中没有积极争取对该条款的例外适用。① 当然，具体是否构成需要在个案中予以具体分析和认定，但是不排除有这种风险存在。

（二）可诉性补贴与文化产业补贴

1. 可诉补贴的构成要件

《SCM 协定》第 5 条规定，成员方不得通过使用该协议第 1 条所规定的专向性补贴，而对其他成员的利益造成不利影响。构成可诉补贴需要下列因素：①构成《SCM 协定》第 1 条规定的"补贴"；②具有"专向性"；③对其他成员的利益造成不利影响。②

不同于禁止性的出口补贴和进口替代补贴，大部分补贴是不被禁止但是又可以被起诉的。即便是构成可诉补贴，也不导致自动禁止。第 7.8 条允许提供补贴的成员选择撤销补贴或者采取适当措施消除不利影响。③ 与最初的以出口为导向的禁止性补贴相比，可诉补贴有很强隐蔽性。尤其是发达国家，在工业品领域大部分产业已经具有很强竞争力，无须再提供被禁止的补贴，大量的补贴以可诉补贴的形式存在。因而，对可诉补贴的研究有重要的现实意义。④

2. 不利影响的认定

认定可诉补贴的关键在于如何认定"不利影响"，《SCM 协定》第 5 条第（b）款规定了三种"不利影响"的情况。

一是对另一成员的国内产业造成损害，对此，需要检验"损害"

---

① 单一：《WTO 框架下补贴与反补贴法律制度与实务》，法律出版社 2009 年版，第 173 页。

② 李晓玲：《WTO 框架下的农业补贴纪律》，法律出版社 2008 年版，第 69 页。

③ See Gustavo E. Luengo Hernández de Madrid, Regulations of Subsidies and State Aids in WTO and EC Law: Conflict in International Trade Law, Kluwer Law International, 2006, p.166.

④ 单一：《WTO 框架下补贴与反补贴法律制度与实务》，法律出版社 2009 年版，第 196—197 页。

"国内产业"等用语的含义。对于"损害"的含义,《SCM 协定》的注脚 45 解释了"损害"包括三种情况:①对一国国内产业的实质损害(material injury);②对一国国内产业的实质损害威胁(threat of material injury);③对此类产业建立的实质阻碍(material retardation)。《SCM 协定》第 15 条对这三种情况做出了具体的规定,相关的案例也进行了解释。

对于第一种情况,举例来说,假如加拿大对其国内的出版产业进行补贴,这些享有补贴的图书被美国进口,并造成了美国国内相同出版产业的实质损害,或者对美国国内出版产业造成了实质损害威胁,加拿大可能有义务消除这种不利影响,或者取消该补贴措施。[①]

二是使其他成员根据 GATT 所获得的直接或者间接利益的丧失或减损。这里的"利益"与 GATT 第 2 条下约束减让的利益的适用相同。GATT 第 23 条中关于"利益的丧失或者减损"之规定,对于确定不利影响具有指导作用。举例来说,假如加拿大对其国内出版行业给予补贴,那么这种补贴可能消除或者减少本应当在正常情况下由于加拿大对图书的关税减让而享有的业已提高的外国图书的市场准入待遇。[②] 这时可能构成第二种情况下的其他成员方根据 GATT 所获得的直接或者间接利益的丧失或减损,加拿大可能必须消除这种不利影响,或者取消该补贴措施。

三是严重侵害另一成员的利益。对此《SCM 协定》第 6 条进行了规定。其中第 6 条第 1 款"表面证据测试法"已于 1999 年 12 月 31 日失效,故主要依据第 6 条第 3 款的"后果测试法"进行认定。该款是认定"严重侵害"的示例,其他几款都是对第 6 条第 3 款的补充解释。[③]

[①] Peter Van den Bossche, "Free Trade and Culture: A Study of Relevant WTO Rules and Constraints on National Cultural Policy Measures", Maastricht Faculty of Law Working Paper No. 2007 - 4, http://papers.ssrn.com/sol3/papers.cfm? abstract_id=979530, p. 77.

[②] Peter Van den Bossche, "Free Trade and Culture: A Study of Relevant WTO Rules and Constraints on National Cultural Policy Measures", Maastricht Faculty of Law Working Paper No. 2007 - 4, http://papers.ssrn.com/sol3/papers.cfm? abstract_id=979530, p. 77.

[③] 单一:《WTO 框架下补贴与反补贴法律制度与实务》,法律出版社 2009 年版,第 201—207 页。

根据第 6 条第 3 款①，如果起诉方能够证明另一成员方实施的补贴具有该条规定的影响，则"严重侵害"可能成立。另外，如果补贴实施方能够随后证明其补贴并没有造成这些结果，则其补贴可能不被视为造成"严重侵害"。需要注意的是，严重侵害的存在应当依据提交专家组或者专家组获得的信息来决定，包括依照附录 5② 的规定提交的信息。对其认定需要在个案的基础上进行。美国——陆地棉补贴案③和韩国——影响商用船舶贸易措施案④的专家组和上诉机构对"严重侵害"做出过解释。以 WTO 成员方对其国内艺术家的补贴而言，这些对作家、画家、雕塑家等的补贴，很难构成经济意义上的"严重侵害"另一成员方的利益。这些补贴对另一成员方的利益的影响是低于上述"严重侵害"标准的。⑤

3. 可诉补贴与文化产业补贴

本书认为，可以说实践中大量的文化产业补贴都属于可能构成可诉性补贴的范畴，至于是否构成可诉补贴，需要在个案中结合实际情况认定对其他成员的利益造成不利影响。

由于可诉性补贴的成立要求起诉方证明对其国内的文化产品造成了不利影响，而起诉方一般来说可能是文化产品出口的大国或者是出口较

---

① 第 6 条第 3 款：如存在以下一种或几种情况，即存在第 5 条（c）项所指的严重损害：（a）补贴的影响是取代或阻碍另一成员方某一同类产品进入提供补贴成员方的市场；（b）补贴的影响造成在第三国市场中取代或阻碍另一成员方同类产品的出口；（c）补贴的影响在于与同一市场中另一与成员方同类产品的价格相比，补贴产品造成价格明显下降，或对同一市场的同类产品造成了严重的价格抑制、价格压低或销售量损失等情况；（d）与以往 3 年的平均市场份额相比，补贴的结果造成了实施补贴成员的特定受补贴的初级产品或商品在世界市场上的份额增加，并且这一增加是自实施补贴后呈持续上升趋势。

② 为了支持可诉性补贴的申诉机制，《SCM 协定》附录 5 设置了一种类似于反倾销程序中使用的信息收集程序以及其他程序手段。例如，对于信息收集过程中涉及的任何一方不予合作的事例作出不利推定，使用最佳可获信息，寻求正确解决争端所需的额外信息等。详见甘瑛：《WTO 补贴与反补贴法律与实践研究》，法律出版社 2009 年版，第 38 页。

③ WTO, *Appellate Body Report on United States – Subsidies on Upland Cotton*, WT/DS267/AB/R.

④ WTO, *The Panel Report on Korea – Measures Affecting Trade in Commercial Vessels*, WT/DS273/R.

⑤ Peter Van den Bossche, "Free Trade and Culture: A Study of Relevant WTO Rules and Constraints on National Cultural Policy Measures", Maastricht Faculty of Law Working Paper No. 2007 – 4, http://papers.ssrn.com/sol3/papers.cfm?abstract_id=979530, p. 78.

多的国家，对其而言这种不利影响往往更难被证明。以美国为例，美国自20世纪20年代以来便成为文化产品的出口大国，其视听产业一度占据了加拿大以及欧盟国内市场的绝大多数份额，尽管加拿大和美国实施了补贴措施，但是与其他的贸易限制措施比起来，补贴的影响相对较小。此外，正如有学者曾指出的那样，实践中大量的对电影和其他文化产品的补贴目前应该受到《SCM协定》的规制，但是在实践中没有引起成员方的关注和担心，是由于补贴措施对美国贸易利益的影响有限。[①] 另外，由于实践中各国对文化产业补贴的大量存在，对其他国家实施的可能属于可诉性补贴范畴的文化产业补贴提起诉讼的话，有可能导致其他国家对本国也提起同样的报复性诉讼，因此现实中对其他国家的文化产业领域的补贴提起诉讼的可能性非常小。

（三）不可诉补贴与文化产业补贴

依据《SCM协定》第31条，关于不可诉补贴的确认和磋商等规定于《WTO协定》生效之日起适用5年，即于1999年失效。尽管多哈回合中有成员方提出激活该条款的建议，但最终无果。因此，该类补贴对分析现有的文化产业补贴作用有限，此处不过多展开。

三　GATT国民待遇原则与文化产业补贴

尽管有学者担心，电影领域的非歧视待遇将会不仅削弱欧盟电影政策的目标，而且会使其实现变得不可能。[②] 但是如前所述，由于WTO规则中没有明确规定文化属于一般例外，仅在GATT第4条中规定了电影享有一定条件下的配额例外，对文化产业的支持政策措施而言，内容十分有限。因此本书认为，文化产业补贴仍然应当受到WTO中非歧视原则的约束。

（一）GATT国民待遇原则对文化产业补贴的一般要求

就国民待遇原则而言，GATT第3条要求WTO成员在其实施的国内税收和规章方面给予符合条件的外国产品以国民待遇。以电影产业为

[①] Michael Hahn, "A Clash of Cultures? The UNESCO Diversity Convention and International Trade Law", *Journal of International Economic Law*, Vol. 9, No. 3, 2006, p. 521.

[②] Herold Anna, "European Public Film Support within the WTO Framework", *Iris Plus Legal Observations of the European Audiovisual Observatory*, June 1, 2003, p. 4.

例，只要电影支持措施以有偏向性的针对国内电影产品的税收减免或者对进口电影产品附加任何要求的形式实施，都可能与 GATT 规则不相符合。①

根据 DSB 实践，判断违反 GATT 第 3 条一般需要满足三个条件：一是同类产品要求；二是涉案措施属于一项"影响产品的国内销售、标价出售、购买、运输、分销或使用的法律、规章或要求"；三是对进口产品的待遇低于同类国内产品。② 而其中面对的首要问题是本国的文化产品与外国的文化产品是否属于"同类产品"。据此，一国实施的针对国内文化产品的补贴可能间接造成进口的文化产品低于其国内同类产品享有的待遇之后果，具有违反 GATT 的国民待遇原则的可能性。在货物贸易领域，一国对本国文化产品的财政支持措施，不可避免地会形成对本国产品的优待从而对外国同类产品造成歧视。尤其是税收和其他多种多样的被视为补贴的财政支持措施，包括对票房收入、广播公司或者电影放映者的收入的征税等，值得注意。③

对国内文化产品的生产者进行补贴，可能会违反国民待遇原则，因为这会间接使进口文化产品低于本国同类文化产品的待遇。然而 GATT 第 3 条第 8 款（b）项④明确指出第三条不应禁止"专门向本国的生产者给予的补贴"。特定的支付是否属于第 3 条第 8 款（b）项的情形取决于该项支付的确切情况，包括由谁向谁支付，付款的程序和是否有其

---

① Cottier Thomas, "Die völkerrechtlichen Rahmenbedingungen der Filmförderung in der neuen Welthandelsorganisation WTO – GATT", *Zeitschrift für Urheberund Medienrecht Sonderheft*", Vol. 38, 1994, p. 751, see from Christoph Beat Graber, "The New UNESCO Convention on Cultural Diversity: A Counterbalance to the WTO", *Journal of International Economic Law*, Vol. 9, No. 3, 2006, p. 569.

② 石静霞：《"同类产品"判定中的文化因素考量与中国文化贸易发展》，载《中国法学》2012 年第 3 期，第 51 页。

③ Herold Anna, "European Public Film Support within the WTO Framework", *Iris Plus Legal Observations of the European Audiovisual Observatory*, June 1, 2003, p. 4.

④ "(b) The provisions of this Article shall not prevent the payment of subsidies exclusively to domestic producers, including payments to domestic producers derived from the proceeds of internal taxes or charges applied consistently with the provisions of this Article and subsidies effected through governmental purchases of domestic products."

他人从该项支付中获利。① DSB 的案例对此做出了具体阐释，文化贸易案件之一的加拿大期刊案也涉及这一问题。

（二）DSB 实践中的文化产业补贴

美国和土耳其之间关于电影放映税收的案件，以及美国和加拿大之间关于分销期刊争议的案件，均涉及文化产业与 GATT 国民待遇原则。此外，欧洲法院还审理过关于美国公司是否能够获得欧盟电影基金的案件②。

1. 土耳其电影税案

美国和土耳其之间关于外国电影收入税收的争端说明了这一问题。土耳其采取了限制外国电影进入国内市场的政策以及确保准入限制的税收措施，对外国电影的放映收益征收 52% 的税款，而未对本国电影放映收益征收。

美国认为这一行为违反了 GATT 1994 第 3 条关于"国内税与国内法规的国民待遇"的规定，于 1996 年 6 月 12 日依 DSU 第 4 条向土耳其提出就土耳其对外国电影放映收益征收税款的措施进行磋商的要求。③ 1997 年 1 月 9 日，美国要求建立专家组。④ 1997 年 2 月 25 日的会议上，争端解决机构建立了专家组。加拿大保留作为第三方的权利。

该案随后以双方磋商中土耳其同意尽快在票房收入的征税上对放映的国内和进口电影征收相同的税率告终。⑤ 1997 年 7 月 14 日，美土双方达成统一解决方案。土耳其同意对国产电影与国外电影的票房征收等额税款，美国决定撤销对土耳其的起诉。土耳其最终对国内电影和本国电影的放映都实施同样的 10% 的税率。⑥

---

① Tania Voon, *Cultural Products and the World Trade Organization*, Cambridge University Press, 2007, p. 153.
② DIR International Film Srl and Others v. Commission, ECR [2000] I - 00447.
③ WTO, *Request for Consultations by the United States on Turkey – Taxation of Foreign Film Revenues*, WT/DS43/1, June 17, 1996.
④ WTO, *Request for the Establishment of a Panel by the United States on Turkey – Taxation of Foreign Film Revenues*, WT/DS43/2, January 10, 1997.
⑤ WTO, *Notification of Mutually Agreed Solution on Turkey – Taxation of Foreign Film Revenues*, WT/DS43/3, G/L/177, July 24, 1997.
⑥ USTR, *US Trade Representative Charlene Barshefsky Announces Resolution of WTO Dispute with Turkey on Film Taxes*, Press Release 97 - 108, 19 December 1997.

2. 加拿大期刊案

加拿大期刊案作为 WTO 实践中文化与贸易问题的标志性案例，涉及加拿大的相关措施是否违反 GATT 第 3 条规定的国民待遇原则的第 2 款和第 3 条第 4 款的问题。在这一案件中，美国依据 WTO 争端解决规则成功地起诉了加拿大杂志产业的保护措施，包括加拿大对本地生产者提供的现行税的征收、关税规则、商业邮费税率和邮费补贴。

美国提出：①9958 号关税条例与 GATT 第 11 条不符合。②税收实施法案第 6 部分与 GATT 第 3 条第 2 款或者是第 4 款不符合。③加拿大邮政公司实施的对国内期刊的邮政税率低于进口期刊的邮政税率的措施，与 GATT 第 3 条第 4 款不符合，且不属于第 3 条第 8 款规定的例外。其要求专家组建议加拿大实施与 GATT 义务相符合的措施。加拿大要求专家组驳回美国的诉求，其认为：①9958 号关税条例依据 GATT 第 20 条（d）项是合法的。②GATT 第 3 条并不适用税收实施法案第 6 部分，就算专家组认为适用，也没有违反其内容。③加拿大邮政公司实施的"商业"税率不适用第 3 条第 4 款，因为其是商业和市场政策不受政府的公共政策影响，并且"补贴"税率属于第 3 条第 8 款（b）项规定的可以被允许的补贴。

（三）GATT 第 3 条第 8 款（b）项补贴的例外与文化产业补贴

据加拿大期刊案上诉机构的报告，任何非采取直接以支付的方式给予国内生产者的补贴方式，均与 GATT 第 3 条第 8 款（b）项不相符合。具体到电影补贴的情形，这对间接给予电影生产者的财政资助有深远的影响。

1. GATT 第 3 条第 8 款（b）项与《SCM 协定》的关系

GATT 第 3 条第 8 款（b）项规定了给予国内生产者的补贴享有国民待遇例外。GATT 第 3 条与第 16 条并存，《SCM 协定》是对第 3 条的加强。那么这二者的关系为何？对货物贸易领域的文化产业补贴来说，是否意味着应当同时遵守二者的规定？

对于二者的关系，在印度尼西亚汽车案中争议双方发生过争议。印尼认为，GATT 第 3 条和《SCM 协定》之间存在冲突，该案的争议措施只受《SCM 协定》调整，而不受 GATT 第 3 条约束。并且即使 GATT 第 3 条适用，该案的补贴措施也应通过第 3 条第 8 款（b）项获得例外。专家组不同意印尼的意见，认为"自 GATT 制度诞生以来，GATT 第 3

条和第 16 条一直并存"。"两协议或两规定间存在冲突，必须包括相同的实质事项，否则即不存在冲突"。"第 3 条和第 16 条两者具有不同的目的，GATT 第 3 条继续禁止国内产品与进口产品间在国内税和其他国内管理方面的歧视，它并没有规定也没有禁止提供补贴本身；而《SCM 协定》禁止依赖于出口业绩和满足当地成分要求的补贴，规定了补贴对其他成员的利益造成不利影响的救济，并免除某些补贴的可诉性"。二者具有不同的范围，不同的义务，不存在一般性的冲突。①

国内理论界有学者认为，GATT 第 3 条第 8 款（b）项旨在从国民待遇的角度出发，确认对生产商的补贴不引起国内产品和进口产品间的歧视；而《SCM 协定》规范的是向企业、产业或地区提供补贴的行为。② 因此，一项补贴受 GATT 第 3 条约束的事实不必然排除《SCM 协定》的适用，对文化产业补贴来说，应当同时遵守二者的规定。

2. 符合第 3 条第 8 款（b）项的条件

（1）支付的方式：直接还是间接

在加拿大期刊案中，加拿大主张补贴邮费率（funded rates）只是符合第 3 条第 8 款（b）项的合理补贴，美国则认为第 3 条第 8 款（b）项在此处不能适用，因为加拿大并没有向本国杂志发行商支付"专门的"补贴，而只是对加拿大邮报进行支付。美国依据"EEC – Oilseeds Ⅰ案"，认为"专门的"补贴指的是"直接的"补贴。

专家组并没有反对美国援引的专家组报告，但是认为补贴是"专门"针对国内生产商的，其理由是加拿大邮局没有从补贴邮费率之中获取任何经济利益。上诉机构表示"EEC – Oilseeds Ⅰ案"专家组对于支付的"直接"性的评论是附带意见。这似乎表明，通过"间接"的方式支付给本国生产商的补贴也是符合第 3 条第 8 款（b）项的。

（2）认定的关键：一项"支出"

加拿大期刊案上诉机构对该条认定的关键不在于是直接还是间接给予国内生产者，而是"政府收入的支出"的支付。其认为对第 3 条第 8

---

① 韩立余编著：《WTO 案例及评析（1995—1999）》（上卷），中国人民大学出版社 2001 年版，第 140 页。

② 彭岳：《贸易补贴的法律规制》，法律出版社 2007 年版，第 9 页；龙英锋：《世界贸易组织协定中的国内税问题》，法律出版社 2010 年版，第 49 页。

款（b）项的认定应当基于对该条的文义、内容、目标和目的进行仔细审视，得出结论认为该条旨在将涉及一国政府收入的开支的补贴支付排除在第3条之外。① 上诉机构还援引了"US – Malt Beverages 案"② 中的认定，同意该案专家组"将税收减免与补贴规则分开有经济和政治上的合理性"这一意见。上诉机构指出，政府资金的内部转移允许加拿大邮报提供补贴税率给本国杂志发行商，并且这些发行商们因此从更低廉的邮费税率中获取利益，但是加拿大实际上并没有支付任何东西给他们。因此加拿大的补贴税率并非补贴，据此推翻了专家组的结论。

同样，在印度尼西亚汽车案中专家组指出，"专门向生产商支付的补贴"这一用语是为了确保只有提供给生产商的补贴而不是对产品的税收或其他歧视，才能够视为第3条第8款（b）项意义上的补贴。并且指出，"如果对产品的国内税歧视能够据第3条第8款（b）项获得正当性，第3条第2款禁止歧视性国内税收就会无效"。③

据此，本国商品或商品生产商的税收减免被排除在第3条第8款（b）项范围之外，由第3条第2款和第4款支配。一国政府虽然按照国民待遇原则对进口产品和国内产品征收同等的赋税，但是同时又被允许把税收所得的一部分，以补贴的形式资助给国内生产者。

3. 文化产业补贴与 GATT 第3条第8款（b）项

由上述分析可知，GATT 第3条第8款（b）项为成员国方通过直接补贴的方式补贴其国内文化产业提供了灵活性，前提是这项支付满足必须含有一项政府开支等的相关需求。而税收优惠由于不涉及政府收入的支出而被要求必须符合国民待遇原则，不能享有例外。因此，一国政府以直接补贴的形式仅仅给予其国内文化产业生产者的补贴，尽管可能对外国同等的生产者造成歧视，但是由于符合国民待遇原则的例外而被免责；而对其国内文化产业的税收减免等优惠措施，也需要符合国民待遇原则，不能对国内文化产品实施更优惠的税收措施而造成对外国同类

---

① WTO, *Report of the Appellate Body on Canada – Certain Measures Concerning Periodicals*, WT/DS31/AB/R, June 30, 1997, p. 34.

② WTO, *Panel Report on US – Measures Affecting Alcoholic and Malt Beverages*, DS23/R – 39S/206, June 19, 1992, para. 3. 12.

③ WTO, *The Panel Report on Indonesia – Certain Measures Affecting the Automobile Industry*, WT/DS54/R, WT/DS55/R, WT/DS59/R, WT/DS64/R, paras. 14. 50 – 14. 51.

产品的歧视。①

但是亦有学者指出,对文化产业的直接补贴尽管可能被解释为国内补贴,在某些情况下潜在被诉的风险不能忽视。文化产业直接补贴的存在目前尚未依据国民待遇原则被起诉,尚未被起诉背后的原因是多种多样的。② 一是直接补贴可以被看作国内政策措施的一种,GATT 无权干预。二是 GATT 1947 第 4 条明确规定电影产业的条款可以看作是某种程度上在 GATT 框架中承认电影的"文化特殊性",可以被视为允许成员国在多边贸易规则中重新思考文化的地位问题③。根据某些成员国的政治立场(主要是欧盟和加拿大),国内文化政策(至少是关于电影的)似乎是属于 GATT 事项范围之外的。此外,考虑到美国对放开视听产业的观点,这一 GATT 之下不确定的法律地位可能成为未来争议的一个导火索。上述讨论的 GATT 条款的模糊性在其适用到电影产业中时起了作用,因为在允许的国内补贴与禁止补贴(原则上是出口补贴)之间在实践中的区分很难确定。

四 GATT 最惠国待遇原则与文化产业补贴

最惠国待遇适用于文化产品,这一点已被 WTO 实践案例证明。此外,在美欧之间关于欧洲《电视无国界指令》的争议中,美国提出该指令中的本地内容限制违反了 GATT 的最惠国待遇原则④。而在文化产品补贴领域,适用最惠国待遇原则意味着给予原产于其他国家的补贴应当要给予产自成员方的同类文化产品,否则即有违反 GATT 最惠国待遇原则之嫌。由于实践中文化产业补贴通常是一国为了支持国内文化产业

---

① Dirk Pulkowski, *The Law and Politics of International Regime Conflict*, Oxford University Press, 2014, p. 161.

② Herold Anna, "European Public Film Support within the WTO Framework", *Iris Plus Legal Observations of the European Audiovisual Observatory*, June 1, 2003, pp. 4 – 5.

③ Rostam J. Neuwirth, "The Cultural Industries and the Legacy of Article IV GATT: Rethinking the Relation of Culture and Trade in Light of the New WTO Round", Conference on Cultural Traffic: Policy, Culture, and the New Technologies in the EU and Canada, Carleton University, Ottawa, November 22 – 23, 2002.

④ John David Donaldson, "Television Without Frontiers: The Continuing Tension Between Liberal Free Trade and European Cultural Integrity", *Fordham International Law Journal*, Vol. 20, No. 1, 1996, pp. 109 – 111.

的发展而给予国内的财政支持措施,一国对于给予外国文化产品税收补贴优惠的情形比较少,但是也不排除一些为了国际间文化交流实施的文化资助项目。只要财政支持或者补贴不是针对某一特定外国或地区,该条款被提出质疑的可能性就非常小。

在货物贸易中,最惠国待遇义务对成员国普遍适用,除非特别规定的例外情形。这些例外中与文化产业补贴问题相关的当属 GATT 第 24 条规定的关税同盟或者自由贸易区的例外。GATT 第 24 条第 8 款将关税同盟定义为以一个单一关税领土取代两个或两个以上关税领土。其特征简而言之即对内取消关税,对外设置统一关税。① 自由贸易区指由两个以上的关税领土组成的一个贸易组织,成员之间取消关税和数量限制等贸易壁垒,促进区域内商品自由流动②。二者的区别在于对外是否设置统一关税,自由贸易区成员对非成员不实施相同的关税税率,在关税问题上保留部分关税主权。③ 相对于 WTO 内部成员来说,类似关税同盟和自由贸易区这样的区域经济一体化安排对其他 WTO 成员造成了实际上的贸易歧视,但是理论上通常认为,这种区域经济一体化安排旨在消除其成员之间的贸易壁垒,有助于实现贸易自由化的目标,只要不妨害其他国家的贸易④是可以被允许的,其优惠无须向非成员提供。因此,一些关税同盟或者自由贸易协议制定的针对区域性文化产业支持措施,比如欧盟制定的关于文化产业的进口规则或者国民待遇规则等,因能够符合最惠国待遇的第 24 条的例外而享有正当性(美欧之间关于《视听无国界指令》的争议中,就有此争议⑤)。而文化产业领域的一些以文

---

① 例如欧盟。其旨在通过共同贸易政策,建立无内部边界的经济空间,加强经济、社会的协调发展和建立最终实行统一货币的经济货币联盟,促进各成员国经济和社会的均衡和进步;实行最终包括共同防务政策的共同外交和安全政策。

② 例如,1960 年欧洲自由贸易联盟(European Free Trade Association, EFTA)、《北美自由贸易协定》、《东南亚经济联盟》、《拉美自由贸易协定》等 FTAs 和 RTAs。

③ 黄东黎、杨国华:《世界贸易组织法:理论·条约·中国案例》,社会科学文献出版社 2013 年版,第 161—164 页。

④ GATT 第 24.4 条指出,这种一体化形式不得在便利成员之间贸易的同时,增加其他缔约方与此类一体化组织之间的贸易壁垒。

⑤ John David Donaldson, "Television Without Frontiers: The Continuing Tension Between Liberal Free Trade and European Cultural Integrity", *Fordham International Law Journal*, Vol. 20, No. 1, 1996, pp. 112–113.

化合作协议的形式存在的组织，常见的如旨在促进文化产业或其中某一行业的发展而成立的提供资金的组织，例如欧盟委员会成立的关于电影支持的基金 Eurimages①，乃至依据《文化多样性公约》所成立的文化基金，均可能不符合上述的关税同盟或者自由贸易协议例外。不论其是双边或以政府间组织存在，由于很难符合上述要求。这种情形从应然的法理上来说，有可能被第三国提起诉讼，因为这些原则仅给予这些协议的成员方。② 但是这仅仅是从理论上进行的分析，从实践中看，设立各种类型的文化基金来促进文化产业的发展是普遍的做法，一国针对其他国家的这类做法提出这种质疑的可能性也很小。

第二节 文化产业服务贸易补贴

一 服务贸易补贴规范与文化产业

（一）GATS 第 15 条

1986 年 9 月，《埃斯特角城部长宣言》中将服务贸易列入乌拉圭回合谈判议程，从此拉开服务贸易多边谈判的序幕。乌拉圭回合历时八年，各成员方就服务贸易自由化达成了一致，正式签署的《服务贸易总协定》于 1995 年 1 月 1 日起与世界贸易组织同时生效。但是，GATS 并未完成所有服务部门市场开放的谈判，并且其关于国内规章、安全措施、政府采购和补贴等措施成为服务贸易理事会的"内置议题"（build-in agenda），待乌拉圭回合谈判之后再建立详细的规范内容。③

1. GATS 中的补贴规定

由于《SCM 协定》属于《WTO 协议》附件 1A "货物贸易多边协

---

① Eurimages 是欧洲理事会成立的文化支持基金，其成立于 1989 年，至今有 37 个成员，是部分协议（Partial Agreement），与欧盟成员并不相同。该基金通过为在欧洲制作的电影、动画片、纪录片的制作、发行和展览等提供财政支持来支持欧洲视听产业的发展，鼓励欧洲各国专家之间的合作。

② Herold Anna, "European Public Film Support within the WTO Framework", *Iris Plus Legal Observations of the European Audiovisual Observatory*, June 1, 2003, p. 4.

③ Pierre Sauvé, "Completing the GATS Framework: Addressing Uruguay Round Leftover", *Aussenwirtschaft*, Vol. 57, No. 3, 2002, pp. 302–303.

议"项下的一个子协议,因而它仅适用于货物贸易领域,而不适用于服务贸易领域的补贴和反补贴救济规则。二者是两个平行的协定,互不干涉。① 因而服务补贴问题应当适用 GATS 相关规则。

GATS 中明确提到补贴的条款只有唯———条,即第 15 条。② 该条第 1 款指出:"成员国承认在一定的经济状况下,补贴对于服务贸易有消极影响。"为了回应该项承认,也因为在乌拉圭回合最后阶段关于服务补贴规则未能达成一致,第 15 条第 1 款还声明:"成员国应当进入谈判程序来发展必需的多边规则从而防止这类贸易扭曲作用。"据此,GATS 在对服务或服务提供者的补贴上并没有附加强制性的义务。其对补贴的特别义务仅仅体现在第 15 条第 2 款,是当一个成员方"认为受到另一国家的补贴的不利影响"并要求和补贴方进行磋商的时候,补贴方应当"积极考虑"该项要求。

由此看出,GATS 关于补贴的规定实际上没有包括限制补贴的承诺,除了成员国承诺进行旨在发展必要的多边规则来避免补贴可能带来的扰乱贸易后果的谈判。然而,这是一个相当有限的义务。正如上诉机构和专家组在认定成员方违背"友好诚信"义务时表现出的谨慎态度那样,他们极有可能回避认定成员方是否遵守 GATS 第 15 条第 2 款中请求协商的积极考虑义务问题。因此,该条若不进行修改的话,在一个成员国相信自己受到另一成员国补贴的不利影响时,这项规定不太可能起到太大作用,无论是在视听领域还是在其他服务领域。③

实际上,服务补贴为 WTO 成员所普遍使用。不少国家还对服务出口提供补贴,出口补贴的形式或适用于所有服务行业的出口,或给予特

---

① 甘瑛:《WTO 补贴与反补贴法律与实践研究》,法律出版社 2009 年版,第 8 页。
② 第 15 条 补贴"(1)各成员认识到,在某些情况下,补贴可对服务贸易产生扭曲作用。各成员应进行谈判,以期制定必要的多边纪律,以避免此类贸易扭曲作用。谈判还应处理反补贴程序适当性的问题。此类谈判应认识到补贴在发展中国家发展计划中的作用,并考虑到各成员、特别是发展中国家成员在该领域需要灵活性。就此类谈判而言,各成员应就其向国内服务提供者提供的所有与服务贸易有关的补贴交换信息。(2)任何成员如认为受到另一成员补贴的不利影响,则可请求与该成员就此事项进行磋商。对此类请求,应给予积极考虑。"
③ Tania Voon, *Cultural Products and the World Trade Organization*, Cambridge University Press, 2007, p. 98.

定服务。例如，文莱对所有的服务出口都给予优惠的税收待遇。① 关于视听产品的服务贸易补贴也很常见，在 1993 年乌拉圭回合接近尾声的时候，关贸总协定总监 Peter Sutherland 发表声明来回应对于视听领域的辩论。Sutherland 强调，除了其他原因以外，服务贸易总协定"没有任何条款阻止政府对视听产业给予资金支持。很明显，多数本土电影制作依赖于政府的支持，并且这种情况还将持续"。

2. GATS 补贴规则的谈判

有学者曾指出，成员自由补贴其视听产业的权利在目前尚未被挑战，这主要是因为 GATS 的谈判并没有如期取得进展。不能保证这一轮谈判甚至是下一轮谈判中，能够建立有效的避免具有贸易限制影响的补贴的多边法律规则。②

GATS 第 15 条的脚注说明"未来的工作计划将决定如何以及在什么时间框架内，关于此内容的多边谈判将进行"。WTO 于 1995 年 1 月 1 日成立后，同年 3 月 30 日 GATS 规则工作小组 WPGR 在服务贸易总理事会下成立，第 15 条补贴谈判是其三大任务之一。1996 年 3 月 28 日，WPGR 第一次针对服务贸易补贴开始正式谈判，很多成员方积极参加。然而，谈判的内容较为庞杂，谈判的根本问题没有厘清，服务贸易补贴谈判非常艰难，实质进程缓慢。2001 年 3 月 28 日在服务贸易的特别小组会议上通过的 *Guidelines and Procedures for the Negotiations on Trade in Services* 说明"成员需要设立目标以在关于特别承诺的谈判结束前完成……第 15 条款下的谈判"。③ 然而，截至最近更新的报告，各成员在补贴的定义以及其他问题上仍旧未达成共识。④ 目前为止，关于服务贸易的补贴仍在谈判中，但是尚未达成一致的意见，因此关于成员自由补

---

① 张智勇：《自由贸易区的所得税问题研究：中国的视角》，载《中外法学》2015 年第 5 期。

② Ivan Bernier, "Audiovisual Services Subsidies Within the Framework of the GATS: The Current Situation and the Impact of Negotiations", http://www.diversite-culturelle.qc.ca/fileadmin/documents/pdf/update0308.pdf, p. 3.

③ WTO, *Report by the Chairperson of the Working Party on GATS Rules of Negotiations on Subsidies*, S/WPGR/10, June30, 2003.

④ WTO, *Background Note by The Secretariat: Subsidies for Services Sectors Information Contained in WTO Trade Policy Reviews*, Working Party on GATS RulesS/WPGR/W/25/Add.7/Rev.1, Jan. 13, 2015, para. 2.3.

贴其视听服务权利的法律规定尚未明确。

WTO 成员方对视听服务补贴的情况，在关于服务补贴的报告中有所提及。WTO 秘书处根据成员方提供的贸易审议中包含的补贴信息，作出有关服务贸易补贴的报告。尽管这些报告有一些局限性，但还是能够在一定程度上反映出一些问题。根据报告，在 1998 年的时候，试听服务业是主要的补贴行业之一，并且是补贴最多的行业，其他的是海运、旅游和银行。对视听产业的关注主要是欧盟、加拿大和挪威这些工业化国家。[①] 而依据 2015 年更新的服务贸易补贴报告，服务补贴不限于上述四种，而是增加到了 19 种。[②] 与文化产业相关的服务贸易补贴不只在视听服务，还包括在与旅游业相关的服务业，创造性、文化性、体育服务业，以及其他性质的服务业中，这些与文化产业的范围有交叉。另外，服务补贴亦呈现新的趋势，一是软件、ICT 相关、数据处理和电话服务中心服务补贴日益成为政府税收激励和特别经济区或自由经济区的资金支持的重点；二是一些成员方自由经济区内，制造业日益融合服务业而呈现出一体化趋势，制造业因而能够享受针对服务补贴，如贸易及分销、物流、仓储、包装、检验及认证等。[③]

（二）其他参考

1. 学理讨论

由上述分析可知，GATS 中关于补贴的具体规范实际上是缺失的，因而在服务贸易的文化产业补贴领域，尚无货物贸易领域那样明确具体地界定补贴的定义，以及禁止性和可允许的补贴的规则。有学者在探讨国民待遇原则与文化产业补贴时，认为可以参考《SCM 协定》中的补

[①] WTO, *Background Note by The Secretariat: Subsidies for Services Sectors Information Contained in WTO Trade Policy Reviews*, Working Party on GTAS Rules S/WPGR/W/25, Jan. 26, 1998, paras. 6 – 7.

[②] WTO, *Background Note by The Secretariat: Subsidies for Services Sectors Information Contained in WTO Trade Policy Reviews*, Working Party on GATS RulesS/WPGR/W/25/Add. 7/Rev. 1, Jan. 13, 2015, para. 1. 1.

[③] WTO, *Background Note by The Secretariat: Subsidies for Services Sectors Information Contained in WTO Trade Policy Reviews*, Working Party on GATS RulesS/WPGR/W/25/Add. 7/Rev. 1, Jan. 13, 2015, para. 3. 2.

贴规范，同时结合服务贸易的一些特点。① 假如依此观点，参考《SCM协定》的规范对服务贸易领域的补贴进行界定的话，那么，欧盟的某些许可费，尽管被欧盟不认定为属于国家资助（state aid）的范围，由于《SCM 协定》补贴范围的广泛，可能就被认定为属于补贴的范围，需要受到补贴规则的规制。②

2. TISA 的最新发展

《服务贸易协定》（Trade in Service Agreement，TISA）谈判由美国和澳大利亚发起，成员方的数量增至 23 个。总体来看，同其他区域贸易协定类似，TISA 以 WTO 框架为基础进行谈判，在市场准入、国民待遇原则等方面规定了相对更高的义务，可以被称为 WTO – plus。另外，TISA 采取的是否定清单的模式，与 GTAS 相比，这体现了 TISA 更加严格的义务。尽管文本尚未公布，但是据目前 TISA 谈判的部分内容判断，谈判会在补贴方面做出较高水平的规范。

二 GATS 国民待遇原则与文化产业补贴

（一）GATS 中文化产业服务领域的具体承诺

以视听服务为例，WTO 成员方在视听服务领域做出了特别承诺的还是占少数。大部分成员方是依据 CPC 分类表对视听服务的分类做出承诺，也有少数成员方使用的是其本国的部门界定。③ 依据联合国分类表④，视听服务领域包括：①电影和唱片的制作和发行（CPC 9611），包括促进广告服务（CPC 96111）、电影和唱片的制作服务（CPC 96112）、电影和唱片的发行服务（CPC 96113），以及其他与电话和唱片的制作和发行有关的服务（CPC 96114）；②电影的放映服务（CPC 9612），包括电影（CPC

---

① 黄如玉：《论〈文化创意产业发展法〉与服务贸易总协定之互动关系——以奖补助与租税优惠措施为主》，台湾政治大学 2011 年硕士学位论文，第 35 页。

② Christoph Beat Graber, "Audiovisual Media and the Law of the WTO", in Christoph Beat Graber, Michael Girsberger & Mira Nenova eds., *Free Trade versus Cultural Diversity*, Schulthess: Zürich, 2004, pp. 57 – 58.

③ WTO, *Background Note by The Secretariat on Audiovisual Services*, Council for Trade in Services, S/C/W/40, June 15, 1998, para. 25.

④ See UN, *Provisional Central Product Classification (CPC)*, UN Statistical Papers, Series M, 795 No 77, Ver. 1. 1, E. 91. XVII. 7, 1991; WTO, *Note by the Secretariat on Services Sectoral Classification List*, MTN. GNS/W/120.

961121）和唱片的放映服务（CPC 96122）；③广播和电视服务（CPC 9613），包括广播服务、电视服务、以及结合节目制作和广播的服务；④广播和电视传输服务（CPC 7524），包括电视节目的传输服务和广播的传输服务；⑤唱片录制（sound recording）；⑥其他。

截至 2021 年 5 月，在此领域做出承诺的国家和地区有 40 个，其承诺的具体内容①详见表 3.1。

表 3.1   文化产业服务领域的特别承诺

成员方	2. D. a.	2. D. b.	2. D. c.	2. D. d.	2. D. e.	2. D. f.	合计
阿富汗	√						1
亚美尼亚	√	√	√		√		4
佛得角	√		√				2
中非共和国	√	√	√	√	√	√	6
中国	√				√		2
多米尼亚				√		√	2
萨尔瓦多				√		√	2
冈比亚	√	√	√			√	4
柬埔寨					√	√	2
格鲁吉亚	√	√	√		√		4
中国香港	√				√	√	3
印度	√						1
以色列	√						1
日本	√	√			√		3
约旦	√	√			√		3
哈萨克斯坦	√	√	√				3
肯尼亚	√	√					2
韩国	√				√		2
吉尔吉斯斯坦	√	√	√	√	√		5
莱索托	√	√	√	√			4
利比里亚	√				√		2
马来西亚	√			√			2
墨西哥	√	√					2
新西兰	√	√	√	√		√	5
尼加拉瓜	√	√					2

① https://www.wto.org/english/tratop_e/serv_e/audiovisual_e/members_av_commitments.pdf.

续表

成员方	2. D. a.	2. D. b.	2. D. c.	2. D. d.	2. D. e.	2. D. f.	合计
阿曼	√	√					2
巴拿马	√	√			√		3
俄罗斯	√	√	√				3
萨摩亚	√	√	√	√			4
沙特阿拉伯	√	√					2
塞舌尔	√	√					2
新加坡	√				√		2
中国台北	√	√	√		√		4
塔吉克斯坦	√	√	√				3
泰国	√		√				2
汤加	√	√	√	√			4
美国	√	√	√	√	√	√	6
瓦努阿图	√						1
越南	√	√			√		3
也门	√				√		2
总计	38	26	16	11	15	6	

注：02. D. a. Motion Picture and Video Tape Production and Distribution（CPC 9611）电影和录像的制作和发行。

02. D. b. Motion Picture Projection Service（CPC 9612）电影放映服务。

02. D. c. Radio and Television Service（CPC 9613）广播和电视服务。

02. D. d. Radio and Television Transmission Services（CPC 7524）广播和电视传输服务。

02. D. e. Sound Recording 唱片录制。

02. D. f. Other 其他。

由表 3.1 可以看出在文化产业领域做出承诺的成员的以下几个特点。

（1）从做出承诺成员方的总体数量来看：与其他服务领域的国民待遇承诺相比，在视听服务领域做出承诺的成员方数量较少。乌拉圭回合谈判结束后，只有 19 个成员方做出承诺；而截止到 2021 年，数量增加为 40 个。尽管数量增加了一倍，与其他领域的服务承诺作对比仍然较少。例如，截止到 2021 年，旅游服务部门作出承诺的成员方有 132 个①。究其原因，主要是大部分成员方基于视听产品的文化特殊性和高

---

① https：//www.wto.org/english/tratop_e/serv_e/tourism_e/members_tourism_commitments.pdf.

度的政治敏锐性，并未做出太多的自由化贸易承诺。大部分成员方在视听服务领域没有做出国民待遇承诺。在乌拉圭回合的谈判中无论是欧盟还是其成员国均没有在视听产品领域作出承诺，加拿大等国由于反对文化产品贸易的无限自由化，本着文化特殊性立场，未作出任何承诺。而对这些没有在视听领域作出承诺的成员方，则不受国民待遇原则的规制。

（2）从作出承诺的成员方的承诺内容来看：已做出承诺的部分成员也大都是在有限的范围内。①全部承诺。只有美国和中非在视听服务领域的 6 项范围内做出了全面承诺。②部分承诺。大部分做出承诺的成员方做出的承诺内容也有限。依据表 3.1，做出 5 项承诺的只有新西兰和吉尔吉斯斯坦；做出 4 项承诺的有 7 个成员方，包括中国台北、冈比亚等；做出 3 项承诺的有 8 个成员方，包括日本、中国香港等；做出 2 项承诺的成员方数量最多，有 17 个，大部分是后加入的发展中国家。

（3）从成员方的经济实力来看：除了美国、日本、新西兰之外，作出承诺的成员方大部分是发展中国家。并且，在 1998 年到 2016 年之间，新增做出视听服务承诺的成员方大部分为发展中国家。

（4）从子部门的具体承诺来看：总体而言，对电影领域的相关服务做出的承诺多于广播电视等。

（二）GATS 中视听服务承诺的补贴保留

此外，关于文化产业补贴与 GATS 国民待遇原则问题，还应当考虑成员方是否对补贴做出限制。据 WTO 报告，在 GATS 承诺表中最普遍的限制包括将国内补贴排除在国民待遇原则之外。① 而观察上述对视听产业做出了承诺的成员方，发现很多即使对视听产业或其子部门做出了承诺，也在关于视听产业补贴的事项中做出了补贴项目仅给予其国民的限制。以美国为例，其在视听领域的特别承诺中也包括了一项关于由国家 endowment 艺术基金提供只给予美国国民和永居者的补贴的保留②。

---

① WTO, *Background Note by The Secretariat on Audiovisual Services*, Council for Trade in Services, S/C/W/40, June 15, 1998, para. 25.

② WTO, *Schedule of Specific Commitments of the United States of America*, GATS/SC/90, April 15, 1994, p. 46.

新西兰①对在其境内制作的电影的补贴做了同样的规定，以色列②对其国内电影的补贴亦复如是。中国在 GATS 承诺表的水平承诺中，明确在模式（3）下对视听领域国内服务提供者的补贴国民待遇原则做出保留。③

由上述分析可以看出，以主要文化产业补贴大国为对象考察其国民待遇原则的补贴限制，发现大部分国家都有关于补贴的国民待遇原则保留。在此情形下，对本国文化产业的补贴措施可以说并不违反 GATS 国民待遇原则的要求。

（三）FTAs 和 BITs 中的文化产业补贴例外

在一些 FTA 和 BIT 中，服务贸易领域关于文化产业补贴的例外包括两类，一是将补贴排除在整个服务贸易规则之外；二是在非歧视原则中对补贴进行保留。

1. 服务贸易规则的补贴例外

这种方式将补贴排除在服务贸易规则的整体之外，补贴的规则不受服务贸易规则的制约。目前采取这种方式的有以下几个。

美国和新加坡《自由贸易协定》第 8 条第 3 款④将补贴排除在服务贸易规则之外。美国和新加坡的双边投资协定，第 15 条第 4 款和第 9 款⑤将补贴和政府采购排除在国民待遇原则和最惠国原则之外。美国和澳大利亚《自由贸易协定》第 10 条第 4 款，将补贴规则排除在服务贸易之外。

中国—东盟自贸区服务协议和投资协议都将补贴排除在外。中国—东盟自由贸易区《服务贸易协议》第 14 条第 1 款规定："服务贸易协议并不适用于中国—东盟自由贸易区成员的补贴，即使补贴只给予国内服务、服务消费者和服务提供者。"

---

① WTO, *Schedule of Specific Commitments of New Zealand*, GATS/SC/62, April 15, 1994, p. 13.

② WTO, *Schedule of Specific Commitments of Israel*, GATS/SC/44, April 15, 1994, p. 9.

③ WTO, *Schedule of Specific Commitments of the People's Republic of China*, GATS/SC/135, February 14, 2002, p. 2.

④ "This Chapter does not apply to: (b) government procurement; (d) subsidies or grants provided by a Party," including government – supported loans, guarantees and insurance.

⑤ Articles 15.4 and 15.9 do not apply to: (a) government procurement; or (b) subsidies or grants provided by a Party, including government – supported loans, guarantees, and insurance.

2. 非歧视原则的补贴例外

美国与智利 FTA 第二附件中智利第 5 项专门规定了对文化产业投资和跨境服务的最惠国待遇进行保留，明确政府提供的促进文化活动的补贴项目不受本协议限制或约束，① 还对"文化产业"进行了界定，内容与 USCFTA 一致。

美国与澳大利亚 FTA 第二附件中澳大利亚第 5 项规定的是广播和视听服务、广告服务、表演服务的跨境服务和投资贸易，明确保留其对文化活动投资获得补贴和资助资格的本地或者生产要求。②

此外，在数字文化产品领域，TPP 第 14 条第 4 款"数字产品的非歧视待遇"中第 3 项规定："各缔约方理解，本条不适用于缔约方提供的补贴或赠款，包括政府支持的贷款、担保和保险。"因此，数字文化产品的补贴问题不必适用 TPP 中国民待遇原则和最惠国待遇原则。

三 GATS 最惠国待遇原则与文化产业补贴

（一）GATS 中视听领域的最惠国待遇豁免

GATS 第 2 条的最惠国待遇在某种程度上也限制这一明显的赋予成员补贴其视听服务业的自由，即使该条没有明确提到补贴。依据第 2 条第 2 款，一成员可以实施不符合义务的措施，只要这一措施被列在第 2 条例外之中、并且符合其条件。这一附件只适用于检验在加入该协议之前的例外，在加入 WTO 协议之后的新的例外是由第 IX 条规定的，允许成员排除其义务，只要 3/4 的成员同意。

在最惠国待遇的豁免事项中，视听服务领域的尤为特殊。这一领域以有相当数量的成员方做出了最惠国待遇的豁免为重要特征。③ 视听产品中的视听服务领域的最惠国待遇原则例外也是数量最多的，这些为数

---

① "Chile reserves the right to adopt or maintain any measure that accords differential treatment to countries under any existing or future bilateral or multilateral international agreement with respect to cultural industries, such as audiovisual cooperation agreements. For greater certainty, government supported subsidy programs for the promotion of cultural activities are not subject to the limitations or obligations of this Agreement."

② "… (g) Subsidies or grants Subsidies or grants for investment in Australian cultural activity where eligibility for the subsidy or grant is subject to local content or production requirements."

③ WTO, *Background Note by The Secretariat on Audiovisual Services*, Council for Trade in Services, S/C/W/40, June 15, 1998, para. 31.

众多的例外常被成员方以保护本国文化政策目标所合理化。①

就主体来看，现已有58个成员做出了专门针对视听服务的最惠国待遇豁免②；此外还有8个成员在所有的服务领域都做出了豁免③，因此视听服务领域也包含在内。

就豁免的内容来看，这些豁免大都包含电影或电视制作的合作协议，尤其是在赋予获得财政支持、税收减免的资格以及简化自然人进入的程序方面的国民待遇。④ 这些协议，主要是关于一国或地区性的文化保护所达成的，通过为签署者提供在电影电视领域的现有国内补贴项目，明确地与最惠国待遇不相符合。

从对豁免的时间要求来看，对于允许超过五年的例外必须在WTO协议生效后不少于五年内被审视。此外重要的是，做出如此广泛的保留，尤其是那些具有一定时间限制的，是否与GATS第2条第2款以及议定书例外的第2条相符合是有争议的，附件说明"原则上"一成员方依据第2条第1款享有的最惠国待遇义务的例外不得超过10年。也就是说，严格说来最惠国待遇的豁免的例外于2004年过期。在2003年的时候，欧盟曾有学者关注过这一例外由于十年的期限届满可能产生的

---

① WTO, *Background Note by The Secretariat on Audiovisual Services*, Council for Trade in Services, S/C/W/40, January 12, 2010, para. 69.

② 这些成员是：阿富汗、阿尔巴尼亚、亚美尼亚、澳大利亚、奥地利、玻利维亚、巴西、文莱、保加利亚、柬埔寨、加拿大、佛得角、智利、哥伦比亚、克罗地亚、古巴、塞浦路斯、捷克、厄瓜多尔、埃及、爱沙尼亚、欧盟、芬兰、格鲁吉亚、匈牙利、冰岛、印度、以色列、约旦、哈萨克斯坦、老挝、拉脱维亚、列支敦士登、立陶宛、摩尔多瓦、黑山、尼泊尔、新西兰、挪威、巴拿马、波兰、俄罗斯、萨摩亚、塞舌尔、新加坡、斯洛伐克、斯洛文尼亚、瑞典、瑞士、塔吉克斯坦、马其顿、汤加、突尼斯、乌克兰、美国、委内瑞拉、越南、也门。数据统计截止日期是2021年5月。此外，根据1998年WTO秘书处关于视听服务做的说明，当时有33个成员专门针对视听服务行业做出了最惠国待遇的豁免（详见WTO, *Background Note by The Secretariat on Audiovisual Services*, Council for Trade in Services, S/C/W/40, June 15, 1998, para. 25.），约占当时成员方数量的1/3。而据笔者大致统计，2008年之后加入WTO的成员有29个，可见，这些新加入的成员基本上对视听服务产业做出了最惠国待遇的豁免声明，而中国是少数几个没有做出豁免的成员之一。

③ 在服务贸易领域做出了最惠国待遇原则整体上的豁免成员有：萨尔瓦多、马来西亚、秘鲁、菲律宾、塞拉利昂、泰国、土耳其、阿联酋。WTO, *Background Note by The Secretariat on Audiovisual Services*, Council for Trade in Services, S/C/W/40, June 15, 1998, para. 31.

④ WTO, *Background Note by The Secretariat on Audiovisual Services*, Council for Trade in Services, S/C/W/40, June 15, 1998, para. 31.

视听领域的补贴与 GATS 不相符的问题。当时作者的结论是，不论这一广泛的视听产品对于 GATS 的例外该如何评价，至少在当时的阶段，对欧盟电影服务以及相关人员的支持和财政补助与国际贸易法是相符合的。① 这一规定不可避免地具有模糊性。从实践中可以看出，尽管这一条最惠国待遇原则例外是有期限的，在期限过后视听服务领域的补贴依旧存在。随着谈判的深入，目前期限已过但事实上该条继续起作用，正如有学者指出的那样"有趣的是，有关地区合作协议的例外经常被视为具有不确定的期限，好像那一十年的规定不存在似的"。②

此外，这些例外一般被解释为在 WTO 生效之前和之后的协议均包含在内，导致做出例外保留的成员方在尽管有时间限制的情况下继续签订新的合作协议。③ 然而，在何种程度上这样一个发展在目前 GATS 框架下能够被质疑尚待证明。对于那些没有将例外适用于有关合作协议的 WTO 成员来说，他们不再有选择能够签订那样的协议。④

（二）WTO 中视听服务最惠国待遇原则的实践

在 WTO 争端解决机制中，1998 年欧盟与加拿大之间关于电影发行服务的争议（Canada – Measures Affecting Film Distribution Services）⑤ 是文化贸易领域与 GATS 最惠国待遇原则有关的案件。该案涉及 1987 年加拿大关于电影发行的政策决议，这些决议规定了影响加拿大的电影发行服务的措施，这些措施对美国的发行商以较其他 WTO 成员更优惠的待遇。美国电影发行商被允许在加拿大发行电影，而欧盟电影商作为新兴者，不享有这些权利。欧盟认为这些措施使得欧洲公司在加拿大市场

---

① Herold Anna, "European Public Film Support within The WTO Framework", *Iris Plus Legal Observations of the European Audiovisual Observatory*, Vol. 6, No. 1, 2003, p. 4.

② Ivan Bernier, "Audiovisual Services Subsidies Within the Framework of the GATS: The Current Situation and the Impact of Negotiations", http://www.diversite-culturelle.qc.ca/fileadmin/documents/pdf/update0308.pdf, p. 2.

③ See WTO, *European Communities and Their Member States on Final List of Article II (MFN) Exemptions*, GATS/EL/31, April 15, 1994.

④ Ivan Bernier, "Audiovisual Services Subsidies Within the Framework of the GATS: The Current Situation and the Impact of Negotiations", http://www.diversite-culturelle.qc.ca/fileadmin/documents/pdf/update0308.pdf, p. 3.

⑤ WTO, *Canada – Measures Affecting Film Distribution Services*, WT/DS117/1, January 22, 1998.

上的待遇低于美国同类竞争公司，违反了 GATS 第 2 条和第 3 条的规定，因此于 1998 年 1 月 20 日向加拿大提出就此进行磋商的要求。因为加拿大在 GATS 协议的附件中没有对电影发行服务方面列举最惠国待遇豁免，所以加拿大的这一行为应受到 GATS 第 2 条第 1 款最惠国待遇等原则规制。讽刺的是，该案的磋商最终由于提起诉讼的欧盟公司被加拿大公司收购，以欧洲方面撤诉而中止。由于该案没有成立专家组，因而无法作为将来争端解决机构裁决同类案件的基础。然而，该案可以证明 GATS 最惠国待遇原则在电影领域的适用性。这不意味着 GATS 框架中文化目标不能得以实现，成员方可以尝试援引国民待遇原则的一般例外来解释文化的特殊性。

如果该案发生在对视听服务领域做出最惠国待遇豁免的国家（地区），案件会有所不同，可能很难成立对 GATS 的违反。以欧盟为例，依据 GATS 第 5 条提出了很多关于欧盟成员与第三国签订的视听产品协议的最惠国待遇例外。

这也许是由补贴的复杂性问题导致的，也许是由 GATS 中缺乏有约束力的措施导致的。但是这一问题值得仔细思考，因为 GATS 的普遍目标是卓有成效的服务贸易领域的自由化。将视听领域整体作为 GATS 的例外长远来看，从美国出口利益的角度来说越来越难得以支持，而且在跨区域的贸易谈判中越来越有压力。①

第三节　文化产业合法补贴的条件

由于补贴规则与国际贸易领域的一般原则息息相关，因此本章前两节重点论述了上述问题。而本节的内容不仅包括对上述问题的总结，还包括对《文化多样性公约》和国际人权法领域中规定的文化产业合法补贴的条件进行的分析。

---

① WTO, *Communication from the United States on Audiovisual and Related Services*, S/CSS/W/21, Dec. 18, 2000.

一 符合《文化多样性公约》规定的文化产业补贴

如前述分析可知,《文化多样性公约》第 6 条第 1 款赋予了成员方实施"保护和促进文化表达多样性的措施"的权利,第 6 条第 2 款进行了列举,其中明确地包括"公共财政资助"的文化政策措施形式。

尽管《文化多样性公约》没有直接具体规定符合公约要求的"财政资助"措施的条件,然而,从公约第 4 条第 6 款"文化政策措施"的定义和第 6 条第 1 款赋予成员方权利的内容中还是可以总结出符合公约要求的补贴的限制条件。

(一) 符合《文化多样性公约》的文化产业补贴的条件

概括而言,符合公约要求的文化产业补贴在补贴的对象、主体、目标等方面需要满足一定的条件。

1. 补贴的对象

就文化产业补贴的对象来说,根据《文化多样性公约》第 4 条第 6 款对"文化政策措施"的解释,包括与创作、生产、传播、销售和享有文化活动、产品与服务相关的政策措施。由此可以看出,依据公约,可以实施的文化政策措施的对象比较宽泛,包括文化活动、文化货物与服务。因此,文化产业实施补贴的对象包括文化活动、文化货物与服务。

2. 补贴的实施主体

就实施的主体来说,根据公约第 4 条第 6 款对"文化政策措施"的界定,对文化产业的补贴由地方政府、国家、区域或者国际层面均可以实施。

3. 补贴的实质要求

就文化产业补贴的目标来说,符合公约规定标准的财政支持措施必须满足的条件是该措施必须是直接基于文化目的而做出的,即"针对文化本身或为了文化表现形式产生直接影响",并且"旨在促进文化表达多样性"。这是公约规定的实质性条件。这一点在公约中多次进行了强调,例如第 1 条第 8 款规定公约的目标之一是重申成员方在其境内有实施文化政策措施的权利,其限定是这些政策和措施是旨在保护和促进文化表现形式多样性的;第 4 条第 6 款对"文化政策措施"中规定的是那些针对文化本身或为了对个人、群体或社会的文化表现形式产生直接影响的措施。第 6 条规定的成员方在其境内的权利时，亦强调了其目的是保护和促进文化表现形式的多样性。

此外，除了《文化多样性公约》第 6 条第 2 款（d）项直接涉及补贴措施之外，一些其他的情形也可能与补贴有关。例如，对电影学院和戏剧学校的结构性补贴，可以被认为属于公约第 6 条第 2 款（b）项规定的"为国内文化活动、货物或服务提供机会的措施"。又如，为国内文化产品的数字化传播而进行的门户网站建设，可能被认为符合公约第 6 条第 2 款（c）项规定的"旨在为国内独立的文化产业和非正规产业部门的文化活动提供有效地进行文化活动、产品与服务的生产、传播和销售所采取的措施"。而从贸易法的角度进行分析，在这种情况下要面对的问题不是这一措施是否属于国家援助，而是这一基础设施的补贴是否只保留给国内产品或者国内生产者。①

从上述分析可以看出，《文化多样性公约》赋予了成员方采取一种相对宽泛的文化补贴的权利，不论这些补贴是给予货物还是服务，给予商品还是生产者，给予国内的还是国外的文化产品。其实质要求是补贴符合"直接文化影响"这一标准。②

（二）对"直接文化影响"标准的分析

所谓直接文化影响标准，具体来说包括两项要求：一是一项措施必须与文化内容有关；二是该项措施造成一定的文化影响，这一影响必须是该措施的主要目标，而不能是附带影响。实践中如何认定《文化多样性公约》的"直接文化影响"，其实也充满了不确定性。例如，有学者认为，欧盟的"媒体计划"，由于其为相关产业的制作发展、发行服务、推广和节日组织等提供结构性资金等支持，目的是提高电影产业的竞争力。尽管欧盟的知识经济可能因此而得益，但是该补贴计划实施的主要目标是促进欧盟及其成员国国内的文化表达，因此可以受到《文化多样性公约》保护。而对于加拿大对其国内制作的视听产品实施的税收

---

① Dirk Pulkowski, *The Law and Politics of International Regime Conflict*, Oxford University Press, 2014, p. 162.

② Dirk Pulkowski, *The Law and Politics of International Regime Conflict*, Oxford University Press, 2014, p. 161.

优惠政策，例如影视服务税收优惠法案，税收优惠的力度是基于加拿大劳动力的投入因素决定的。① 这一措施在实施效果上的确极大地促进了加拿大电影产业的发展，由于地缘的接近，有相当一部分美国电影公司被这一政策所吸引从而在加拿大境内拍摄，例如《断背山》《独立日》等著名电影都是在加拿大境内拍摄完成的。类似的对电影产业的税收优惠措施在澳大利亚、南非、爱尔兰、英国以及美国的大部分州都存在。② 然而，有学者指出，这一类措施对待国内外的公司都一视同仁，并且缺乏加拿大的文化内容。由于该措施的要求是以雇用加拿大的劳工为条件，该措施的主要目标是促进第二产业和第三产业的就业，对加拿大视听产业环境的改善只能说是其附带的影响而已，因此该税收优惠措施不是不能被认定为属于《文化多样性公约》规定的文化政策措施。③ 例如，电子游戏等互动娱乐产业，也属于文化与经济之间的灰色地带。一方面，很难将互动娱乐产业排除在"文化"范围之外，毕竟电子游戏"构成了具有说服力和影响力的叙事艺术"，这一点与传统叙事方式（如电影、表演等）相同。基于此，华盛顿博物馆进行过以"电子游戏的艺术"为主题的展览。④ 但是另一方面，如果《文化多样性公约》想保持其稳定性，必须制止那种将商业产品包括在文化保护的范围之内的行为。政府应当积极鼓励创意，但是不能以文化为名、实则为其追求经济保护进行合理化。⑤

根据《文化多样性公约》第 4 条第 2 款，"文化内容"系指那些源于文化特征或表现文化特征的象征意义、艺术特色和文化价值。依据 UNESCO 的报告，符合公约要求的文化内容需要与身份认同有关，即

---

① Wright Claire, "Hollywood's Disappearing Act: International Trade Remedies to Bring Hollywood Home", *Akron Law Review*, Vol. 39, No. 1, 2006, p. 739.

② Ivan Bernier, "Trade and Culture", in Patrick F. J. Macrory, Arthur E. Appleton & Michael G. Plummer eds., *World Trade Organization: Legal, Economic and Political Analysis*, Springer, 2005, p. 762.

③ Dirk Pulkowski, *The Law and Politics of International Regime Conflict*, Oxford University Press, 2014, p. 165.

④ http://www.americanart.si.edu/exhibitions/archive/2012/games/.

⑤ Dirk Pulkowski, *The Law and Politics of International Regime Conflict*, Oxford University Press, 2014, p. 166.

"享有共同的价值、信仰和行为方式"①。此外，借助知识产权领域中对表现形式的认定，公约所保护的对象在表现形式上也有要求，即需要将那些价值、信仰和行为方式创造性地转变成具有象征性或者艺术性意义的表现方式。最典型的例子是视听产品（货物和服务）、图书或者是现场表演；而杂志的文化内容不能一概而论，需要在个案分析的基础上进行认定。② 对于食物和烹饪等，尽管可能在广义上具有文化性，但是正是由于缺乏这种具有文化意义的表现方式，食物、地理标志等不属于《文化多样性公约》目的上所要保护的文化。③

二 符合 WTO 规则的文化产业补贴条件

与《文化多样性公约》不同，WTO 仅给予某一类型的补贴措施以"绿灯"。有学者提出，文化产业补贴是符合 GATT 的一种文化保护政策措施，④ 也有学者对此提出了质疑。⑤

根据本章的前述分析，本书认为，符合 WTO 规则的补贴是需要具备一定条件的，笼统地认为对文化产品的补贴符合 WTO 的说法可能是不准确的。由于历史的原因，WTO 体制内货物贸易规则和服务贸易规则的差别较大，货物贸易领域的自由化程度较高。总体来说，在 GATT

---

① UNESCO, *World Culture Report: Culture, Creativity and Markets*, UNESCO Publishing, 1998, p. 22.

② Dirk Pulkowski, *The Law and Politics of International Regime Conflict*, Oxford University Press, 2014, p. 163.

③ Tomer Broude, "Taking 'Trade and Culture' Seriously: Geographical Indications and Cultural Protection in WTO Law", *University of Pennsylvania Journal of International Law*, Vol. 26, No. 4, 2005, p. 623.

④ See Daniel Schwanen, "A Matter of Choice: Towards a More Creative Canadian Policy on Culture", C. D. Howe Institute Commentary, April 22, 1997, pp. 20 – 21, https://www.cdhowe.org/public – policy – research/matter – choice – toward – more – creative – canadian – policy – culture; Trevor Knight, "The Dual Nature of Cultural Products: An Analysis of the WTO's Decisions Regarding Canadian Periodicals", *University of Toronto Faculty of Law Review*, Vol. 57, No. 2, 1999, p. 165; Tania Voon, *Cultural Products and the World Trade Organization*, Cambridge University Press, 2007, pp. 218 – 219；李华成：《国际文化产业财政资助法律制度及其对中国的启示》，载《河南财经政法学院学报》2013 年第 1 期，第 53 页。

⑤ Chi Carmody, "When 'Cultural Identity Was Not at Issue': Thinking About Canada – Certain Measures Concerning Periodicals", *Law and Policy in International Business*, Vol. 30, No. 2, 1999, p. 305.

中，需符合国民待遇原则第 3 条第 8 款例外的条件和《SCM 协定》的条件；在 GATS 中，虽然缺乏如货物贸易领域那样明确的补贴规则，但是应当符合一国在 GATS 中关于国民待遇和市场准入的承诺，以及考察是否做出了有关文化产品补贴的最惠国待遇豁免的例外。

首先需要说明的是，如第一章所指出的，文化产业外延的广泛，在一些国家可能将具有公益性的文化遗产以及公共文化服务提供场所等包括在其中，那么对待这一部分的补贴，很难说是不符合条件的。这里论述的补贴指的是可能进入国际贸易领域的文化产品的补贴的条件。

具体来说，在货物贸易领域，符合 WTO 要求的文化产业补贴需要是非禁止性补贴，即，不能以出口补贴和进口替代补贴的形式进行文化产业补贴。从实际来说，文化产业领域的补贴构成出口补贴和进口替代补贴的情况可能较少，大部分补贴都是以可诉补贴的形式存在的。从目前的情况来看，实际上除禁止性补贴外，只要国内补贴具有专向性，则都为可诉性补贴。① 专向性补贴或者受到禁止或者受到限制，非专向性补贴则纳入"不可诉补贴"范畴。② 可诉补贴需要起诉方证明补贴实施成员方造成"不利影响"，考虑到文化产业领域补贴的普遍性，提出这种诉讼的可能性很小。因此，不必扮演"WTO 模范生"的角色，严格遵照《SCM 协定》的要求对可诉补贴进行全面的清理，只需要注意不属于禁止性补贴即可。

此外，依据 GATT 国民待遇原则的要求和 DSB 实践，GATT 第 3 条第 8 款（b）项为成员方通过直接补贴的方式补贴其国内文化产业提供了灵活性，前提是这项支付满足必须含有一项政府开支等的相关需求。而对文化产业的税收优惠由于不涉及政府收入的支出而被要求必须符合国民待遇原则，不能享有例外。因此，一国政府以直接补贴的形式仅仅给予其国内文化产业生产者的补贴，尽管可能对外国同等的生产者造成歧视，但是由于符合国民待遇原则的例外而被免责；而对其国内文化产业的税收减免等优惠措施，也需要符合国民待遇原则，不能对国内文化产品实施更优惠的税收措施而造

---

① 单一：《WTO 框架下补贴与反补贴法律制度与实务》，法律出版社 2009 年版，第 150 页。

② 甘瑛：《WTO 补贴与反补贴法律与实践研究》，法律出版社 2009 年版，第 24 页。

成对外国同类产品的歧视。

在服务贸易领域，由于 GATS 中缺乏《SCM 协定》那样严格的补贴规则，因此符合 WTO 要求的补贴需要审视各个成员方的国民待遇原则承诺，以及最惠国待遇原则豁免。如前所述，在视听服务领域，做出国民待遇承诺的成员方数量较少，而又有相当一部分成员方做出了最惠国待遇原则的豁免。即使对视听领域做出了国民待遇承诺的成员方，也普遍将国内补贴排除在国民待遇原则之外。因此，服务贸易领域的文化产业补贴纪律相对宽松，成员方享有较大的自主权。

三 符合人权法要求的文化产业补贴

如本书第一章第三节所述，《经济、社会及文化权利国际公约》中的相关规定对文化产业补贴具有一定的间接规范作用。公约赋予缔约国采取"一切适当方法"促进"公民文化参与"，而"一切适当方法"包括公共资助的方法，文化产业中的核心文化产业部门以及包括媒体在内的门类是"公民文化参与"的重要组成部分。那么，符合公约要求的补贴应当具备什么条件，需要通过公约的规定予以明确。

（一）补贴是促进公民文化参与的重要方法

根据经济、社会、文化权利委员会的报告，对文化活动的财政促进和支持措施在某种程度上应当符合公约第 15 条规定的义务。委员会认为，公约缔约国有义务采取"旨在促进能够享有这份自由的各项措施，包括为了创意活动的创造所必须的条件和便利"。[①] 其中，国家的财政资助对公民文化参与具有重要的作用，这是不言而喻的。没有财政支持，社会中的一些成员或者是一些处于不利地位的成员，例如少数民族、原住民群体等，可能就没有充分的机会表达和传播其文化独特性。[②]

（二）表达自由是公约对补贴的限制条件

与此同时，委员会还指出，成员国应当限制对"艺术创作和表现形

[①] UN Economic and Social Council, *Report on the Fifth Session of Committee on Economic, Social and Cultural Rights* (26 November – 14 December 1990), E/1991/23; E/C. 12/1990/8, 1991, p. 108.

[②] Dirk Pulkowski, *The Law and Politics of International Regime Conflict*, Oxford University Press, 2014, p. 175.

式的自由，包括对这些活动予以宣传的自由"的干预。① 公民的文化参与并不只是公民的消极消费，《经济、社会及文化权利国际公约》第 15 条第 3 款规定了"成员国应当尊重创造性活动必不可少的自由"，《公民权利和政治权利国际公约》第 19 条第 2 款也规定了成员国保障表达自由的义务。艺术表达自由当然被包括在内。因此，一国对文化产业可能采取的补贴措施，应当具有一定的范围限制。这要求成员国在进行文化产业补贴的实质要求和条件上，基于相对客观、能证实的标准进行。那种具有实质性政府干预内容的补贴标准有可能违反表达自由的要求，因此是有问题的。例如，澳大利亚政府建议一项电影放映计划的"澳洲内容"依据的标准是"澳大利亚的身份认同、特征和文化"②，相对而言，澳大利亚"电影发展戏剧基金指导守则"中要求的构成"澳大利亚"内容的标准是依据一系列的形式和实质条件，例如创意制作者和版权所有者的国籍等因素。③ 有学者认为，后者的标准要求就比前一种更加客观中立，国家干预的内容更少。④

总体言之，依据《经济、社会及文化权利国际公约》，政府应当有尽最大努力的义务为文化性的创造建立基础设施，并应当提供合适的财政资助；与此同时，也要注意不能干预文化活动的开展和组织。⑤ 不遵循这一标准的文化补贴将不被允许。

本章小结

本章讨论了文化产业合法补贴在贸易法、文化法和人权法领域所应

---

① UN Economic and Social Council, *Report on the Fifth Session of Committee on Economic, Social and Cultural Rights* (26 November – 14 December 1990), E/1991/23; E/C. 12/1990/8, 1991, p. 109.

② *Project Blue Sky v. Australian Broadcasting Authority*, Decision of the High Court of Australia, [1998] HCA 28, S41/1997.

③ Dirk Pulkowski, *The Law and Politics of International Regime Conflict*, Oxford University Press, 2014, p. 175.

④ Dirk Pulkowski, *The Law and Politics of International Regime Conflict*, Oxford University Press, 2014, p. 175.

⑤ UNESCO, *The Recommendation on Participation by the People at Large in Cultural Life and their Contribution to It*, November 26, 1976, para. 4 (b) (p).

当具备的条件，属于本书所要探讨的核心问题。由于一国的补贴在国际法层面主要涉及贸易中的规则，因而本章在前一章的基础之上，区分货物和服务的角度，重点对贸易领域的文化产业补贴的合法性予以考察，包括但不限于WTO，在涉及RTA和FTA中的相关新发展时也一并予以论述。

具体说来，在文化法视域下，《文化多样性公约》赋予了成员方采取一种相对宽泛的文化补贴的权利，从公约上下文的内容来看，其对文化产业补贴限定的合法条件是"直接文化影响标准"，而不论这些补贴是给予货物还是服务，给予商品还是生产者，给予国内的还是国外的文化产品。①

在贸易法视域下，文化产业补贴的认定、类型及合法的条件问题是所要解决的核心问题。对于文化产业合法补贴的条件，本书认为不能一概而论，应当做三个层面的区分：首先，是货物规则和服务规则的区分——在GATT中，需符合国民待遇原则第3条第8款例外的条件和《SCM协定》的条件；在GATS中，虽然缺乏如货物贸易领域那样明确的补贴规则，但是应当符合一国在GATS中关于国民待遇和市场准入的承诺，以及考察是否做出了有关文化产品补贴的最惠国待遇豁免的例外。其次，是直接形式的补贴与间接形式的补贴的区分——基于WTO争端解决机构对GATT第3条第8款（b）项的阐释，仅包括涉及"政府的支出"的情形，故此，以直接补贴的形式仅仅给予其国内文化产业生产者的补贴，尽管可能对外国同等的生产者造成歧视，可以基于该条的规定而被免责；以间接形式进行的税收减免等优惠措施，则需要符合国民待遇原则，不能对国内文化产品实施更优惠的税收措施而造成对外国同类产品的歧视。再次，还应当结合第一章对文化产业范围的梳理，对不同门类的文化产业补贴予以分情况讨论。如本书第一章所指出的，文化产业外延广泛，一些国家可能将具有公益性的文化遗产以及公共文化服务提供场所等包括在其中，那么对待这一部分门类进行的补贴，很难说是不符合WTO规范的。因此，贸易法领域论述的文化产业补贴合法条件针对的是本书归纳的第二类补贴门类，它们的"经济—文化"

---

① Dirk Pulkowski, *The Law and Politics of International Regime Conflict*, Oxford University Press, 2014, p. 161.

双重属性表现得最为明显，并且大量进入国际文化产品贸易领域。

在人权法视野下，《经济、社会及文化权利国际公约》和《公民权利和政治权利国际公约》中的相关规定对文化产业补贴具有一定的间接规范作用。公约赋予缔约国采取"一切适当方法"促进"公民文化参与"，而"一切适当方法"包括公共资助的方法，文化产业中的核心文化产业部门以及包括媒体在内的门类是"公民文化参与"的重要组成部分。依据《经济、社会及文化权利国际公约》第15条第3款和《公民权利和政治权利国际公约》第19条第2款规定的成员国保障公民表达自由的义务。这一"表达自由"要求对一国的文化产业补贴措施提出了限制，具体而言，一国在实施文化产业补贴措施时，应当基于相对客观、公正的标准进行，不得通过该措施间接干预公民的表达自由。

第四章

文化产业补贴的例外规则

　　文化产业补贴的例外规则是从例外角度看待文化产业补贴问题，可以作为文化产业补贴问题的抗辩理由。按照范围的从大到小，具体包括三种例外形式：一是文化产业的总体例外（cultural industry exception，CIE），尽管加拿大、法国、欧盟等提出的"文化例外"（culture exception）诉求在 WTO 和 MAI 中以失败告终，但是在一些双边和区域贸易协议中却得以确定，尤其是以加拿大为代表的双边贸易协议和投资协议中，基本上均包含了文化产业例外的规定。此外，晚近一些双边贸易协定中文化产业例外的规定还有一些新的发展，因此需要予以关注。二是一般例外规则的例外。贸易领域的一般例外规则是重要的例外条款之一，以 WTO 协定为例，即 GATT 第 20 条和 GATS 第 14 条，其他的区域贸易协定和双边贸易协定基本均是以 WTO 规则为蓝本。其中与文化产业相关的例外包括公共道德例外和国家珍宝例外。由于 GATT 和 GATS 没有明确界定"公共道德"和"国家珍宝"，其含义和适用条件需要在 DSU 的实践中予以发展和确认。此外，关于"国家珍宝"例外，是否可以作为文化产业的抗辩，如何才能作为一个可行的抗辩，这是需要讨论的问题。三是补贴的例外，包括 GATT 第 3 条第 8 款（b）项的国民待遇原则的补贴例外。与 GATT 不同，GATS 中没有规定国民待遇原则的补贴例外，那么 GATS 中该如何认定这一问题，这也是需要研究的问题。这一部分与国民待遇原则息息相关，因此尽管从逻辑上也属于抗辩理由，但是在正文中将安排在第三节进行论述。

第一节 文化产业例外

一 WTO规则中"文化例外"的提出和失败

（一）"文化例外"的提出背景：美欧之间的不同主张

以美欧双方为代表对文化与贸易议题的争议始于20世纪20年代美国电影贸易迅速发展之时，并持续至今。

将文化排除在贸易规则之外的主张早在当时美欧之间关于电影的争议便存在，其实贸易自由与文化多样性之间的矛盾与平衡早在20世纪20年代就已经凸显，那时候主要是由于美国电影在全球范围内的流行，导致其他国家纷纷对国内相关产业予以保护。双方最终达成了妥协，表现在GATT1947的文本中对电影有一些特殊待遇，规定在GATT第4条，该条允许成员国设立"电影配额"制度来确保国产影片占据放映时间一部分。因此GATT将电影排除在非歧视原则之外。然而，第4条第4款强调，电影配额的程度是限制、自由还是消除，是由成员谈判决定的。不论如何，GATT并没有设立电影配额的上限，理论上，一成员国可以将电影配额的比例维持在100%的国内影片。更多的评论者将电影例外这一规定归因于国内文化政策的考量，而不是基于经济与贸易的原因。在建立GATT的谈判中，美国主张要去除所有对电影贸易的限制。而其他很多成员国认为关税不足以有效保护其国内电影产业，因此配额是必须的。美国最终同意GATT电影例外，是基于其认为对电影放映者的财政激励措施自然会阻止明显的电影配额。① 该条没有说明电视节目是由于当时电视节目所占的比例不大。②

---

① WTO, *Report of the Working Party on Application of GATT to International Trade in Television Programmes*, GATT Doc. L/1741, Mar. 13, 1962.

② W. Ming Shao, "Is There No Business Like Show Business? Free Trade and Cultural Protectionism", *The Yale Journal of International Law*, Vol. 20, No. 1, 1995, p. 111.

美欧之间的争议持续到 20 世纪 60 年代关于电视节目的争议中。①GATT 组成了一个工作小组。工作小组审视了 GATT 现存条款与影响电视节目国际贸易的措施之间的关系以决定这些现存条款是否足以解决市场准入的问题。② 然而，工作小组就此问题没能达成一致的协议③。此后美国又于 1962 年和 1964 年提出这一问题，后续发布了几个文件④，但是工作小组没有采取最终的措施。美欧对电视节目的争议一直持续到乌拉圭回合的谈判。

（二）乌拉圭回合谈判："文化例外"的正式提出

美欧对电视节目的争议一直持续到乌拉圭回合的谈判。正式提出"文化例外"这一措施则是在乌拉圭回合美欧关于《影视无国界指令》的争议时，欧盟以 GATT 及国际贸易的一般原则承认"文化例外"作为理由进行抗辩。

美欧之间关于此问题一直无定论，在随后的乌拉圭回合谈判中，包括欧盟在内的几个成员方一直坚持"文化例外"。在乌拉圭回合谈判期间美国和欧盟之间关于视听产品的争议继续，服务谈判小组（Group of Negotiation on Services, GNS）成立了一个视听服务工作小组（A/V Working Group），专门解决视听服务领域，尤其是关于电影和电视节目的问题。⑤ 总体来说，以欧盟为代表的几个成员方，包括法国和加拿大在内，希望在 GATS 中制定一个"文化例外"，

---

① WTO, *Application of GATT to International Trade in Television Programmes: Statement by the United States Representative*, GATT Doc. L/1646, Nov. 21, 1961; WTO, *Report of the Working Party on Application of GATT to International Trade in Television Programmes*, GATT Doc. L/1741, Mar. 13, 1962; WTO, *Working Party on Application of GATT to International Trade in Television Programmes*, GATT Doc. L/1686, Dec. 18, 1961.

② WTO, *Working Party on Application of GATT to International Trade in Television Programmes*, GATT Doc. L/1686, Dec. 18, 1961.

③ WTO, *Report of the Working Party on Application of GATT to International Trade in Television Programmes*, GATT Doc. L/1741, Mar. 13, 1962.

④ See WTO, *Application of GATT to International Trade in Television Programmes: Revised United States Draft Recommendation*, GATT Doc. L/1908, Nov. 10, 1962; WTO, *Application of GATT to International Trade in Television Programmes: Proposal by the Government of the United States*, GATT Doc. L/2120, Mar. 18, 1964.

⑤ Lisa L. Garrett, "Commerce Versus Culture: The Battle between the United States and the European Union over Audiovisual Trade Policies", *North Carolina Journal of International Law*, Vol. 19, No. 3, 1994, p. 561.

其认为 GATT 的原则及自由贸易规则不适用于视听产品以及文化领域，其理由主要是基于"保护或促进本土语言、历史和传统主要依赖于民族视听产业的产出"这一文化原因。① 美国则反对文化例外的主张，认为视听产品中的文化身份很难认定。美国要求该领域全部受到 GATT 的规范，并且适用 GATS 中与其他领域的服务同样的自由贸易原则。②

为此，欧盟还提交了一个视听部门的草案附件，强调视听服务的"文化特性"必须受到尊重，③ 这可以说是"文化例外"的正式条款。该草案 15 条的标题就是"例外"，允许成员方根据部门附件中列举的部门例外采取必要的限制贸易的措施。该附件对最惠国待遇和国民待遇的一般原则创设了明确的例外，允许成员方通过配额的方式拒绝给予进口视听服务市场准入。例如，附件第 3 条规定："就作品的产地决定其文化内容而言，本协定不影响成员方在相同的情形下拒绝给予任何其他成员方的服务或服务提供者相同待遇的权利。"第 4 条允许成员方基于"文化原因"使用"适用于视听作品的原产地要求"不影响成员方在相同的情形下拒绝给予与本国的服务或服务提供者相同的待遇。第 5 条则规定："对具有文化内容的视听服务及为了服务文化政策目标，成员方保留拒绝给予其它成员方的服务和服务提供者市场准入的权利"。但是，由于双方对于"文化例外"的争议在服务工作小组提出的协议草案的分歧表现明显，该协定草案中虽然规定了"文化例外"，但是由于谈判各方对该例外还没有达成一致意见，该例外在草案中是用括号括起来的。④ 1993 年 12 月 15 日，长达七年的 GATT 乌拉圭回合谈判结束，这一回合极大地促成了一系列有利于世界贸易自由的措施。然而该回合谈判并没有能够解决美欧之间棘手的视听领域的争

---

① Jon Filipek, "'Culture Quotas': The Trade Controversy over the European Community's Broadcasting Directive", *Stanford Journal of International Law*, Vol. 28, 1992, pp. 343 – 344.

② W. Ming Shao, "Is There No Business Like Show Business? Free Trade and Cultural Protectionism", *The Yale Journal of International Law*, Vol. 20, No. 1, 1995, p. 113.

③ GATT, *Uruguay Round Group of Negotiations on Services*, Communication from The European Communities, MTN. GNS/AUD/W/2, October 4, 1990.

④ WTO, *Multilateral Framework for Trade in Services*, MTN. GNS/35, July 23, 1990, art. XIV.

议，双方对视听领域贸易规则根本上未达成一致，唯一的一致是"协商一致的不一致"（agree to disagree）：将视听产业从乌拉圭回合的谈判中移除出去。最终，乌拉圭回合谈判结束时，只有19个国家在视听服务部门作出自由化承诺，欧盟、澳大利亚、加拿大等一些重要国家没有作出任何承诺。另外，包括欧盟和加拿大在内的33个国家就视听部门贸易保留了最惠国待遇例外。

在多哈回合中，2001年的服务贸易小组的特别部分采纳了谈判的原则和程序，包括"在服务行业没有预先的例外"的协议。因此，视听领域同其他行业一样，放开谈判，至此可以说，试图将文化作为整体排除在多边贸易规则之外的"文化例外"的尝试失败了。

（三）从文化例外到文化多样性

UNESCO《文化多样性公约》制定的与加拿大和法国在WTO中提出的"文化例外"提议失败息息相关，该公约第2条规定，各国拥有在其境内采取保护和促进文化表现形式多样性措施和政策的主权。第4条对"文化多样性"进行了界定，即"各群体和社会借以表现其文化的多种不同形式。这些表现形式在其内部及之间传承。文化多样性不仅体现在人类文化遗产通过丰富多彩的文化表达形式来表达、弘扬和传承，也更体现在借助各种方式和技术进行的艺术创造、生产、传播、销售和消费"。

这一在WTO体制外寻求解决文化与贸易问题之道的尝试被认为是用来抵抗美国强势文化入侵的武器。[①] 然而，如下文第五章所述，由于《文化多样性公约》制定过程中为了达到更多国家通过的目的，最终的文本修改了其与其他规则的关系的条文，导致该公约并未能够如期解决文化与贸易问题。但是，"文化多样性"作为一种倡导，体现了国际社会对文化价值的认可，并规定了成员方保护文化多样性的权利和义务，还是具有深远的意义的。

二 USCFTA和NAFTA规则中的"文化产业例外"

由于NAFAT中的文化产业例外条款源自《美加自由贸易协定》，

[①] See Ivan Bernier, "Trade and Culture", in Patrick F. J. Macrory, Arthur E. Appleton & Michael G. Plummer eds., *World Trade Organization: Legal, Economic and Political Analysis*, Springer, 2005, pp. 747, 789, 791; UNCTAD, *Audiovisual Services: Improving Participation of Developing Countries*, TD/B/COM.1/EM.20/2, September 30, 2002, pp. 16–17.

因此首先介绍 USCFTA 中的文化产业例外。

（一）USCFTA 中的文化产业例外

1988 年美国和加拿大这两个世界上最大的贸易伙伴之间签订的《美加自由贸易协定》（USCFTA）[①] 在贸易历史上具有里程碑的意义[②]，其内容包括十年的有效期内削减大部分关税，将国民待遇原则适用于服务领域的很多行业，以及极大地促进了投资政策的自由化。[③] 由于地缘的接近，加拿大尽管意识到其与美国在经济上互相依存并寻求双方更进一步的伙伴关系，但同时也担心会失去其原本特征、自主权和独立性，尤其是在文化产业领域[④]。因此这一双边自由贸易协定一方面规定了内容广泛的国民待遇原则，另一方面将几个关键领域明确地排除在自由贸易之外，文化产业就是其中之一。

USCFTA 中关于文化产业例外（Cultural Industry Exception，CIE）的内容规定在 2005 条第 1 款、第 2 款。此外，还包括对文化产业的含义进行界定的第 2012 条。

1. 文化产业的定义

USCFTA 第 2012 条对文化产业进行了界定[⑤]，"文化产业"系指从事如下活动的企业：①纸质或电子版的书籍、杂志、或报纸的出版、发

[①] Free Trade Agreement between Canada and the United States of America, Jan. 2, 1988, https://web.archive.org/web/20141206203657/http://www.international.gc.ca/trade-agreements-accords-commerciaux/agr-acc/us-eu.aspx?lang=eng.

[②] Michael Braun, "Trade in Culture: Consumable Product or Cherished Articulation of a Nation's Soul", *Denver Journal of International Law and Policy*, Vol. 22, No. 1, 1993, pp. 155-156.

[③] Jeffrey J. Schott, *United States - Canada Free Trade: An Evaluation of the Agreement (Policy Analyses in International Economics)*, Washington, DC: Institute for International Economics, 1988, pp. 2, 4.

[④] Marc Gold & David Leyton - Brown eds., *Trade - Offs on Free Trade: The Canada - U. S. Free Trade Agreement* Toronto: Carswell Legal Publications, 1988, p. xi.

[⑤] "Cultural industry means an enterprise engaged in any of the following activities: (a) the publication, distribution, or sale of books, magazines, periodicals, or newspapers in print or machine readable form but not including the sole activity of printing or typesetting any of the foregoing, (b) the production, distribution, sale or exhibition of film or video recordings, (c) the production, distribution, sale or exhibition of audio or video music recordings, (d) the publication, distribution, or sale of music in print or machine readable form, or (e) radio communication in which the transmissions are intended for direct reception by the general public, and all radio, television broadcasting undertakings and all satellite programming and broadcast network services."

行或销售，但不包括仅从事前述（产品）的印刷或排版行为；②电影或录像的出版、发行、销售、展览；③音频或视频唱片的出版、发行、销售、展览；④纸质或电子版的乐谱的出版、发行、销售、展览；⑤无线电通信，其传输是为了大众能够直接接收，所有的广播电台、电视台或有线广播事业和所有的卫星节目以及广播网络服务。该条第一次在国际贸易协定中对"文化产业"进行了明确的界定，USCFTA 的这一定义被其后的 NAFTA 所援用，并且在加拿大后期签订的几乎所有的双边贸易协定和投资协定中得以沿用下去，① 可以说是文化与贸易领域的里程碑。②

2. 文化产业例外（CIE）的规定

USCFTA 第 2005 条第 1 款规定，除了特定情况外，文化产业不受该双边贸易协定的限制。据此，美加两国的文化市场可以不受贸易规则的约束，也就是说，双方对文化产业可以根据需要采取一定的保护措施。然而根据美加两国国内文化产业市场的现实情况——截止到该协议签订前的 1986 年，加拿大的文化市场已经被美国占据了，加拿大文化市场上 75% 的文化产品都是进口的，而其中绝大部分是美国的文化产品③，显然该款主要是针对美国而言的。

由于美国对加拿大文化市场的主导地位，加拿大在与美国的谈判过程中竭力维护保护本国文化市场的合法性，坚持要求文化产业例外。加拿大提出的理由主要有：经济和文化互相作用，其中一个因素的变化会影响另一个④；敏感行业需要国家进行保护，文化之于加拿大就如国家

---

① 例如，1996 年加拿大与厄瓜多尔的双边投资协定；2009 年加拿大与捷克的双边投资协定；2009 年加拿大与约旦的双边投资协定；2009 年加拿大与拉脱维亚的双边投资协定；2012 年加拿大与中国的双边投资协定；2013 年加拿大与贝宁的双边投资协定中均有文化产业例外的规定。

② Rostam J. Neuwirth, "The 'Culture and Trade' Debate from the Exception Culturelle Via Cultural Diversity to the Creative Economy – What's Law Got to Do with It", Paper for Society of International Economic Law (SIEL), 3rd Biennial Global Conference, July 2012.

③ 加拿大 95% 的电影、80% 的非新闻电视、80% 的杂志和 60% 的图书是从美国进口，美国是加拿大文化市场的最大拥有者和生产者。See Jeffrey Simpson, "Living Beside a Cultural and Economic Colossus", New York Times, Aug. 24, 1986, p. 3.

④ A. W. Johnson, "Free Trade and Cultural Industries", in Marc Gold & David Leyton – Brown eds., Trade – Offs on Free Trade: The Canada – U. S. Free Trade Agreement, Toronto: Carswell Legal Publications, 1988, p. 350.

安全之于美国一样，属于敏感行业；美加之间的情况特殊，其使用的语言一致、地缘接近、甚至有共同的遗产，若不保护会完全丧失加拿大文化的独立性。① 而美国则坚持认为文化产品和普通产品没有任何区别，希望在文化产业领域实施贸易自由化。美国将文化限制措施视为一种对自由贸易原则的违反，有学者就提出，由于美国文化产业（版权产业）的规模和影响较大，对文化产业的贸易歧视措施对美国的影响会比其他任何一个国家都要大②。而美国坚持反对的原因除了这一经济因素之外，更大的担心还来自其担心在国际贸易领域确立这样的文化例外可能会对其他双边贸易条约乃至 GATT 乌拉圭回合的谈判产生影响，形成一种"先例价值"。③ 最终在双方的自由贸易协定中的 2005 条第 1 款用概括的措辞规定了文化产业例外，④ 可以看出，如此之结果实际上是美加双方对各自的立场进行了一定程度的妥协。

据此，加拿大国内的文化产业保护政策措施在协议规定的范围内予以合法化，其国内本土文化产业逐渐发展，市场被美国所主导的状况在一定程度上有所改观。与此同时，美国也关注其版权产业因此所受的影响，积极提出一些应对措施，例如提出依据"特别 301"条款对加拿大的相关措施进行审查，以及试图采用报复措施，通过在文化产业领域进行类似立法来限制加拿大对美国文化产业的投资等。⑤

---

① Michael Braun, "Trade in Culture: Consumable Product or Cherished Articulation of a Nation's Soul", *Denver Journal of International Law and Policy*, Vol. 22, No. 1, 1993, pp. 162 – 164.

② Hale E. Hedley, "Canadian Cultural Policy and the NAFTA: Problems Facing the U. S. Copyright Industries", *George Washington Journal of International Law and Economics*, Vol. 28, 1994, pp. 676 – 677.

③ Michael Braun, "Trade in Culture: Consumable Product or Cherished Articulation of a Nation's Soul", *Denver Journal of International Law and Policy*, Vol. 22, No. 1, 1993, p. 160.

④ "Cultural Industries are exempt from the provisions of this Agreement, except as specifically provided in Article 401 (Tariff Elimination), paragraph 4 of Article 1607 (Divestiture of an Indirect Acquisition) and Articles 2006 (Retransmission Rights) and 2007 (Print – in – Canada Requirement) of this Chapter."

⑤ Hale E. Hedley, "Canadian Cultural Policy and the NAFTA: Problems Facing the U. S. Copyright Industries", *George Washington Journal of International Law and Economics*, Vol. 28, 1994, pp. 678 – 682.

3. 文化产业例外（CIE）的例外

根据 USCFTA 第 2005 条第 1 款，不受文化产业例外限制的特定情况有以下四种。

（1）部分文化产品仍适用第 401 条第（2）款（a）项规定，必须降低关税。① 依据第 401 条，规定在附件 401 条第 2 款中的产品必须在 1989 年 1 月 1 日起实施免除关税。因此，部分文化产品例如音像出版物等，仍须减免关税。

（2）加拿大根据其国内法强制征收或强制外资的文化产业出售持股时，必须以公平的市场价格予以补偿。②

（3）须对电视和广播节目的获取和转播权支付报酬。③

（4）加拿大境内的报纸或期刊的广告费用的减税规定，不再要求必须在加拿大境内印制或排版这一条件。④

这些不享有文化产业例外的特定情况主要是针对美国而言的，其中第（3）、（4）对美国的版权产业来说是最重要的。⑤ 由于地理上的接壤，将近 3000 英里的边境上没有阻隔美国电视信号的屏障，几乎 3/5 的加拿大家庭处于美国电视台的信号覆盖范围内。⑥ 依据第 3 项，对这种加拿大"获取"美国广播公司的卫星信号的行为，成员方应当保障邻接权人获得转播酬劳的权利。而截至 USCFTA 通过之时，加拿大的电台和电视台接收美国的广播和电视节目信号并转播，并没有给予美国的

---

① Free Trade Agreement between Canada and the United States of America, Jan. 2, 1988, Art. 401 (2) (a), https://web.archive.org/web/20141206203657/http://www.international.gc.ca/trade-agreements-accords-commerciaux/agr-acc/us-eu.aspx?lang=eng.

② Free Trade Agreement between Canada and the United States of America, Jan. 2, 1988, Art. 1607 (4).

③ Free Trade Agreement between Canada and the United States of America, Jan. 2, 1988, Art. 2006.

④ Free Trade Agreement between Canada and the United States of America, Jan. 2, 1988, Art. 2007.

⑤ Hale E. Hedley, "Canadian Cultural Policy and the NAFTA: Problems Facing the U. S. Copyright Industries", *George Washington Journal of International Law and Economics*, Vol. 28, 1994, pp. 670–671.

⑥ 参见张斌《国际文化贸易壁垒研究》，山东大学 2010 年博士学位论文，第 80 页。

邻接权人以相应的补偿。①

第 4 项的规定要求加拿大修改其《所得税法案》中对享有税收减免的加拿大广告商要求其刊登广告的期刊、报纸等必须是在加拿大境内排版和打印的这一条件。常规来说，第 4 项是限制加拿大对其出版行业的市场准入保护。然而，由于加拿大修改了其《所得税法案》，广告费用的减免要求的条件是期刊、报纸被视为"加拿大期刊"，而这一要求包括的条件不只是在加拿大境内排版和印刷。因此对美国来说，尽管加拿大免除了广告费用税收减免所要求的印刷地原则，但是美国公司仍然需要受到"加拿大期刊"这一标准的限制以及其他诸多限制，这些税收、关税和规则等，是引发后来美加期刊案中有关"分销期刊"争议的导火索。②

4. 文化产业例外（CIE）的限制

此外，值得注意的是，第 2005 条第 2 款规定，虽然具有上述规定，该协议的任何一方可以采取具有同等商业效果的措施对协议另一方的文化例外行为进行报复。③

由此可知，作为首先规定文化产业例外的双边协议，尽管 USCFTA 明确提出了"文化产业例外"，但是规定得较为笼统，也附加了诸多限制条件。此外，由于报复措施的允许，其对文化产业的保护效果实际上大打折扣。加拿大期刊案即是证明，尽管争端发生在美国和加拿大之间，但是由于当事方具有选择的权利，作为起诉方的美国选择在没有规定文化产业例外的 WTO 提起诉讼，其诉求最终全部获得了上诉机构的支持。④

---

① See Nancy K. Weisberg, "Canadian Signal Piracy Revisited in Light of United States Ratification of the Free Trade Agreement and the Berne Convention: Is This a Blueprint for Global Intellectual Property Protection", *Syracuse Journal of International Law and Commerce*, Vol. 16, 1989, p. 169; Lynn M. Robinson, "Satellite Piracy in the Great White North: Can U. S. Broadcasters Protect Themselves Against Unauthorized Retransmission of Their Signals by Canadian Cable Systems", *Syracuse Journal of International Law and Commerce*, Vol. 15, 1988, p. 103; Evan D. Carb, "Copyright Compensation for the Canadian Use of American Broadcast Signals on Cable", *Syracuse Journal of International Law and Commerce*, Vol. 12, 1985, p. 359.

② Hale E. Hedley, "Canadian Cultural Policy and the NAFTA: Problems Facing the U. S. Copyright Industries", *George Washington Journal of International Law and Economics*, Vol. 28, 1994, p. 672.

③ Free Trade Agreement between Canada and the United States of America, Jan. 2, 1988, Art. 2005. 2, https://web.archive.org/web/20141206203657/http://www.international.gc.ca/trade-agreements-accords-commerciaux/agr-acc/us-eu.aspx?lang=eng.

④ 关于该案涉及的 FTA 与 WTO 争端解决机制之间的关系，将在本书第五章进行论述，此处不赘。

(二) NAFTA 中的文化产业例外

《北美自由贸易协定》(NAFTA)① 中的"文化产业例外"条款源于《美加自由贸易协定》。在 NAFTA 谈判过程中，加拿大要求其他成员方接受"文化产业例外"，并将此作为加入 NAFTA 的前提。NAFTA 的最终文本中承袭了 USCFTA 的"文化产业例外"条款，作为其第 2106 条、2106 条附件以及第 2107 条。因此，NAFTA 关于"文化产业例外"的规定和对"文化产业"的界定的内容，与 USCFTA 中的规定基本一致。

1. 文化产业的定义

NAFTA 中关于文化产业例外的相关规定在第八部分"例外"中，其中对文化产业的界定规定在第 2107 条②，内容与 USCFTA 中基本一致，只是在措辞上将"文化产业系指从事如下活动的企业……"中的"企业"(an enterprise) 改成了"自然人"(persons)。

2. 文化产业例外 (CIE) 及限制

根据 NAFTA 第 2106 条以及第 2016 条附件③，关于文化产业的措施（除了第 302 条的关税减免之外）和具有同等商业影响的报复措施，适用《美加自由贸易协定》中的规定。因此，NAFTA 中"文化产业例

---

① "North American Free Trade Agreement", Dec. 17, 1992, https://www.trade.gov/north-american-free-trade-agreement-nafta.

② North American Free Trade Agreement, Dec. 17, 1992, Art. 2107, https://www.trade.gov/north-american-free-trade-agreement-nafta. "Cultural industries means persons engaged in any of the following activities: (a) The publication, distribution, or sale of books, magazines, periodicals or newspapers in print or machine; (b) Readable form but not including the sole activity of printing or typesetting any of the foregoing; (c) The production, distribution, sale or exhibition of film or video recordings; (d) The production, distribution, sale or exhibition of audio or video music recordings; (e) The publication, distribution or sale of music in print or machine readable form; or radio communications in which the transmissions are intended for direct reception by the general public, and all radio, television and cable broadcasting undertakings and all satellite programming and broadcast network services."

③ North American Free Trade Agreement, Dec. 17, 1992, Art. 2106, Annex 2106, https://www.trade.gov/north-american-free-trade-agreement-nafta. "Annex 2106 applies to the Parties specified in that Annex with respect to cultural industries." Annex 2106 "Notwithstanding any other provision of this Agreement, as between Canada and the United States, any measure adopted or maintained with respect to cultural industries, except as specifically provided in Article 302 (Market Access – Tariff Elimination), and any measure of equivalent commercial effect taken in response, shall be governed under this Agreement exclusively in accordance with the provisions of the Canada – United States Free Trade Agreement. The rights and obligations between Canada and any other Party with respect to such measures shall be identical to those applying between Canada and the United States."

外"（CIE）的内容基本与 USCFTA 中的相关规定一致。

但是二者在涵盖范围上有所不同——USCFTA 未将知识产权及所有的服务业贸易都纳入规范，而 NAFTA 则包含了这些内容。那么，对于知识产权及那些未被 NAFTA 涵盖的服务贸易，是否也可以通过《美加自由贸易协定》采取反制措施，尚存疑虑。①

3. 适用对象

依据第 2106 条及其附件，NAFTA 中"文化产业例外"条款仅适用于加拿大与美国、加拿大与墨西哥以及加拿大与其他以后加入协定的成员国之间。而不适用于加拿大以外的其他两个成员国之间，即美国和墨西哥之间没有"文化产业例外"条款的限制。

综上，《北美自由贸易协定》的"文化产业例外"条款的立法具有里程碑式的作用，对加拿大文化产业的发展无疑产生了积极影响。但是它有诸多限制，并且适用范围有限——它仅是区域贸易协定中的条款，并且，即使是在成员国内部，它的适用范围也有限，而非在该区域贸易协定的任何当事方之间都适用。因此可以说，尽管在加拿大的双边和区域贸易协定中确立了"文化产业例外"的规则，但是其对文化产业的保护还不够完全。这一文化产业例外规则还有继续发展和完善的空间。

三 RTAs 和 FTAs 中关于文化产业例外的新发展

尽管在乌拉圭回合中欧盟和加拿大提出的"文化例外"主张失败，但是在多哈回合的进程中，无论是成员方还是理论界都没有停止对这一问题的讨论。在《文化多样性公约》通过之后，有学者指出，鉴于 WTO 成员方大部分对保护文化多样性予以关注，这一问题应当在 WTO 中得以彰显。为了在 WTO 框架中凸显文化多样性的重要性，有必要修改 GATT 和 GATS 的规定，应当在现有的公共利益例外中增加如环境和公共健康那样的文化例外。② 然而时隔十年，以 WTO 为代表的多边贸

---

① 张骞：《国际文化产品贸易法律规制研究》，中国人民大学出版社 2013 年版，第 134 页。

② Anke Dahrendorf, "The Legal Relationship between WTO rules and the UNESCO Convention on the Protection and Promotion of the Diversity of Cultural Expressions", *Maastricht Faculty of Law Working Paper*, Vol. 11, 2006, p. 38.

易体制的谈判进入停滞期,各种区域贸易组织如雨后春笋,方兴未艾。支持或反对文化例外的战场已然从 WTO 转向了 FTAs,有关文化例外的规则呈现碎片化的趋势。尽管 FTA 中对文化例外的规定不多,但还是可以从中看出一些端倪。以欧盟和加拿大为代表的文化例外支持方继续在 FTA 中推行其立场和主张;与此相对,美国依然是贸易自由化的拥趸,坚定地要求视听产业贸易自由化。

(一) 支持文化产业例外

1. 加拿大

加拿大在此后的双边贸易协定①和投资协定中,基本上均包括了与 USCFTA 和 NAFTA 中内容一致的文化产业例外条款。由此看出,尽管"文化例外"的尝试在 WTO 中失败,但是加拿大在双边贸易协定中将其文化产业例外的立场予以坚持并且发扬。

2. TTIP 中欧盟的立场

美国与欧盟于 2013 年启动的《跨大西洋贸易与投资伙伴关系协定》(Transatlantic Trade and Investment Partnership,TTIP)是令人瞩目的另一个贸易协定。迄今为止,美欧之间已经举行了数轮谈判,目前谈判仍旧在进行之中。相比 TPP,美欧实力悬殊较小,相对而言更容易达成高规格的服务贸易协议,势必会逐渐约束服务贸易补贴行为。

值得注意的是,美欧之间关于视听产品和文化产业的冲突历史由来已久,这也将会是双方谈判的重点领域。欧盟在谈判中提出了对视听产业和文化产业的保留,指出贸易措施不能影响其一直以来的文化政策目标。②而美国近些年在文化产业领域将目标转向了数字化文化产品,与之相关的内容更多地体现在通信服务和电子商务的规定中。美欧之间对此将在何种程度上妥协、将达成何种内容的协议,值得关注。

---

① 例如,《加拿大与以色列双边贸易协定》(Canada – Israel Free Trade Agreement)第 10 条第 5 款、6 款;1997 年《加拿大与智利双边贸易协定》(Canada – Chile Free Trade Agreement)O – 06、O – 07 条以及附件 O – 06 条;1996 年《加拿大与厄瓜多尔促进和互相保护投资协定》中第 6.3 条规定的文化产业例外,及第 1 条对文化产业的定义;2014 年《中华人民共和国政府和加拿大政府关于促进和相互保护投资的协定》第 33 条。

② European Parliament, *European Parliament Resolution of 23 May 2013 on EU Trade and Investment Negotiations with the United States of America* (2013/2558 (RSP)), May 2013.

（二）反对文化产业例外

1. 美国

美国目前已经与包括澳大利亚、韩国、新加坡、智利等在内的 24 个国家达成或者即将达成自由贸易协定。在这些自由贸易协定中，均包括了视听产业自由化条款。以美澳自由贸易协定为例，允许澳大利亚对视听产品维持现有的数量限制，但是不允许再增加。澳大利亚也不能够再引入新的限制，并且在新媒体服务的内容限制领域享有的决定权更有限。① 在美国与智利的自由贸易协定中，美国只允许文化产业的几项例外。② 在美国与摩洛哥的自由贸易协定中甚至没有规定文化例外规则③。尽管这些自由贸易协定的目标是全球贸易领域的公平竞争，其也强调一国政府必须采取公开和透明的规则制定程序，同时在一些领域实施非歧视的法律法规，包括文化领域的内容限制的消除。④ 面对美国的压力，与之谈判的国家除了以促进国内市场发展的名义放开其国内文化市场自由化之外别无选择。⑤

2. TPP

2015 年 10 月 5 日，美国与澳大利亚、加拿大、日本、马来西亚等共 12 个国家结束了 TPP 谈判，达成了基本协议。这意味着将美国主导的国际贸易新秩序从双边层面拓展到多边层面，是迄今为止标准最高的贸易协议，具有深远影响。

TPP 并没有把视听服务和文化产业单独列出来进行讨论，而是采用与其他领域一样的负面清单模式，这意味着成员国的市场完全向外国投资者开放（除非在两个国别的附件中列明不符措施），视听部门必须要

---

① Des Freedman, "Media Policy – Making in The Free Trade Era: The Impact of The GATS Negotiations on Audiovisual Industries", in Sylvia Harvey, *Trading Culture: Global Traffic and Local Cultures in Films and Television*, John Libbey Publishing, 2006, p. 28.
② The United States – Chile Free Trade Agreement, January 1, 2004, https://ustr.gov/trade – agreements/free – trade – agreements/chile – fta.
③ The United States – Morocco Free Trade Agreement, June 15, 2004, https://ustr.gov/trade – agreements/free – trade – agreements/morocco – fta.
④ United States – Korea Free Trade Agreement (KORUS FTA), June 30, 2007, https://ustr.gov/trade – agreements/free – trade – agreements/korus – fta.
⑤ Dal Yong Jin, "A critical analysis of US Cultural policy in the Global film market: Nation – states and FTAs", *The International Communication Gazette*, Vol. 73, No. 8, 2011, pp. 651 – 652.

受到自由贸易规则的约束。这将大大促进美国与日本、新西兰、越南、马来西亚、文莱5个过去没有与之缔结自由贸易协定的国家之间的视听服务贸易。不同于上述WTO、NAFTA、TTIP，TPP的这一做法表明，文化没有例外。① 即使是一贯坚持"文化例外"的加拿大，在TPP谈判中也放弃了一直以来坚持的主张。而可以预见的是，新成员在加入TPP时，重提"文化例外"也几乎是不可能的。TPP必将成为美国今后签署双边和多边区域贸易协议的范本，这对已经和将要与美国开展自贸区协定谈判的国家采取文化政策措施保护视听市场将形成一定的挑战。

第二节 贸易规则中的一般例外条款

一 文化产业与一般例外条款

"无论是关贸总协定还是各项乌拉圭回合协定，一个显著的特点是：每个法律文件均含有大量的例外条款，其数量和种类之多，是其他国际条约所罕见的。"② WTO法领域专家J. H. Jackson教授也曾形象地将多边贸易体制比喻为"例外的迷宫"③。其中，最重要的例外条款④之一是被冠以"一般例外"（general exceptions）标题的"一般例外条款"⑤，具体来说在WTO体系下即GATT第20条和GATS第14条。一

---

① 李墨丝：《视听服务市场准入法律制度研究》，法律出版社2015年版，第241页。
② 曾令良：《世界贸易组织法》，武汉大学出版社1996年版，第15页。
③ John H. Jackson, *World Trade and The Law of GATT*, Bobbs–Merrill Company Inc., 1969, pp. 533–534.
④ 广义的WTO例外条款，是指在WTO协议中准许各成员政府在特定情况下撤销或者停止履行其协议规定的正常义务，以保障某种更重要的利益，范围包括反倾销、反补贴、国际收支例外、建立幼稚工业、保障措施、豁免、一般例外、安全例外以及区域经济一体化等有关的例外条款；狭义的例外条款，是指在WTO协议中的若干规定，在这些规定中，允许各成员政府在条约的正常实施中，当条约规定的特定情形出现时暂时停止实施其根据WTO协议所承担的条约义务，范围包括国际收支例外条款、保障措施条款、一般例外条款和安全例外条款。详见陈卫东：《WTO例外条款解读》，对外经济贸易大学出版社2002年版，第1—3页。
⑤ 从广义上说，在GATT/WTO时期，基于GATT1947第20条发展形成的若干协定、协议或条款，如《实施卫生和植物卫生措施协议》《技术性贸易壁垒协议》中的相关条款，《与贸易有关的知识产权协定》相关条款等，也可以纳入一般例外条款的研究范畴。详见陈卫东：《WTO例外条款解读》，对外经济贸易大学出版社2002年版，第195页。

般例外条款设立的目的,一方面是允许成员方能够在特定情形下,为维护本国的重大利益而寻求特定国内措施的免责;另一方面,是为了确保援用方善意行使该权利,同时尊重其他成员方在 WTO 下的实体性权利,不能破坏或侵蚀多边贸易体制的稳定性、完整性、可预见性和安全性。① 在 WTO 实践中,成员对一般例外条款的援用经历了由"甚少援用"到"积极使用"的变化,而 DSB 对待该条款的态度,也经历了从严格解释适用条件、坚持"贸易自由化优先",到有利于一般例外条款援用方的变化。②

在 WTO 一般例外条款中,与文化产业具有一定相关性的是 GATT 第 20 条第(1)款"为维护公共道德所必需的措施"、GATS 第 14 条第 1 款"为保护公共道德或维护公共秩序所必需的措施",即公共道德(public morals)例外;以及 GATT 第 20 条第(6)款"为保护本国具有艺术、历史或考古价值的国宝所采取的措施",即国家珍宝例外。尽管这两条条文的字面用语并没有直接提到文化产业,这两款是否能够作为文化产业的抗辩在学界也有争议③,但是本书认为,可以尝试通过扩大解释的方法使二者发生可能的联系。④

GATT 第 20 条在结构上可以分为两个部分,第一部分是前言(Chapeau),主要规定对各具体的例外措施适用的要求。⑤ 第二部分是各单项例外,主要规定了一般例外条款下的各单项例外措施。因此,在 WTO 实践中适用第 20 条要同时遵守前言和各单项例外的规定。

---

① 参见曾令良、陈卫东《论 WTO 一般例外条款(GATT 第 20 条)与我国应有的对策》,载《法学论坛》2001 年第 4 期,第 33 页;陈卫东《WTO 例外条款解读》,对外经济贸易大学出版社 2002 年版,第 199 页。

② 参见陈卫东《WTO 例外条款解读》,对外经济贸易大学出版社 2002 年版,第 200—204 页。

③ Christoph Beat Graber, "Audiovisual Media and the Law of the WTO", in Christoph Beat Graber, Michael Girsberger & Mira Nenova eds., *Free Trade versus Cultural Diversity*, Schulthess: Zürich, 2004, p. 50.

④ Rostam J. Neuwirth, "The 'Cultural Industries': A Clash of Basic Values? A Comparative Study of the EU and the NAFTA in Light of the WTO", *European Diversity and Autonomy Papers* 2004, No. 4, p. 13.

⑤ "本协定的规定不得解释为禁止缔约方采用或加强以下措施,但对情况相同的各国,实施的措施不得构成武断的或不合理的差别待遇,或构成对国际贸易的变相限制。"

二 公共道德例外条款的可适用性

（一）公共道德例外的含义与适用

GATT 第 20 条第 1 款和 GATS 第 14 条第 1 款均规定了公共道德例外的内容。GATT 第 20 条第（1）款的内容是："为维护公共道德所必需的措施。" GATS 第 14 条第 1 款的内容与 GATT 高度相似，只是加入了"公共秩序"这一概念，并通过注释"只有在社会的某一根本利益受到真正和足够严重的威胁时，方可援引公共秩序"将其与公共道德进行区分。

然而，对于"公共道德"的含义，在法律条文中并未明确定义。在该款的适用与解释中，WTO 争端解决机制将发挥核心作用。GATT/WTO 的实践也表明，争端解决机制有能力防止一般例外的泛滥。①

公共道德例外能否适用于文化产业，成为为文化政策措施进行抗辩的依据？在文化产业领域第一次正式援用该条款作为抗辩的中美出版物案发生之前，理论界对此问题的观点分为两种：一是认为可以作为援引的理由；就连美国在服务贸易委员会的特别会议做出的一个关于视听产业及相关服务的建议中也曾指出，一般例外规则，例如 GATT 第 20 条第（1）款和 GATS 第 14 条第 1 款规定的"公共道德"例外可以为成员方提供一种保障，是 WTO 现有贸易规则中"考虑视听行业的特别文化属性"的方法之一。② 美国的立场主要是追求视听领域尤其是数字化视听服务的贸易自由，反对以一种全有或全无的方式（all‐or‐nothing）对待视听服务，主张在追求文化目的的基础上实施一种对贸易影响最小的措施。然而，亦有学者认为，GATT 第 20 条第（1）款和 GATS 第 14 条第 1 款规定的"公共道德"例外不能作为文化政策措施的依据。③ 中美出版物案之后学者的观点发生了一定的变化，将在下一部分内容详述，此处不赘。

---

① 曾令良、陈卫东：《论 WTO 一般例外条款（GATT 第 20 条）与我国应有的对策》，载《法学论坛》2001 年第 4 期，第 45 页。

② WTO, *Communication from the United States—Audiovisual and Related Services*, Council for Trade in Services, S/CSS/W/21, Dec. 18, 2000, para. 8.

③ See Christoph Beat Graber, "The New UNESCO Convention on Cultural Diversity: A Counterbalance to The WTO", *Journal of International Economic Law*, Vol. 9, No. 3, 2006, p. 568.

在现有 WTO 体制中缺乏明确的"文化产业例外"的情况下，可以尝试将公共道德例外作为抗辩的理由，只是需要满足一定的条件。由于 WTO 规则中没有对何为公共道德进行明确定义，公共道德的含义需要在实践中得以明确和发展。迄今为止，与公共道德例外有关的案件有三个，其中两个提到了文化，最重要的是中美出版物案，直接涉及文化产业的公共道德例外。① 根据 DSB 实践，要成功援引 GATT 公共道德例外条款作为违反 WTO 实体义务的抗辩事由，必须同时符合以下三个条件：一是有关措施是为了保护公共道德，在这里需要明确公共道德的含义；二是要满足"必要性"条件，即该措施是为实现相关政策目标所"必需"的；三是满足 GATT 第 20 条序言的要求。②

（二）DSB 实践中公共道德的含义

美国博彩案中涉及对公共道德含义的论述。该案专家组认为："有很多因素与 GATS 第 14 条中的'公共道德''公共秩序'相关，其内涵随时间和地域的变化而变化，会受包括主流的社会、文化、伦理和宗教价值在内的一系列因素的影响。"③ 虽然没有明确界定"公共道德"的含义，不过值得注意的是，专家组的这一界定中提到了这一例外与文化价值有关。

中美出版物案涉及中国对阅读材料、音像制品、录音制品、供影院放映的电影等产品的进口和/或在中国的分销措施。美国就中国的以下措施向专家组提出了诉请：①中国未把贸易权授予在中国的企业、外国企业、个人，违反了《中国入世议定书》和《中国加入工作组报告》项下中国的义务；②中国对外国服务提供者拒绝市场准入以及歧视的措施，分别违反了 GATS 第 16 条、第 17 条项下的具体承诺；③同国内产品相比，其实进口产品，违反了 GATT 1994 第 3 条第 4 款。对于除了适用于发行的影院影片和以出版物形式的 AVHE 措施之外，中国的反驳理

---

① 该案是 WTO 实践中第一个基于文化理由而依据公共道德例外进行抗辩的案例，对 WTO 文化与贸易这一议题意义重大。专家组和上诉机构在该案件中的分析，为今后文化产品在同类案件中依据公共道德例外进行抗辩提供了有价值的参考。

② 陈卫东、石静霞：《WTO 体制下文化政策措施的困境与出路——基于"中美出版物和视听产品案"的思考》，载《法商研究》2010 年第 4 期，第 56 页。

③ WTO, *Panel Report on United States – Measures Affecting the Cross Border Supply of Gambling and Betting Services*, WT/DS285/R, Nov. 10, 2004, para. 6.461.

由是，涉案措施符合 GATT 第 20 条（a）项。该案中关于公共道德的界定方法，专家组和上诉机构援引了美国博彩案中认为一个不断发展的标准，赋予其宽松的和广义的解释，不被时间和地点束缚的。

也就是说，可以认为专家组和上诉机构认同文化产品与公共道德具有一定的相关性。但是由 DSB 实践可以看出，援引该例外时，DSB 关注的焦点是相关的争议措施与保护公共道德之间的联系，并非公共道德的含义。

（三）"必要性"标准的认定

对"必要性"问题，DSB 中涉及例外条款的案件多次进行过解释，并确定了必要性条件下的举证责任规则。即由援引例外条款的一方（被诉方）承担证明其措施对于实现有关目标所"必需"的责任；被诉方并无责任主动证明不存在合理可用的实现其目标的替代措施，在起诉方提出了替代措施且认为被诉方本应采取该措施时，被诉方有义务证明为什么在替代措施存在的情况下争议措施仍然是"必需"的，或为什么替代措施实际上并非合理可用。①

中美出版物案中，对"必要性"的认定是该案中双方对 GATT 第 20 条（a）项可适用性争议的焦点。专家组和上诉机构均主要从三个方面认定"必要性"：①中国的措施对保护公共道德的作用；②中国措施的贸易限制效果；③中国是否有合理的可以替代措施。

笔者认为，在"必要性"的认定中应当重点关注有无文化因素的考量，如果有，证据的证明力如何体现这两个问题。有学者从发展中国家利益的角度指出，在中国音像制品案中上诉机构援引了美国博彩案，可是该案为了鼓励发展中国家参与，作出了对安提瓜有实质意义的裁决。而在中国音像制品案中，中国作为发展中国家，其利益却未得到支持。② 对此观点，笔者认为，DSB 背后的考量因素实在难以把握，排除这些因素不论，单就应诉策略来说，由该案中国援引 GATT 公共道德例外条款的失败的过程不难看出，证据尤其是直接针对焦点问题的量化证

---

① 陈卫东、石静霞：《WTO 体制下文化政策措施的困境与出路——基于"中美出版物和视听产品案"的思考》，载《法商研究》2010 年第 4 期，第 56 页。

② 彭致强：《GATS 一般例外条款实证研究——以公共道德和公共秩序为视角》，载《经济法论坛》2015 年第 1 期，第 20 页。

据在 DSB 程序中的重要性。① 而中国若希望在文化产业领域成功援引公共道德例外，在这一方面亟待加强，这一点值得我国理论和实践予以关注。

三　国家珍宝例外的可适用性

（一）GATT 国家珍宝例外的含义及其对核心文化产业的可适用性

GATT 第 20 条第 6 款为保护具有艺术、历史或考古价值的国家珍宝而采取的措施规定了一项例外，一般被称为"国家珍宝"例外。GATS 中的一般例外没有相应的条款。目前为止，该条未在 WTO 争端解决机制中遇到解释的问题。但是，正如有学者指出的那样，该例外可以适用于一国旨在对其国内某些构成电影遗产的电影实施的、旨在保护电影的、包括补贴措施在内的文化政策措施。②

有学者认为，GATT 第 20 条第 6 款规定的"国家珍宝"例外在保护现代性文化艺术表达上没有实际价值③。因为"国家珍宝"在国际法上一般是指那些具有一定历史年代的、显著的艺术和建筑④，例如欧盟在其关于文物返还的指令中要求该指令保护画作须具有五十年以上的历史⑤。而电影、电视节目、计算机游戏和其他具有现代创造性的文化产品可能不符合这一款保护标准。⑥ 而其中，与视听产业具有可能相关性的是 UNESCO《文化财产公约》和《国际私法协会关于被盗或者非法

---

① 刘瑛：《GATT 第 20 条（a）项公共道德例外条款之研究——以"中美出版物和视听产品案"为视角》，载《法商研究》2010 年第 4 期，第 40 页。

② Bonnie Richardson, "Hollywood's Vision of a Clear, Predictable Trade Framework Consistent with Cultural Diversity" in Christoph Beat Graber, Michael Girsberger & Mira Nenova eds., *Free Trade versus Cultural Diversity*, Schulthess：Zürich, 2004, p. 117.

③ Christoph Beat Graber, "The New UNESCO Convention on Cultural Diversity：A Counterbalance to the WTO", *Journal of International Economic Law*, Vol. 9, No. 3, 2006, p. 568.

④ Christoph Beat Graber, "The New UNESCO Convention on Cultural Diversity：A Counterbalance to the WTO", *Journal of International Economic Law*, Vol. 9, No. 3, 2006, p. 568.

⑤ EU, *Council Directive 93/7/EEC of 15 March 1993 on the Return of Cultural Objects Unlawfully Removed from the Territory of a Member State*, O. J. L 74, March 27, 1993.

⑥ Cottier Thomas, "Die völkerrechtlichen Rahmenbedingungen der Filmförderung in der neuen Welthandelsorganisation WTO – GATT", *Zeitschrift für Urheberund Medienrecht Sonderheft*, Vol. 38, 1994, p. 751, see from Christoph Beat Graber, "The New UNESCO Convention on Cultural Diversity：A Counterbalance to the WTO", *Journal of International Economic Law*, Vol. 9, No. 3, 2006, p. 569.

出口文物的公约》中的"电影档案",确认电影档案是可以由国家指定为"具有考古、历史、或艺术重要性"的文化财产的一种类型。① 因此,从希望保护本国文化产品的角度,尤其是视听产品的角度,鉴于"国家珍宝"范围的有限性,援用这一例外为本国文化政策措施进行抗辩成功的可能性非常小。

但是,本书认为,鉴于文化产业的范围广泛,前述联合国对文化产业的通行定义包括文化遗产在内,而这一部分是可以符合国家珍宝要求的。因此可以作为文化产业中属于核心文化产业那一部分范围的抗辩条件。对文化遗产的文化政策措施,很难与贸易问题相互联系,因而也没有讨论的必要性。但即使与贸易相关,对这些行业实施补贴以及其他文化政策措施,可以尝试援用国家珍宝的例外,也是很难与贸易规则相冲突的。此外,在 GATT 第 20 条的适用上,如前所述,DSB 认定的关键在于并不是所有的例外条款都有"必要性"的要求,只有 GATT1994 第 20 条第 1、2、4 款中对必要性的要素进行了"必需"的规定。因此,这一条适用于文化产业中可以构成"国家珍宝"范围的门类时不必要认定"必要性"。综上,对于核心文化产业的文化遗产进行补贴,假设与贸易问题相关,援用 GATT 第 20 条第 6 款的例外进行抗辩是具有比较大的可行性的。

(二) FTA 中国家珍宝例外的新发展

2008 年 4 月 7 日,中国与新西兰签订自由贸易协定②。协定的第 200 条规定了一般例外,其中第三款规定:"为本协定之目的,在相同条件下,不构成恣意或不合理的歧视手段,且不对货物或服务贸易或投资构成变相的限制的前提下,本协定的任何规定不得解释为阻碍一方采取或执行必要措施保护具有历史或考古价值的国家作品或遗址,或支持具有国家价值的创造性艺术。"

与 GATT1994 第 20 条 f 项的"国家珍宝例外"相比,这一规定在

---

① 详见 1970 年 UNESCO《文化财产公约》第 3 条;1995 年《国际私法协会关于被盗或者非法出口文物的公约》第 2 条附件。

② Free Trade Agreement Between the Government of the People's Republic of China and The Government of New Zealand,(April 7, 2008), Art. 200, http://fta.mofcom.gov.cn/topic/ennewzealand.shtml.

用语上不再使用"national treasure",而是把"具有艺术性、历史性或考古性的国家珍宝"细分为"具有历史或考古价值的国家作品或遗址"和"具有国家价值的创造性艺术"。此外,该协定还在注释中对"创造性艺术"的概念进行了界定①。本书认为,这一对创造性艺术的界定,与文化产业的范围有一定的重合之处,这一界定有助于为文化产业中的具有国家价值的创造性的艺术作品援用一般例外提供依据。

本章小结

文化产业补贴的例外规则可以作为文化产业补贴问题的抗辩理由。本章主要论述的是整体上的"文化例外"和贸易规则中的一般例外条款。首先,系统地梳理了国际法中从"文化例外"到"文化产业例外"(CIE),以及从"文化例外"到"文化多样性"的发展历程,前者是区域贸易协定中的新发展,而后者是在贸易领域之外关于文化的尝试和努力。贸易与文化之争由来已久,可以追溯到20世纪20年代美欧之间关于电影贸易的争议,发展于20世纪60年代关于电视节目性质的争议,在此基础上酝酿出了乌拉圭回合谈判中正式提出的"文化例外"的主张,并一直持续到现在。现阶段文化与贸易之争,更加关注数字化时代的新特征,美国也将利益触角伸向了这一新领域,积极主张电子商务领域的贸易自由化。双方在TTIP谈判中对文化产业的分歧尤其是文化产业补贴的分歧将会是双方谈判的重点领域。从这一过程可以看出关于文化产业,分成了支持贸易的一方和支持文化的一方这两大阵营,而双方的利益博弈和妥协无处不在。而美欧之间对于TTIP的谈判在这一领域将在何种程度上妥协、将达成何种内容的协议,值得关注。在这一背景基础之上,本书发现,尽管"文化例外"在WTO中的主张失败,但是"文化产业例外"得以实施并在FTAs中发展。同样,尽管《文化

---

① 包括:表演艺术——包括戏剧、舞蹈和音乐——视觉艺术及手工艺品、文学、影视、语言艺术、创造性在线内容、本土传统习俗及现代文化表达、数字互动媒体及混合型艺术作品,包括使用新技术超越相互分离的艺术形式分类的艺术。该用语涵盖了对艺术进行表演、表现及翻译的行为,以及对这些艺术形式及行为进行的研究和技术发展。

多样性公约》对解决贸易与文化之争的意义有限，但是支持和保护文化多样性这一倡导，对成员方保护文化表达和文化多样性还是具有重要意义。虽然"文化产业例外"的规定由于其内容限制较多、适用范围狭窄，因而还有一些不足之处。但是需要看到的是，在文化与贸易的漫长争议中，其解决方法也不可能一蹴而就，完全支持文化保护在现阶段也显得不现实，而这种发展就是可贵的进步。

本章通过对贸易领域一般例外条款的分析，尽管从 WTO 实践的历史来看，贸易规则一般例外条款的援用成功率很低，适用的条件比较严格。但是正如有学者研究的那样，该条款也在逐渐变化中，若对该条款的具体要求把握得当，对文化产业而言是具有援用的可能性的。并且由于目前文化产业在 WTO 规则中没有明确的例外规则，因此这也是文化产业尝试在 WTO 框架中寻求例外的连接途径。本书从理论上探讨了文化产业具有主张贸易规则的一般例外的可行性，认为其中与文化产业密切相关的包括公共道德例外和国家珍宝例外条款，文化产业可以考虑援引。通过对 WTO 规则及其实践的考察，发现"公共道德"的适用关键在于"必要性"的认定，而 DSB 在认定"必要性"的过程中尚未发现基于文化的特殊考量因素，因而公共道德例外的关键还在于诉讼过程中提出针对焦点问题的具有较强证明力的证据，以证明相关文化产业符合"公共道德"。与此同时，"国家珍宝"例外可以解释为对那些构成国家珍宝要求的文化产业门类予以适用，此外，该例外条款在 FTA 中的新发展使用了"具有国家价值的创造性艺术"，相对而言扩大了 WTO 一般例外规则中"国家珍宝"的范围，也表明其具有适用于文化产业核心部门的可能性。

第五章

文化产业补贴相关规则的
冲突及其解决

　　由于国际社会没有一个统一的"国际立法机关",在众多国家和国际组织制定法律的情况下,国际法体系处于分散的状态。这一现象伴随着国际法主体之间缔结的双边和多边协定的数量增加变得更加明显。国际法委员会(International Law Commission,ILC)在2002年工作议程中引入了"国际法的碎片化"这一议题,正是因为关注到国际法逐渐充满冲突的情况。[①] 文化产业补贴的相关规则,从内容上看,涉及文化法、贸易法等领域的内容;而依据规则的参与者的不同来看,又可以分为国际公约、区域协定、双边协定等。这些规则之间可能会产生一定的冲突,例如 UNESCO《文化多样性公约》与 WTO 规则中关于补贴的规定可能存在不一致的情况,当争端双方都是二者的成员方或者缔约国时,这两个规则该如何适用?又如,近年来随着 FTAs 和 RTAs 的数量增多,区域贸易协定和 WTO 多边贸易协定之间不可避免地会发生管辖权冲突和挑选法院的现象,加拿大期刊案就是一个很好的例子。面对这些可能的冲突,文化产业补贴领域研究有必要对相关规则的冲突和协调做出阐释,其中包括管辖权的冲突与协调,以及法律适用上的冲突与协调。而在这些冲突的背后,可以说究其本质,是立法目标的冲突以及不同国家在文化产业领域利益的冲突。因此,本章内容试图跳出规则本身,从宏观和整体上分析文化产业补贴规则的冲突与协调问题。这无论

---

　　① UN, *Report of the International Law Commission on Fifty – sixth session* (3 May – 4 June and 5 July – 6 August 2004), Genaral Assembly Official Records, 56th session, Supplement, No. 10 (A/57/10), 2004, pp. 321 – 339.

是对本书研究的文化产业补贴规则还是"文化与贸易"这一议题来说，都具有重要的意义。

第一节　冲突的表现和实质

一　冲突的表现

国际法上关于"规则冲突"的定义并未在规范性法律文件中明确，一直以来理论上也有争议。一般来说，有广义和狭义之分。广义的冲突指的是权利规则与义务规则的冲突；狭义的冲突仅指义务规则的冲突。根据有关学者的研究，狭义的规则冲突的定义最早是由 Wilfred Jenks 提出的①，其认为只有在不能同时遵守不同规则确立的义务之情形下，才发生造法性条约的冲突。② 持广义观点的学者代表是鲍威林，其认为这种狭义的定义方式会导致规则冲突的论述仅围绕一种形式的冲突展开，会忽略一些复杂的潜在的方式。由于国际法规则中关于"权利"的规定同"义务"规定一样重要，因而从最广义的角度将其界定为"违反一项规则已经或可能引起违反另一项规则的情形"。③ 这一广义的界定也为国际法委员会所赞同。④ 本书亦采用广义上规则冲突的定义，以便讨论的全面。从冲突的表现来看，主要包括以下两种形式。

（一）规则的冲突

1. 规则冲突的内容

如本书第三章所述，文化产业补贴在《文化多样性公约》、WTO 相关规则以及人权法领域中的两个公约的规则下，由于不同领域的着眼点不一致，对其要求的条件也不一样。根据前述分析，本书认为，在贸易

---

① 廖诗评：《条约冲突基础问题研究》，法律出版社 2008 年版，第 8 页。
② Wilfred Jenks, "The Conflict of Law‐Making Treaties", *British Yearbook of International Law*, Vol. 30, 1953, p. 426.
③ Joost Pauwelyn, *Conflict of Norms in Public International Law: How WTO Law Relates to Other Rules of International Law*, Cambridge University Press, 2005, pp. 169–200.
④ UN, *Report of the Study Group of the ILC on Fragmentation of International Law: Difficulties Arising from the Diversification and Expansion of International Law*, A/CN.4/L.682, Apr. 13, 2006, pp. 24–25.

法领域，符合 WTO 规则的补贴是需要具备一定条件的，笼统地认为对文化产品的补贴是符合 WTO 说法可能是不准确的。由于历史的原因，WTO 体制内货物贸易规则和服务贸易规则的差别较大，货物贸易领域的自由化程度较高。总体来说，在 GATT 中，需符合国民待遇原则第 3 条第 8 款例外的条件和《SCM 协定》的条件；在 GATS 中，虽然缺乏如货物贸易领域那样明确的补贴规则，但是应当符合一国在 GATS 中关于国民待遇和市场准入的承诺，以及考察是否做出了有关文化产品补贴的最惠国待遇豁免的例外。在文化法领域，《文化多样性公约》赋予成员方采取任何形式的补贴的权利，只要这些补贴的目的是促进文化表达的多样性，而不论支付的形式为何。在人权法领域，依据《经济、社会及文化权利国际公约》，政府应当有尽最大努力的义务为文化性的创造建立基础设施，并应当提供合适的财政资助；与此同时，也要注意不能干预文化活动的开展和组织。① 不遵循这一标准的文化补贴将不被允许。

文化产业合法补贴在贸易法、文化法和人权法领域的规则下所应当具备的条件总结如表 5.1 所示。

2. 冲突的再商榷

学者鲍威林将规则的冲突分为"固有的冲突"和"适用法律中的冲突"②，前者是指两项规则之间存在"不合法"或者"无效"的情况；后者指的是一个国家面临着相互冲突的规则而决定选择其一适用时，便与另一项规则相冲突。据此分类方式，本书认为，文化产业补贴领域规则之间的冲突属于法律适用上的冲突，探讨的是在两项规则都可能适用、并且依据其中的一项是合法的而依据另一项属于非法的情况下，哪一项规则应该被适用的问题。例如，一个 WTO 成员依据《文化多样性公约》的规定采取了补贴措施，可能会被 DSU 专家组和上诉机构认定为违反 WTO 中关于补贴的规定，例如《SCM 协定》。如果该国能够使专家组和上诉机构认为《文化多样性公约》优先于《SCM 协定》适用，该国的选择就是正确的，并且不会承担国家责任；相反，如果

---

① UNESCO, *The Recommendation on Participation by the People at Large in Cultural Life and their Contribution to It*, November 26, 1976, para. 4 (b) (p).

② Joost Pauwelyn, *Conflict of Norms in Public International Law: How WTO Law Relates to Other Rules of International Law*, Cambridge University Press, 2005, pp. 176–200.

表 5.1　　　　　　　　文化产业合法补贴的条件总结

文化产业合法补贴的条件	依据 WTO 规则	依据《文化多样性公约》	依据人权法两公约
直接补贴形式（对国内文化产品和服务的创作和传播给予直接补贴）	（1）对于货物贸易领域的文化产业补贴。GATT 第 3 条第 8 款（b）项国民待遇原则的例外允许以政府资金转移的直接补贴的方式"单独给予国内生产者"的文化产业补贴。此外，还应当注意符合《SCM 协定》的规定，不能属于以出口为要件或者使用国内产品替代外国产品的禁止性补贴。 （2）对于服务贸易领域的文化产业补贴。GATS 第 17 条的国民待遇原则只有在成员方在其承诺表中做出了具体承诺的时候才适用。根据分析，在这一领域做出承诺的成员方数量较少，并且即使做出承诺，也大都同时对补贴措施予以保留。GATS 第 15 条的补贴规则相对宽松，成员方只有有限的"进行谈判"和对其他成员方的"考虑义务"	《文化多样性公约》第 6 条赋予成员国实施包括文化产业补贴在内的文化政策措施，对这些措施的要求是必须符合"旨在直接影响文化表达"这一标准	依据《经济、社会及文化权利国际公约》第 15 条，成员方不仅有实施文化支持制度的权利。并且，依据委员会的报告，在某种程度上，对文化进行补贴也应当是成员方的一项义务。因为这是保障弱势群体表达和传播其文化身份的机会。此外，委员会认为，补贴的实施不能违反文化表达自由的要求。成员方不能以某种文化表达比另一种更有价值作为是否给予补贴的实质标准

续表

文化产业合法补贴的条件	依据 WTO 规则	依据《文化多样性公约》	依据人权法两公约
间接补贴形式（对国内文化产品和服务实施比国外文化产品更有利的税收优惠等间接补贴措施）	（1）对于货物贸易领域。对国内文化产品实施比国外文化产品更有利的税收优惠等间接补贴措施的行为，将违反 GATT 第 3 条第 2 款和 4 款国内税和国内措施的国民待遇原则。 （2）对于服务贸易领域。（这一点同上）对国内文化服务实施比国外文化服务更有利的税收优惠等间接补贴措施。依据 GATS 第 17 条的国民待遇原则只有在成员方在其承诺表中做出了具体承诺的时候才适用。GATS 第 15 条的补贴规则相对宽松，成员方只有限的"进行谈判"和对其他成员方的"考虑义务"	同上	依据《经济、社会及文化权利国际公约》第 15 条，成员方不仅有实施文化支持制度的权利。并且，依据委员会的报告，在某种程度上，对文化进行补贴也应当是成员方的一项义务。（这一点同上） 此外，《公民权利和政治权利国际公约》第 19 条和《经济、社会及文化权利国际公约》第 15 条第 2 款赋予了公民获得信息和文化表达的权利以及传播文化表达的权利。因此那些可能导致不能获取外国文化信息的具有歧视性的补贴措施被禁止

该国没有说服专家组《文化多样性公约》应当优先适用的话，那么专家组会裁定相应贸易限制措施与《SCM 协定》的规定相冲突，该国也必须承担国家责任。这种国家责任的承担是因为其他依据《文化多样性公约》采取的国家行为（贸易限制措施）的结果违反了 WTO 协议。①

此外，也有学者根据冲突能否通过解释方法加以协调，将冲突分为"真实的冲突"和"虚假的冲突"。前者无法通过条约的解释予以调和；

---

① 本假设案例参考 Joost Pauwelyn, *Conflict of Norms in Public International Law: How WTO Law Relates to Other Rules of International Law*, Cambridge University Press, 2005, pp. 276–277.

后者一般而言可以通过解释和协调的方法加以消弭，虚假冲突最典型的例子是两项授权性规则之间的不一致。[①] 关于文化产业补贴的相关规则能否通过解释的方法予以调和，不能一概而论，将在第三节的内容中予以阐述。

（二）争端解决管辖权的冲突

区域贸易协定近年蓬勃发展，可以预见的是在今后相当长的一段时期内，WTO 这一全球性贸易协定与区域贸易协定二者是共同存在并发展的。那么，对于某些既是 WTO 的成员又是区域贸易协定的成员而言，当双方发生了可以同时递交两个争端解决机制的争议时，该如何处理，这也是需要面对的问题。据学者研究，这种 WTO 争端解决机制与区域贸易协定中的争端解决机制的冲突，属于"全球专业性争端解决机制与区域专业性争端解决机制之间的管辖权冲突"这一类型。[②] 加拿大期刊案涉及 NAFTA 和 WTO 之间争端解决机制管辖权的冲突和协调，是目前唯一涉及这一问题的相关文化产业案例。随着区域贸易协定的发展，可以预见的是，这种 RTAs 和 WTO 之间争端解决机制的关系问题可能会是文化贸易领域常常面临的问题，因此有必要予以讨论。

此外，WTO 和《文化多样性公约》均涉及文化产业补贴问题，双方都规定了争端解决的方法。二者具有产生冲突的可能性。从主体情况来看，UNESCO 有 191 个成员方和 7 个协助成员方，包括了绝大部分 WTO 的成员方。公约的签字国家/地区有 148 个，其中大部分是 WTO 的成员国，只有 26 个国家/地区不是。UNESCO 和 WTO 的成员方之间大部分重合，基本上支持《文化多样性公约》的国家都是 WTO 成员方，因此双方都是二者的成员方的情形在实践中相对常见，有必要讨论二者之间的冲突及其解决方法。

二 冲突的实质及原因

实际上，不同制度的冲突只是一种表面现象和呈现出来的最终结

[①] 参见廖诗评《条约冲突基础问题研究》，法律出版社 2008 年版，第 14 页。
[②] 廖诗评、李若楠：《论国际争端解决机制管辖权的冲突与协调》，载《江淮论坛》2015 年第 4 期，第 74 页。

果,并不只是偶然的现象。① 冲突背后还反映出一些实质问题:这就是不同的领域及其制度所要保护和追求的目标不一致,以及具体到国际规则的主体——主权国家及其他特殊主体基于其自身利益最大化带来的博弈。

(一) 冲突的实质

1. 不同制度目标的冲突

本书第一章在对文化产业补贴的法律渊源梳理中,就分别从文化法、贸易法、人权法这三个领域进行论述,这三个不同领域的规则所追求的目标是不一致的。它们是从不同的角度对文化产业补贴问题进行规制,其着眼点是不同的,正是这种目标的不一致造成规则的潜在冲突。

不论《文化多样性公约》制定的缘由为何,其主要目的是保护和促进世界文化的多样性,鼓励不同文化之间的互动和对话交流,以保护文化多样性,促进文化的繁荣。从 UNESCO 通过《文化多样性公约》时的投票情况来看,成员方中有 148 票支持,投反对票的只有美国和以色列,此外澳大利亚、洪都拉斯、黎巴嫩和尼加拉瓜这四个国家弃权。这也在一定程度上说明保护文化和支持文化多样性的诉求得到了绝大多数国家的支持,是大多数国家追求的目标之一。《文化多样性公约》通过伊始,有学者予以了高度评价和期待:认为填补了国际法领域关于文化价值的空白。这一空白尤其值得注意,因为贸易与文化争议带来的危险迫在眉睫,尤其是在经济自由化带来的持续压力之下。由于 WTO 是全球层面上的贸易规则,并且具有有效的贸易争端解决机制,公约可以作为在贸易与文化冲突产生之时能够与 WTO 相抗衡的工具。其认为,公约的通过表明,文化表达同时具有作为贸易的对象以及文化价值的艺术表现方式的双重属性,并且相当于是认可了政府具有制定和实施文化政策措施以保护和促进文化表达多样性的权利。②

WTO 等贸易法规则的主要目标是贸易自由化、消除贸易壁垒、公平竞争等贸易诉求,文化议题自然不是其关注的着眼点和主要对象。虽

---

① Dirk Pulkowski, *The Law and Politics of International Regime Conflict*, Oxford University Press, 2014, p. 16.
② Christoph Beat Graber, "The New UNESCO Convention on Cultural Diversity: A Counterbalance to the WTO", *Journal of International Economic Law*, Vol. 9, No. 3, 2006, p. 566.

然自乌拉圭回合以来，WTO 逐渐开始考虑贸易以外的目标，例如劳工、环境等，注重平衡贸易自由化与其他目标之间的冲突。但是从 WTO 规则的内容可以看出，其对文化价值的保护是有限的，文化问题并未如环境、健康、劳工等问题那样可以明确地规定为一般例外，对文化与贸易问题的争议也最为激烈。对于 WTO 中的贸易与文化问题，一派认为，在贸易政策中应当给文化留出空间。① 另一派认为，世贸组织不是一个监督人权保护的适合机构，也不具有与文化多样性相关的权利。关于"贸易与……"的冲突，问题的关键不是 WTO 是否应该解决这一冲突，而是"这些所谓的非贸易问题应当如何在 WTO 体制得到解决"。②

"文化产业"是贸易与文化领域问题的核心概念。③ 文化产业是生产文化产品和提供文化服务的产业。比起"文化"概念的广泛和难以界定，"文化产业"的这一界定使得文化议题与贸易议题实现了某种可以获得的连接，使得文化与贸易议题成为值得和能够讨论的主题。正是文化产业的这种文化和商业的双重属性，对现有的法律框架及其制定者提出了理论上的问题和现实层面的挑战。④ 从本质上来说，平衡贸易与文化之间的目标冲突现已成为一种共识。然而问题的关键在于如何平衡，使其既能以一种最小化贸易限制效果的措施来实施，同时又能够兼顾到成员方国内必要的文化诉求。由于很难对文化目的进行一个比较客观的考量，这一平衡在实际操作中依然比较困难。⑤

2. 不同国家利益的冲突

在文化与贸易之争中，一直有两方的利益在博弈，一方是以欧盟和

---

① Rostam J. Neuwirth, "The 'Cultural Industries': A Clash of Basic Values? A Comparative Study of the EU and the NAFTA in Light of the WTO", *European Diversity and Autonomy Papers*, 2004, No. 4, p. 20.

② Debra P. Steger, "The Boundaries of the WTO: Afterword: The 'Trade and...' Conundrum – A Commentary", *The American Journal of International Law*, Vol. 96, No. 1, Jan. 2002, p. 135.

③ Rostam J. Neuwirth, "The 'Cultural Industries': A Clash of Basic Values? A Comparative Study of the EU and the NAFTA in Light of the WTO", *European Diversity and Autonomy Papers* 2004, No. 4, p. 11.

④ Dirk Pulkowski, *The Law and Politics of International Regime Conflict*, Oxford University Press, 2014, p. 161.

⑤ Tania Voon, "UNESCO and the WTO: A Clash of Cultures", *International and Comparative Law Quarterly*, Vol. 55, No. 3, 2006, pp. 644.

加拿大为代表的支持文化多样性；另一方是以美国为首，坚持贸易自由化。双方在各自的立场上僵持不下：文化保护论者认为美国的立场是以贸易自由化的名义挑战国内文化表达和文化的多样性，而美国则认为文化保护论只是对其视听产业实施保护主义的借口。不同立场和政策背后可以说是利益的博弈。同样，文化与贸易之争的背后也是各个国家的不同利益驱使所导致的。

如前所述，美欧之间文化与贸易之争自20世纪20年代双方对电影贸易的争议就已经初露端倪，当时主要是由于美国电影在全球范围内的流行，占据了欧盟国内电影市场的相当大一部分份额，欧盟为了保护本国的文化不受美国的影响，后来双方达成了妥协，以GATT第4条关于电影配额的权利为结束。此后双方的焦点转移到对电视节目的争议上，欧盟颁布了《影视无国界指令》，美国甚至对此尝试依据"特别301"条款提出了抗议。双方的争议持续到乌拉圭回合，尽管该回合"文化例外"提议失败，多哈回合的服务贸易小组的谈判中成员方依旧提出对此问题的争议。美国与加拿大之间关于文化贸易的争议也由来已久。由于地缘接近和语言相通，在美加期刊案发生之前，加拿大市场上90%以上的期刊来自美国，其国内本土期刊在美国期刊产业强势的市场占有下发展薄弱。于是加拿大不得不采取一系列支持其本国期刊的措施，这是美加期刊案发生的直接导火线。时至今日，美国文化产业仍然在世界各国占据重要份额，对此理论界的评价也不一致，面对美国文化在世界范围内的主导地位，有人甚至将此现象称为是一种"文化霸权"的体现。亦有学者指出，欧盟利用文化保护之名掩盖其实施视听贸易壁垒之实，其目的在于保护国内视听市场不受美国的主导。①

从前述"文化例外"在WTO中的提出和失败，以及"文化产业例外"在FTA和BIT中的发展也可以看出，美国一直是视听领域贸易自由化和文化产业无例外的拥趸，欧盟和加拿大则在文化例外在多边贸易体制中失败之后，在其国内和双边层面坚定地坚持并发扬文化产业例外。随着数字化和信息技术的发展，文化产业领域也发生了一些新变

---

① Lisa L. Garrett, "Commerce Versus Culture: The Battle between the United States and the European Union over Audiovisual Trade Policies", *North Carolina Journal of International Law*, Vol. 19, No. 3, 1994, pp. 566–569.

化，欧盟立法紧跟这一步伐，迅速调整其文化政策措施，颁布了数个适合数字化时代的文化创意产业的指令等文化立法。而美国敏锐地嗅到了数字化时代为文化产业带来的新的商机，认为传统视听领域早晚会式微，而具有数字化传输内容的新媒体作为新通信经济的核心，似乎放弃了对传统视听服务领域贸易自由化的追求，容忍现有补贴和配额等贸易限制措施的存在（只要其不再增加），而将苗头指向了数字化新媒体这一领域。① 在数字化视听产品领域，美国坚定地坚持贸易自由化，要求其不能够受制于文化保护的限制。这些政策的选择都是符合各自国家利益最大化的诉求。

此外，从《文化多样性公约》的制定过程也可以看出不同利益主体的博弈。支持文化保护的国家和支持贸易自由的国家明显分成了两派，支持贸易的国家以美国为首。公约的制定主要考虑了双方的意图并试图予以调和，以争取最多数投票国的支持，尤其为了能够使得作为文化贸易出口大国的美国的通过。UNESCO《文化多样性公约》的制定与加拿大和法国在WTO中提出"文化例外"的失败息息相关。这一在WTO体制外寻求解决文化与贸易问题的尝试被认为是用来抵抗美国强势文化入侵的武器。② 在公约通过不久，有学者认为，公约在文化艺术表达事项上可以起到与WTO抗衡的作用，其将公约看作达到更一致的国际法律秩序——这个法律秩序不只重视经济，并将其他社会价值例如文化多样性——而迈出的第一步。公约有机会在未来WTO的谈判和争端实践中作为界定文化与贸易边界的重要参考。③ 然而，在公约最关键的部分——公约与其他规则的关系，尤其是需要解决的与WTO规则之间的关系这一棘手问题上，公约通过的最终文本放弃了草案中原本制定的"特别法优先"的规则，进行了妥协，最终导致其对解决"贸易与

---

① Des Freedman, "Media Policy – Making in The Free Trade Era: The Impact Of The GATS Negotiations On Audiovisual Industries", in Sylvia Harvey, *Trading Culture: Global Traffic And Local Cultures In Films And Television*, John Libbey Publishing, 2006, p. 29.

② See Ivan Bernier, "Trade and Culture", in Patrick F. J. Macrory, Arthur E. Appleton & Michael G. Plummer eds., *World Trade Organization: Legal, Economic and Political Analysis*, Springer, 2005, pp. 747, 789, 791; UNCTAD, *Audiovisual Services: Improving Participation of Developing Countries*, TD/B/COM. 1/EM. 20/2, September 30, 2002, pp. 16 – 17.

③ Christoph Beat Graber, "The New UNESCO Convention on Cultural Diversity: A Counterbalance to The WTO", *Journal of International Economic Law*, Vol. 9, No. 3, 2006, pp. 564 – 574.

文化"问题效果有限。

（二）冲突的原因

结合上述分析以及本书研究的文化产业领域的特性，本书认为文化产业补贴相关规则冲突的原因主要基于以下两个方面。一是文化产业的特性，二是国际法的性质。

首先，"文化产业"范围的广泛和文化产业的"经济—文化"双重属性是冲突产生的两个直接原因。

文化产业及相关概念的范围的广泛性的确导致了争议产生。有学者认为，《文化多样性公约》规定的文化或文化相关的商品和服务的范围非常广泛，可以包括几乎没有范围限制的产品，包括计算机软件、设计、建筑服务、医药服务、旅游服务、汽车、钢铁、纺织、甚至大米[①]，只要其具有地理标示性或者地区价值等文化价值。反对《文化多样性公约》的一个主要观点是"文化表现形式"的范围太广泛。依据《文化多样性公约》第4条第4款，从其具有的属性、用途或目标考虑时，只要是能够体现、传达文化表现形式的活动、产品和服务即可，不论其是否具有商业属性。据此，任何行为的背后都可以被视为具有民族文化表达的属性，例如日本的丰田车、德国啤酒、法式点心、意大利比萨，都可以被视为代表其本国文化，具有文化内容。[②] 本书认为，假若《文化多样性公约》的范围确实包括了如此广泛的行业，的确会对WTO成员对待这些产品带来一些困难。但实际上，文化产品和服务的含义并非如此广泛，依据公约第4条第5款的规定，文化产业是生产和销售第4款文化产品和服务的行业，因此可以借助"文化产业"的范围来界定文化产品和服务相关活动的范围。如前文第一章所述，无论是国际机构还是各国对"文化产业"都有界定，其范围并不是无所不包。仅从联合国教科文组织的观点来看，其在2000年《关于文化、贸易与全球化的问与答》的报告中，界定了文化产品和服务的范围，文化产品包括图

---

① See Bonnie Richardson, "Hollywood's Vision of a Clear, Predictable Trade Framework Consistent with Cultural Diversity" in Christoph Beat Graber, Michael Girsberger & Mira Nenova eds., *Free Trade versus Cultural Diversity*, Schulthess: Zürich, 2004, pp. 111, 115 – 116.

② Michael Hahn, "The Convention on Cultural Diversity and International Economic Law", *Asian Journal of WTO & International Health Law and Policy*, Vol. 2, No. 2, 2007, p. 237.

书、杂志、多媒体产品、软件、电影、录影带、视听节目、建筑和时尚设计等；文化服务包括表演服务（剧院、管弦乐队和马戏团）、出版服务、新闻服务、通信服务和建筑服务。同样包括了视听服务、图书馆服务、建筑、博物馆以及其他服务。① 文化的含义的确广泛，从最广义来说，所有人类行为的背后都可以认为具有文化属性，但是并不能以此作为文化表现形式的确定依据。尽管公约并没有规定文化表现形式的具体范围，但是依据上下文的含义，文化表现形式的内涵和外延还是可以大致确定的，其还是以文化和创意作为核心的，并非反对国家所说的那样包括如此多的行业。

文化产品具有文化性和经济性的特征，这一双重属性的共存，使得支持文化多样性的一方和支持自由贸易的一方对文化目标与贸易目标之间谁具有优先地位争论不休。可以说，文化价值和贸易自由都是国际法应当保护的价值。

其次，国际法的固有性质以及近年来国际法碎片化的发展趋势是冲突产生的根源。正如鲍威林教授总结的那样，规则之间的冲突在国内法中也存在。只是由于国内法中具有一个相对集中和权威的立法机关，可以规定相互冲突的规则之间的等级关系，乃至废除相互冲突的规则，因而很多规则之间的冲突因此得以避免。② 而在国际社会中，由于没有"国际立法机关"，使得从国际习惯法到一般法律原则的国际法体系处于分散状态，而国际法的领域又十分广泛，包括贸易、环境、海洋法、人权等领域，这些领域中的双边和多边条约又存在极大的差异。这些不同规则的冲突是不可避免的。

具体说来，国际法固有的、导致冲突的性质包括以下几方面。

一是国际法的制定和执行的特征决定了在国际法领域，缺乏中央的立法机关、执行机关以及裁判机关。立法机关的多元化，加大了各种规则之间相互冲突的风险；缺少中央裁判机关，可能导致不同法庭对同一

---

① UNESCO, *Culture, Trade and Globalization: Question and Answers*, UNESCO Publishing, 2000, pp. 13–14.

② Joost Pauwelyn, *Conflict of Norms in Public International Law: How WTO Law Relates to Other Rules of International Law*, Cambridge University Press, 2000, p. 12.

个争端都有管辖权，而各自对国际法有不同的解释、适用不同的规则①。

二是时间因素，即使由相同缔约国签订的条约，先前的规则也可能与后签订的规则发生冲突。

三是国际法从"共处"的法律向"合作"的法律转移的趋势，导致国际法体系中出现越来越多处理不同的共同目标的多边条约，例如在世界贸易组织、环境和人权组织的主持下制定法律，这种依据条约形成的分支部门法律体系所确定的规则间冲突，即不同的共同目标之间的规则冲突成为现今规则冲突的主要形式。②

三　冲突解决的理论基础

解决冲突的理论基础和指导思想应当是，从单边主义到互动协调。如前所述，文化产业补贴制度的冲突并非一个特殊的现象，可以说是国际法碎片化发展趋势在这一具体领域的表现。随着当今国际社会从"共处"向"合作"目标的转移，国际法也相应作出了调整。"全球治理""国际社会共同利益""人类命运共同体""对一切的义务"等概念的提出即表明，维护国际社会的共同利益可以说已经成为全人类和国际社会的共同要求，全球范围内需要通过合作与协调，来管理全球公共事务，解决全人类的共同问题。这是解决文化产业补贴制度冲突的现实需求和理论基础。在此基础上，指导文化产业补贴相关制度的冲突协调的原则，应当是以形成良性的互动协调为目标。

文化产业补贴相关制度之间，是存在相互协调的可能性的。WTO法不是一个封闭的法律体系③。随着贸易活动渗透范围的广泛性，WTO

---

① Shane Spelliscy, "The Proliferation of International Tribunals: A Chink in the Armor", *Columbia Journal of Transnational Law*, Vol. 40, No. 1, 2001, p. 143.

② 参见约特斯·鲍威林著《国际公法规则之冲突——WTO法与其他国际法规则如何联系》，周忠海等译，法律出版社2005年版，第23页。传统的国家之间"共处"的法律是指关于领土、主权、外交关系、战争与和平等问题有关的，这些规则着眼于调整国家之间"共处"关系。在这种情形下，规则的冲突主要体现在大量双边协定之间，以及由一个国家对另外两个或多个不同的国家根据不同的和平、中立或相互援助协定所承担的相互冲突的义务引起冲突的情形下。

③ Joost Pauwelyn, *Conflict of Norms in Public International Law: How WTO Law Relates to Other Rules of International Law*, Cambridge University Press, 2005, p. 36.

法律制度的范围广泛,决定了其必然与其他非贸易价值产生千丝万缕的联系。尤其是乌拉圭回合以来,WTO法律制度吸收了很多与贸易有关的议题,开始关注一些非贸易议题的价值,例如贸易与环境问题、贸易与劳工问题等。在这些领域中贸易价值与非贸易价值达到了一个相对的平衡,为解决贸易与文化议题提供了有效的参考。尽管文化价值并没有得到WTO规则的认可,但是由于其对一国文化身份和文化认同的重要性,在一些区域贸易协定中已经出现了贸易协定明确排除文化产业的规定,对文化产业补贴措施而言更是如此。解决"贸易与文化"议题的关键在于如何平衡,使其既能以一种最小化贸易限制效果的措施来实施,同时又能够兼顾到成员方必要的文化诉求。① 鲍威林指出,WTO的目的并不是同欧共体那样建立一个"单一的世界市场"。WTO规定的国际法规则,朝向促进贸易自由化的方向发展,同时允许在特殊情况下对贸易进行限制。②

第二节 争端解决管辖权的冲突与解决

一 国际争端解决管辖权冲突的协调方法

根据有关学者的研究,国际争端解决机制管辖权冲突的方法可以分成事前预防措施和事后协调措施③。事前预防措施主要包括争端解决机制规定的专属管辖权条款,或者管辖权选择条款。事后协调机制是国内法规则在国际法领域的运用,包括承认其他裁决的既判力、尊重其他机构的未决案件等方式。由于分析视角的不同,解决的方法还可以分成直接解决方法和间接解决方法。④ 前者强调的是正面的冲突解决方式,包

---

① Tania Voon, "UNESCO and the WTO: A Clash of Cultures", *International and Comparative Law Quarterly*, Vol. 55, No. 3, 2006, pp. 644.

② Joost Pauwelyn, *Conflict of Norms in Public International Law: How WTO Law Relates to Other Rules of International Law*, Cambridge University Press, 2005, pp. 405 – 406.

③ 参见廖诗评、李若楠《论国际争端解决机制管辖权的冲突与协调》,载《江淮论坛》2015年第4期,第75—77页。

④ 参见吴卡、宋连斌《国际司法机构管辖权冲突的解决路径》,载《华东政法大学学报》2011年第3期,第58—59页。

括规则方法和协调方法。后者强调的是不接受管辖和退出管辖这种消极的冲突解决方式。

在上述两种总结的方式中，国际法律规则中的管辖权冲突条款比较明确地设定了冲突发生后的解决方法，有助于增强可预见性和确定性，无疑在争端解决机制管辖权的冲突的解决中发挥着重要的作用。

二　RTAs 与 WTO 规则中的管辖权条款

为了防止平行诉讼的情况，NAFTA 第 2005 条专门对与 GATT/WTO 体制下的争端解决之间的关系问题进行了规定。主要内容如下：除了特定情况之外，NAFTA 的缔约国能够选择是依据 NAFTA 还是依据 GATT/WTO 的争端解决机制提起诉讼；并且，一旦选定了争端解决的程序并启动，便不能再选择其他程序。特定情况的例外规定是，如果被诉方在 15 天内以书面形式要求在 NAFTA 机制内解决争端，则控诉方必须接受该项要求。特定情况涵盖的范围包括环境保护、卫生检疫、产品标准等条款，而文化产业不在特定情况之内。对于 NAFTA 和 WTO 都有管辖权的案件，起诉方具有选择的权利。此外，第 2005 条第 2 款还规定，若两个 NAFTA 成员方欲对另一个成员方提起指控，则两个成员方必须对选择的法律达成协议。

也就是说，对涉及文化产业的争议，NAFTA 关于争端的解决机制缺乏强制性。作为起诉方，美国可以选择在 GATT/WTO 体制下起诉，也可以选择 NAFTA 争端解决机制。加拿大期刊案中，美国选择 WTO 的争端解决机制，文化产业例外在美国的"挑选法院"中扮演了重要的角色。[①] 由于 GATT/WTO 中没有 NAFTA 那样明确的"文化产业例外"条款，美国倾向于将文化产业的争端提交 GATT/WTO 争端解决机构，并不奇怪。此外还应当注意，正如有学者指出的那样，美国选择 WTO 而不是 NAFTA 起诉的原因，除了 NAFTA 中的文化产业例外条款，还有考虑到多边贸易体制的影响比区域贸易协定更大。在 WTO 中的裁判结果对其他多边贸易成员均有影响，因而对美国来说选择在 WTO 中进行

---

① 侯幼萍：《世界贸易组织与区域贸易组织管辖权的冲突和协调》，上海社会科学院出版社 2010 年版，第 144 页。

诉讼,一旦胜诉,这样一个案件可以起到先例的作用。① 综上,由于实体规则的差别,选择在 WTO 中起诉对美国而言无疑是最有利的。

NAFTA 的这种规定属于选择性的管辖权条款,允许成员方在 NAFTA 和 WTO 争端解决机制这两个有限的范围内挑选法院。有利于提高法院选择的可预见性,防止重复诉讼。多数区域自由贸易协定规定了与之类似的管辖权条款,这是一种有效地事前避免冲突的方式。从目前实践中的情况来看,这类冲突尚未构成影响国际争端解决机制发展的实质性法律障碍。② 通过对区域贸易协定与 GATT/WTO 争端解决机制管辖权冲突与协调问题的考察可以发现,NAFTA 对涉及文化例外的争端解决机制的非强制性,无论是基于实体规则上更有利的考虑,还是基于多边贸易体制的影响,实践中一旦支持贸易的成员方在贸易体质内提起与文化贸易有关的争议,WTO 争端解决机制仍然最有可能成为其在多边贸易协定和区域贸易协定争端解决的机制管辖权冲突时的选择。

三 WTO 规则与《文化多样性公约》中的管辖权条款

WTO 规则与《文化多样性公约》中的争端解决机制的冲突需要在区分主体的情况下讨论:一是双方仅为公约缔约方;二是仅为 WTO 成员方;三是双方都是 WTO 成员方,只有其中有一方同时是公约成员方;四是双方同时是公约和 WTO 的成员方。由于"公约只对成员有效"的国际法原则,前三种情况使用双方均是成员方的规则,只有在第四种情况即双方同时既是 WTO 成员方又是公约成员方时,面临争端解决机制的冲突和选择问题。由于两者都规定了其自身的争端解决机制,所以先来考察各自的规定。

---

① David A. Gantz, "Dispute Settlement under the NAFTA and the WTO: Choice of Forum Opportunities and Risks for the NAFTA Parties", *American University International Law Review*, Vol. 14, No. 4, 1999, p. 1025; Joost Pauwelyn, "Adding Sweeteners to Softwood Lumber: The WTO – NAFTA 'Spaghetti Bowl' is Cooking", *Journal of International Economic Law*, Vol. 9, No. 1, 2006, p. 200.

② 廖诗评、李若楠:《论国际争端解决机制管辖权的冲突与协调》,载《江淮论坛》2015 年第 4 期,第 78 页。

（一）WTO 的争端解决机制

WTO 中的争端解决机制被称为"世界上最有效的国际争端解决机制"。①《争端解决规则及程序的谅解》（以下简称"DSU"）为 WTO 的程序性规定，其第 23 条第 1 款规定"各成员对违背有关协议的义务或其他利益丧失或损害以及妨碍有关协议目标的实现寻求救济办法时，应诉诸并遵守本谅解的规则和程序"。该条意味着一个成员方对违反 WTO 协议的措施寻求救济时，不诉诸除 WTO 争端解决机制之外的其他解决机制。在 DSB 的实践中，美欧之间关于"特别 301"贸易条款之间的争议②将此条解释为所有 WTO 成员方具有必须将违反 WTO 义务的争议提交 WTO 争端解决机制；还有案件的专家组将该条赋予 WTO 争端解决机制的"基本原则"地位，作为"寻求对 WTO 协议下的规则违反时的专属条款"。③

对此条的性质，有的学者将其解释为具有一定的"强制性质"，限制了成员方将与 WTO 有关的争议诉诸于其他的争端解决机制的权利。④因此，在发生争议的当事方既是 WTO 成员方，又是《文化多样性公约》的成员方时，依照《文化多样性公约》而不是 WTO 的争端解决机制请求争议解决，在这一情形下是否违反了 DSU 第 23.1 条的规定？如果依据上述对 DSU 第 23.1 条性质的观点，则意味着 WTO 争端解决机构独占了所有与文化有关的贸易争端的解决，不允许成员方通过公约途径寻求救济的可能性。但是，也有学者认为不能一概而论，递交《文化多样性公约》解决争端是否可能违反 WTO 争端解决机制，应当视成员

---

① See Peter Van den Bossche, *The Law of World Trade Organization*, Cambridge University Press, 2005, p. 325.

② WTO, *Panel Report on United States – Section 301 – 310 of the Trade Act of 1974*, WT/DS152/R, January 27, 2000, para. 7.43.

③ WTO, *Panel Report on United States – Import Measures on Certain Products from The European Communities*, WT/DS165/R, July 17, 2000, para. 6.13.

④ See Anke Dahrendorf, "The Legal Relationship between WTO rules and the UNESCO Convention on the Protection and Promotion of the Diversity of Cultural Expressions", *Maastricht Faculty of Law Working Paper*, Vol. 11, 2006, p. 14; Marceau, Gabrielle Zoe, "Conflicts of Norms and Conflicts of Jurisdictions: The Relationship between the WTO Agreement and MEAs and other Treaties", *Journal of World Trade*, Vol. 35, No. 6, 2001, p. 1101.

方的请求权基础以及争议的性质而定①。若其主张受损害的依据是《文化多样性公约》中的权利，则其请求权基础是《文化多样性公约》而不是 WTO 相关规则，此时不属于 DSU 第 23 条第 1 款所规定的情形，可以寻求《文化多样性公约》的争端解决机构解决，并不构成对 WTO 协议的违反。而假如说，一个 WTO 成员依据《文化多样性公约》下的义务而实施的文化政策措施被另一个既是 WTO 成员又是《文化多样性公约》的成员起诉，被诉方能否依据其措施属于公约追求的目标，即使该措施与 WTO 规则不符合而决定不受 WTO 争端解决机制的管辖？此时，假如双方依据《文化多样性公约》争端解决机制进行磋商，而磋商的目的是有关 WTO 义务的违反，那么这种磋商可能构成在 WTO 体制之外寻求对违反 WTO 义务的救济，不符合 DSU 的规定。

（二）《文化多样性公约》的争端解决机制

在《文化多样性公约》早期的草案中，包括了把争端提交到 ICJ 解决的可能性②，以及公约优先于现有的其他法律文件的规定。但是由于这两条规定极富争议性，因此在随后的公约版本中被加以修改，并最终淡化。在最终的文本中，《文化多样性公约》第 25 条规定了争端解决机制。③ 据此，在发生争端后应当通过谈判寻求解决；如不能解决，可共同寻求第三方斡旋或调停；没有斡旋或调停的或者斡旋调停依旧无法解决问题的，一方可根据公约附件的程序要求，通过"调解委员会"进行调解，只不过没有约束力。

（三）对比分析

由此可知，《文化多样性公约》所提供的争端解决机制没有强制性，

---

① Tania Voon, "UNESCO and the WTO: A Clash of Cultures", *International and Comparative Law Quarterly*, Vol. 55, No. 3, 2006, pp. 644.

② UNESCO, *Preliminary Draft Convention on the Protection of the Diversity of Cultural Contents and Artistic Expressions: Preliminary Report of the Director – General*, CLT/CPD/2004/CONF. 201/1, July 2004, Art 24.

③ 第二十五条　争端的解决
一、公约缔约方之间关于本公约的解释或实施产生的争端，应通过谈判寻求解决。
二、如果有关各方不能通过谈判达成一致，可共同寻求第三方斡旋或要求第三方调停。
三、如果没有进行斡旋或调停，或者协商、斡旋或调停均未能解决争端，一方可根据本公约附件所列的程序要求调解。相关各方应善意考虑调解委员会为解决争端提出的建议。
四、任何缔约方均可在批准、接受、核准或加入本公约时，声明不承认上述调解程序。任何发表这一声明的缔约方，可随时通知教科文组织总干事，宣布撤回该声明。

争端方只有善意遵循的义务，缺乏强制性的违约制裁机制，相对来说比较宽松。即便公约委员会已经就某一争端给出决议，也无法限制利益受损方依据 DSU 第 23 条向 DSB 提起申诉从而在 WTO 体制下提起纠纷解决。而相比较而言，WTO 争端解决程序较为完整，不但包括协商程序、裁决程序，还有较为严格的执行程序。其争端解决机制的裁决生效后对双方都产生法律拘束力，当违约方拒绝履行裁决义务，贸易受损方可以实施相关的贸易报复措施。在国际争端解决机制中属于比较有效的机制。

结合文化贸易案件诉讼的实际可能情况进行分析，一般来说，起诉方属于主张文化产业领域贸易自由化的一方，WTO 的争端解决机制及其规则无疑能够更有效地维护其有关贸易自由化的利益。此时，就算被诉方为了维护其国内文化政策，可以进行重复诉讼，即在《文化多样性公约》的框架中提起诉讼程序，由于公约不具有强制性的违约制裁机制，也很难实现维护文化政策措施利益的目的。而对于双方均属于主张文化保护的成员方来说，即使其都是 WTO 成员方，从现实层面来说，也没有在《文化多样性公约》的框架内对另一方提起诉讼的必要。当然，是否会存在这样的案件需要在实践中予以考察，我们将拭目以待。

第三节　法律规则的冲突与解决

一般来说，国际公法上解决规则之间冲突的法律渊源包括两种，首先是成文法规则，最重要的是《维也纳条约法公约》（以下简称"VCLT"）第 30 条的规定，包括适用冲突条款和后法原则这两个重要规则；此外还包括国际习惯法中解决条约冲突的规则，即特别法优先原则以及条约解释的方法。从内容来说，总结起来解决法律规则冲突的方法主要包括五种：第一种方法是冲突条款[①]；第二种是后法原则；第三种

[①] 值得注意的是，此处所说的"冲突条款"（conflicting clause）不同于国际私法上所说的"冲突规范"，是指条约中旨在确定本条约与本条约缔约方订立的其他条约之间关系的条款。国际法委员会对其含义的界定是：本条约中为了处理与其他条约规定或者其他同一事项条约之间关系的条款。这种条款的作用在于确定冲突条约中何者优先适用。参见廖诗评《条约冲突基础问题研究》，法律出版社 2008 年版，第 48 页。

是特别法原则,第四种是条约解释;第五种是国际协调合作等方法。①也有学者将解决冲突的上述方法归纳为两大类,一类是通过法律解释和协调的方法,第二类是通过优先规则的方法,包括冲突条款、后法优先原则和特别法优先原则等。②

一 冲突条款的方法

关于冲突条款的方法,该方法是 VCLT 第 30 条第 2 款规定的"条约的适用"的首要方法,当条约中明确规定"不违反先订条约或后订条约,或不得视为与先订或后订条约不合"时,该先订或后订条约的规定优先。《文化多样性公约》中第 2 条第 1 款的规定可以看作处理文化与人权公约之间的冲突条款;《文化多样性公约》第 20 条规定的公约与其他国际公约的关系,尽管对这一条的理解有巨大的争议,但是不失其本意是为了解决冲突的性质,故而本书将其作为冲突条款予以讨论。

(一)《文化多样性公约》第 2 条第 1 款:与人权的关系

《文化多样性公约》第 2 条规定公约的指导原则,其中第 1 款是"尊重人权和基本自由"的原则,明确了公约与人权领域相关公约的关系。该条强调了人权和表达自由的重要性,只有在此基础上,才能保护和促进文化多样性。该条第二句话指出,"任何人都不得援引本公约的规定侵犯《世界人权宣言》规定的或受到国际法保障的人权和基本自由或限制其适用范围"。

尽管这一条不是典型意义上的冲突条款,其目的是规定公约应当遵守的基本原则。但是从效果而言,该条可以看作明确的优先属性的规则,赋予人权领域规则的优先效力。并且,这一从属规定没有时间上的限制。因此,公约的规定不仅应当尊重人权法领域的现有相关规则,面对今后文化领域可能产生的规则,文化多样性公约的规则也应当遵守。

(二)《文化多样性公约》第 20 条:与 WTO 的关系

《文化多样性公约》第 20 条规定了公约与其他国际法律文件的关系,

---

① 万鄂湘、石磊等:《国际条约法》,武汉大学出版社 1998 年版,第 184—185 页;廖诗评:《条约冲突基础问题研究》,法律出版社 2008 年版,第 48—208 页。

② Dirk Pulkowski, *The Law and Politics of International Regime Conflict*, Oxford University Press, 2014, pp. 272 – 345.

可以看作具有解决公约与其他规则之间关系的冲突条款的作用。① 实际上，从《文化多样性公约》的制定历程来看，这一条是《文化多样性公约》制定过程中最富争议的条款之一，几经修改。在讨论的过程中，多数国家代表认为，在界定公约与其他国际条约的关系上，最重要的问题是如何能使旨在保护文化多样性的公约与倡导自由贸易的 WTO 法共同发挥有效作用。早先的版本中曾经确定了公约的优先效力②，但是考虑到美国签署公约的可能性，这一文本最终没有获得通过。最终确定为上述版本。可以说，现有的《文化多样性公约》第 20 条内容即是在这两种利益中的一种平衡，更准确地说是一种妥协。

然而，这一最终文本的含义也引发了学界的广泛争议，在对该条的理解问题上，主要有三种观点：一是，该条只能被理解为对与《文化多样性公约》同时及其后制定的公约产生作用③，实际上表明《文化多样性公约》的效力低于 WTO 规则的效力。二是，该条表明，《文化多样性公约》不仅可以在 WTO 争端解决机制中被专家组和上诉机构考虑，而且在成员方制定新的公约时应将《文化多样性公约》的义务考虑进去。其认为该条确定的"相互支持原则"，尽管留下了解释的余地，但是已经成功地被某些新的国际法规则援用④。三是，该条没有明确公约与其他公约的关系，该条两款的内容相互矛盾，不能起到冲突条款的作用⑤。实际上，这种分歧源自对该条含义理解的不一致，持第一种观点

---

① 也有学者对这一条作为《维也纳条约法公约》中的冲突条款的地位进行了质疑。See Anke Dahrendorf, "The Legal Relationship between WTO rules and the UNESCO Convention on the Protection and Promotion of the Diversity of Cultural Expressions", *Maastricht Faculty of Law Working Paper*, Vol. 11, 2006, p. 21.

② See UNESCO, *Preliminary Report of the Director – General Containing Two Preliminary Drafts of a Convention on the Protection of the Diversity of Cultural Contents and Artistic Expressions*, CLT/CPD/2005/CONF. 203/6, March 3, 2005, p. 36.

③ Michael Hahn, "A Clash of Cultures? The UNESCO Diversity Convention and International Trade Law", *Journal of International Economic Law*, Vol. 9, No. 3, 2006, p. 515.

④ Christoph Beat Graber, "The New UNESCO Convention on Cultural Diversity: A Counterbalance to WTO", *Journal of International Economic Law*, Vol. 9, No. 3, 2006, pp. 566 – 567.

⑤ See Anke Dahrendorf, "The Legal Relationship between WTO rules and the UNESCO Convention on the Protection and Promotion of the Diversity of Cultural Expressions", *Maastricht Faculty of Law Working Paper*, Vol. 11, 2006, p. 19; Tania Voon, *Cultural Products and the World Trade Organization*, Cambridge University Press, 2007, p. 213.

的人强调的是第 20 条第 1 款的内容，持第二种观点的人强调的是第 20 条第 2 款的内容，基于这两种理解，持第三种观点的人得出二者是相互矛盾的这一结论。

从现有的规定内容来分析，第 20 条确认了两点，一是现有义务必须被尊重；二是公约与其他国际条约之间必须以一种相互支持的方式得以适用，即"相互支持原则"。尽管这一"相互支持"原则尚存一定的解释空间，但是并非《文化多样性公约》所独有，也被其他国际公约采纳。例如 2001 年通过、2004 年生效的《粮食和农业植物遗传资源国际条约》。

《文化多样性公约》第 20 条第 1 款 b 项对于 WTO 框架下的贸易与文化冲突尤为重要。这一款区分了两种情况：一是公约的成员方"解释和适用"其他国际法规范；二是公约的成员方缔结其他国际法义务。对于第一种情形在 WTO 专家组面对一国国内的文化政策措施与 WTO 的自由贸易原则之间的争议时具有相关性。基于 WTO 协议第 4.3 条，这一争议需要由依据 DSU 设立的争端解决机构来解决。由于争端解决机构是由 WTO 成员代表组成，因此争议还是由 WTO 成员来进行裁决。因此第 20 条第 1 款 b 项需要遵守 WTO 争端解决机制的基本逻辑。值得注意的是，依据 DSU 第 1 条和第 11 条，专家组和上诉机构必须依据 WTO 相关的协定（"covered agreements"）来裁决案件。因此，无论是专家组还是上诉机构都不能决定某一项成员方的国内措施与 WTO 之外的国际公法是否相符合的问题。只能决定争议措施是否违反了 WTO 法。然而，依据 DSU 第 3 条第 2 款，结合 VCLT 第 31 条第 3 款（c）项，专家组和上诉机构可能会结合 WTO 规则的内容来考虑公约的规定。由于专家组和上诉机构必须基于对"covered agreements"的解释来决定，因此贸易与文化潜在冲突的关键问题在于在 WTO 范围内找到一个"例外"或者"安全条款"，使得专家组能够将对涉案 WTO 规则的解释与《文化多样性公约》联系。① 对于能够以何种方式联系，学者提出了三种建议：①对现有 WTO 规则进行"发展性的解释"，使之可以包括文化政策措施的正当性；②在 WTO 中为文化多样性措施制定安全条款；③在 WTO

---

① Christoph Beat Graber, "The New UNESCO Convention on Cultural Diversity: A Counterbalance to The WTO", *Journal of International Economic Law*, Vol. 9, No. 3, 2006, p. 567.

中制定一个程序条款，使得在涉及贸易与文化冲突有关的措施中《文化多样性公约》都能够得以考虑。① 这三种方式都有一定的难度。对第一个建议措施来说，难点在于，依据 DSU 第 3 条第 2 款和第 19 条第 2 款，无论是专家组还是上诉机构在解释和适用 WTO 规则的时候都"不能增加或者减少 WTO 范围内的权利和义务"。对第二、三种措施，现实可操作性很小，尤其是现在多边贸易谈判几乎停滞的情况下，修改现有的无论是 WTO 实体规则还是程序规则都十分困难，几乎是不可能实现的空中楼阁。

第二种情形指的是在制定新的国际条约或者是修改现有国际条约的谈判的时候，成员方有义务考虑现有规则。因此，无论《文化多样性公约》的成员方何时进行双边和多边条约的谈判，其都必须要履行对《文化多样性公约》第 20 条第 1 款 b 项的善意遵守义务。因此可以说，《文化多样性公约》在成员方制定新的国际公约时息息相关。②

对于第 20 条第 2 款，其明确指出公约的规定不能被视为修改其成员方在其他同为缔约国的条约中的权利和义务。因此，这意味着公约不能作为对违反 WTO 义务的抗辩，尽管其第 1 款规定了公约的不从属原则。

依据 VCLT 第 30 条第 2 款的规定来分析《文化多样性公约》第 20 条的字面含义，这似乎意味着，公约一方面规定了其不隶属于其他公约，同时排除了 VCLT 第 30 条第 2 款"其他条约规则优先"的法律后果。

（三）DSU 第 3 条第 2 款和第 19 条第 2 款的性质

此外，WTO 规则中也没有明确的解决 WTO 规范与非 WTO 规范之间冲突的冲突条款。但是，有一些学者将 WTO《关于争端解决规则和程序的谅解》第 3 条第 2 款③和第 19 条第 2 款④规定的"不能增加或减

---

① Christoph Beat Graber, "The New UNESCO Convention on Cultural Diversity: A Counterbalance to The WTO", *Journal of International Economic Law*, Vol. 9, No. 3, 2006, pp. 570 – 573.

② Michael Hahn, "A Clash of Cultures? The UNESCO Diversity Convention and International Trade Law", *Journal of International Economic Law*, Vol. 9, No. 3, 2006, p. 515.

③ "争端解决机构的各项建议和裁决不得增加或减少各有关协议所规定的权利和义务。"

④ "为了与上述第 3 条第 2 款保持一致，专家组和上诉机构在他们的研究结果和建议中，不能增加或减少由各有关协议所赋予的权利和义务。"

少相关 WTO 协议规定的权利义务"的内容看作是具有一般冲突条款的性质①，具有国际法上冲突条款所能达到的效果②。因为其确保在 WTO 项下的协议与其他适用法之间产生冲突的时候，WTO 项下的规则优先。对此，有学者持相反意见③，认为这两条规定没有表明 WTO 相关协定必须并且总应该优先于过去和未来的国际法规则，而主要限定了作为司法机构的专家组和上诉机构在做出建议和裁决时的范围——其必须适用 WTO 相关规则的权利义务，而不能创设新的权利义务。这一角度与本章讨论的解决法律规则冲突的一般冲突条款是不一样的。此外，即使如前一种观点认为的那样该规定具有冲突条款的性质，但是这一规定没有明确规定时间限制，在涉及未来与 WTO 相关规则相冲突的其他规则时，此条款的效力也是有限的。笔者同意这一观点，认为 DSU 这两条规定不能被视为一般冲突条款。

由上述分析可知，对于公约规定与人权的关系，比较明确，公约的规定不得解释为违反人权。无论是《文化多样性公约》还是 WTO 规则中的这些规则都没有能够明确地解决公约与 WTO 规则之间的关系，还需要考察一般国际法上条约冲突的解决方法。

二 后法原则

关于后法原则，也被称为后法优先原则或者新法优于旧法原则。该原则是 VCLT 第 30 条第 3、4 款规定的解决方法。第 3 款规定了在先约的当事国同时也是后约的当事国的，这一情况比较少见，此时先订条约在与后订条约规定相合的范围内适用；第 4 款规定了在并非所有先约当事国均为后约当事国的情形下的适用，在同为两条约当事国之间，适用 VCLT 第 31 条第 3 款的后法优先原则。在一方是两个条约的当事国，另

---

① Lorand Bartels, "Applicable Law in WTO Dispute Settlement Proceedings", *Journal of World Trade*, Vol. 35, No. 33, 2001, p. 507；李洁：《WTO 文化贸易法律制度研究》，武汉大学 2009 年博士学位论文，第 157—158 页。

② Anke Dahrendorf, "The Legal Relationship between WTO rules and the UNESCO Convention on the Protection and Promotion of the Diversity of Cultural Expressions", *Maastricht Faculty of Law Working Paper*, Vol. 11, 2006, p. 22.

③ Joost Pauwelyn, *Conflict of Norms in Public International Law: How WTO Law Relates to Other Rules of International Law*, Cambridge University Press, 2005, pp. 353 – 356；Tania Voon, *Cultural Products and the World Trade Organization*, Cambridge University Press, 2007, p. 214.

一方仅为其中一条约的当事国时，适用双方均为当事国的条约。

从 WTO 成员方和《文化多样性公约》的缔约国情况来看，《文化多样性公约》的签字国有 148 个，其中大部分是 WTO 成员，只有 26 个国家不是。在同为公约与 WTO 成员方的情况下，依据后法原则，《文化多样性公约》的规定优先。但是由于作为文化贸易大国和文化与贸易之争的当事方之一的美国并未加入《文化多样性公约》，对与美国有关的案件则不能适用这一原则。对于实践中常常可能出现的一方为支持贸易自由的美国，另一方为支持文化保护的欧盟、加拿大、中国等国家之间的争议来说，很难适用《文化多样性公约》的规定作为违反 WTO 义务的抗辩。

那么，这是否意味着，一国实施的文化产业补贴，只要不与美国在 WTO 范围内发生争议，便可以认为不必遵守 WTO 相关规则的规定？有学者的观点认为，由于 WTO 规则规定的是全体成员方的权利和义务，一国享受补贴的文化产品进行国际贸易，对所有成员方的国民待遇和最惠国待遇原则来说，都是一种损抑，不只涉及其中的一方。照这个观点来说，两个同时为 WTO 成员方和《文化多样性公约》的成员方之间关于一国实施的文化产业补贴措施发生的争议，尽管依据 VCLT 第 30 条第 4 款的后法优先原则，《文化多样性公约》的规定能够优先，因此不必遵循 WTO 项下的补贴规则。但是由于禁止性补贴的实施损害了第三方的利益，这种情形也是不能被允许的。①

此外，值得注意的是，也有学者认为，VCLT 第 30 条的使用前提是"同一事项"，关于文化产业补贴的相关规则涉及文化、贸易、人权三个不同的领域，不能被视为属于"同一事项"的范围，因此后法优先原则和特别法优先原则在此时不能予以适用。② 笔者认为，这一观点有待商榷，因为冲突条款的方法也是依据 VCLT 第 30 条第 2 款的规定而来，而该条"同一事项"的适用范围是包括了第 30 条内的所有内容的。假如不符合"同一事项"的适用范围，那么冲突条款在这里解决

---

① Anke Dahrendorf, "The Legal Relationship between WTO rules and the UNESCO Convention on the Protection and Promotion of the Diversity of Cultural Expressions", *Maastricht Faculty of Law Working Paper*, Vol. 11, 2006, p. 22.

② Dirk Pulkowski, *The Law and Politics of International Regime Conflict*, Oxford University Press, 2014, pp. 326–328.

文化产业补贴相关规则的问题上也不能得以适用。

三 特别法优先

关于特别法优先（les specialist）的方法，虽然并没有以成文法的形式规定下来作为解决条约冲突的方法，但是其属于一项古老且重要的法律原则，对国内法和国际法层面解决规范冲突具有重要作用。国际法院在大量的实践案件中将其作为"习惯国际法"的一部分，国际法委员会关于国际法碎片化的研究小组的相关报告中也指出，特别法优先原则是解决法律规范冲突的一种技术规则。① 在理论研究中，特别法优先原则往往被作为解决规则冲突的重要方式。

关键是如何认定何为"特别法"。在区域贸易协定中关于补贴的国民待遇原则和最惠国待遇原则的保留与 WTO 中的相关规则相比，前者为特殊规则，这一点基本没有疑问。而在 WTO 补贴规则与《文化多样性公约》所允许的包括文化产业补贴在内的文化政策措施之间，何为特别法，这一点可以有不同的解读。既可以说《文化多样性公约》的规定属于特别法，因为文化产业补贴是补贴的特别情形，也可以说 WTO 补贴规则属于特别法，因为文化政策措施中补贴规则是其中之一。这种解读角度上的不同造成的不同结果，很容易引起争议。因此可以说，用特别法原则解决文化产业补贴规则之间的冲突问题，也没能有一个明确的答案。

四 法律解释的方法

关于法律解释的方法，VCLT 第 31、32、33 条规定了条约解释的一般规则。条约解释规则对于澄清条约规则的含义具有重要作用，对于一些规则冲突而言，是由于双方对规则的含义理解不一致，而一旦依照法律解释的方法将含义予以澄清，可以减少因对条约含义不同理解所导致的争议，因此对解决一些规则之间的冲突也具有重要作用。② 与本书相

---

① ILC, *Fragmentation of International Law: Difficulties Arising from The Diversification and Expansion of International Law: Study on The Function and Scope of the Lex Specialis Rule and the Question of Self - Contained Regimes*, ILC (LVI) SG/FIL/CRD. 1 (2004), May 7, 2004, para. 21.

② Dirk Pulkowski, *The Law and Politics of International Regime Conflict*, Oxford University Press, 2014, p. 271.

关的解释规则主要是 VCLT 第 31 条第 1 款和第 3 款 c 项的规定。此处不赘述。

五 协调合作的方法

关于协调合作的方法，UNESCO 与 WTO 成员曾经过协商以试图明晰二者的关系。在《文化多样性公约》制定的过程中，联合国教科文组织总干事通过 WTO 的秘书处寻求来自 WTO 成员的反馈信息。① 反馈表明，WTO 成员关注的问题主要是公约对 WTO 谈判和争议的影响以及公约和 WTO 争议的关系。② 2004 年 11 月 11 日，WTO 成员方与 UNESCO 相关部门的干事进行了一个非正式的讨论，作为对《文化多样性公约》的回应。总体来说，WTO 成员方认可《文化多样性公约》和 WTO 规范之间应当"相互支持"③。但是，成员方对贸易与文化的关系，以及《文化多样性公约》与 WTO 规则适用于文化产品的关系这两个问题的观点不一致。WTO 成员针对文化多样性公约议题也进行过讨论。以美国为代表的成员方于 2004 年 9 月组织过关于文化与贸易的非正式的峰会，目标是促进成员方之间对贸易在增进文化多样性中的作用的观点的交流，并且探索 WTO、UNESCO 和文化多样性之间的关系。④ 实际上，这些成员方在文化产品尤其是视听服务方面追求贸易自由化。相反，其他的成员方则倾向于支持保护文化的观点，他们组织了一个关于该公约的会议，并将其作为 WTO 论文集的一部分。⑤ 由此看出，尽管在《文化多样性公约》的制定过程中，注意到了文化与贸易的棘手问题以及其与 WTO 的关系问题，两个组织之间也进行过协商，但是并未能够很好地处理和解决这一问题。因此需要考察其他的规则冲突解决

---

① WTO, *Annual Report* 2004, WT/GC/86, Jan. 12, 2005, p. 20.

② Tania Voon, "UNESCO and the WTO: A Clash of Cultures", *International and Comparative Law Quarterly*, Vol. 55, No. 3, 2006, p. 642.

③ UNESCO, *Preliminary Draft Convention on the Protection of the Diversity of Cultural Contents and Artistic Expressions: Presentation of Comments and Amendments*, *Part IV Comments Proposed by the IGOs*, CLT/CPD/2004/CONF. 607/1, Dec 2004, p. 23.

④ Tania Voon, "UNESCO and the WTO: A Clash of Cultures", *International and Comparative Law Quarterly*, Vol. 55, No. 3, 2006, p. 642.

⑤ WTO, *Information Note from the Director - General on WTO Public Symposium -* "*WTO After 10 Years: Global Problems and Multilateral Solutions*", WT/INF/87, April 13, 2005, p. 5.

方法。

　　综合上述解决冲突的方法，本书可以说，关于 WTO 与《文化多样性公约》之间的冲突还不甚明朗，文化产业补贴相关规则之间的冲突远远没有得到解决。有学者提出了一些解决的办法，无外乎修改 WTO 的规定使之考虑文化因素等，或者修改《文化多样性公约》的规定，本书认为这种修改措施在实践中不具有实施的可行性，因此，指望《文化多样性公约》中的规定为文化产业补贴进行抗辩是不太可能的。最妥当的方式是，以一种符合 WTO 补贴规则的方式实施文化产业补贴，这是现有情况下最符合国际法规则的方式。

本章小结

　　在文化法、贸易法、人权法领域，文化产业补贴都是一个值得研究的问题。文化产业与国际法具有天然的密切联系，文化产业补贴只是其中的一个微观视角。这一角度既能够折射出文化产业在国际法视野下的面貌，又能够反映国际法发展中的一些新兴问题，例如国际法的碎片化趋势及其应对。本章选取这一视角，讨论一个对目前的国际法来说相对宏观、普遍、重要的问题。本章的论述跳出一国的视角、某一领域的视角，是对本书内容的一个总体升华。不仅从微观上梳理了文化产业补贴规则可能面对的区域贸易协定与 WTO 之间，以及贸易法领域规则与文化法领域规则之间的冲突协调问题，还从宏观和整体上对文化产业补贴相关规则之间的冲突及其背后的原因进行了分析。在此基础上依据国际公法的原则提出了具体的解决方法。

　　如前所述，关于文化产业补贴的规则，WTO 规则和《文化多样性公约》之间的确存在不一致，相关的争端解决机制管辖权也具有冲突的可能性。因此有必要从这两个角度分析如何协调冲突。通过对争端解决机制的考察，可以发现公约争端解决机制的非强制性和 NAFTA 对涉及文化例外的争端解决规则的非实效性使得实践中 WTO 争端解决机制仍然成为当事方最有可能选择的机制。在 WTO 规则和《文化多样性公约》规则冲突问题上，由于公约第 20 条的规定的模糊性会带来法律适用上的不确定，而通过国际法上条约冲突的一般解决方法也存在适用结果上的争议，目前的方法不能够很好地解决现有的冲突。尽管《文化多样性公约》的制定被一些学者认为对在 WTO 框架之外寻求文化的保护提供了重要依据，但是由于其争端解决机制和公约规定的规则之间的冲突条款的模糊，实际上其很难起到这种作用。尽管《文化多样性公约》赋予了成员方实施文化政策措施的权利，认可了文化产业补贴的重要性，但是由于受补贴的文化产品一旦进入国际贸易领域，依然要受到贸易规则的制约，并且由于 WTO 协议具有互惠的性质，很难成功依据《文化多样性公约》对文化产业补贴进行抗辩，因此，本书认为文化产业补贴最好的办法依然是遵守贸易协定中的相关规定。实际上，由于不符合贸易协定的文化产业补贴只是其中很小的一部分（货物贸易领域的禁止性补贴），只要稍加注意便可避免这种情况的发生，因而遵守 WTO 等贸易领域规则关于补贴的规定对一国的文化产业补贴政策措施来说影响不那么显著。

对于《文化多样性公约》与人权领域相关公约的关系，公约第 2 条规定公约的指导原则，明确了公约与人权的关系。尽管这一条不是典型意义上的冲突条款，其目的是规定公约应当遵守的基本原则。但是从效果而言，该条可以看作明确的优先属性的规则，赋予人权领域规则的优先效力。

第六章

国际法视野下中国文化产业补贴制度的反思

第一节 中国文化产业补贴制度的现状与问题

一 文化产业补贴制度的现状

中国国家统计局于 2004 年①和 2012 年先后两次发布《文化及相关产业分类》，对文化产业的定义和范围进行了详细说明。2012 年出台的《文化及相关产业分类（2012）》② 在定义和范围上与联合国教科文组织 2009 年的《文化统计框架》③ 相衔接。其将文化产业界定为：为社会公众提供文化产品和文化相关产品的生产活动的集合。范围包括新闻出版发行服务、广播电视电影服务、文化艺术服务、文化信息传输服务、文

---

① 国家统计局：《文化及相关产业分类》（国统字 [2004] 24 号）。其中对"文化产业"的定义为：为社会公众提供文化、娱乐产品和服务的活动，以及与这些活动有关联的活动的集合。将文化及相关产业的范围限定为：提供文化产品（如图书、音像制品等）、文化传播服务（如广播电视、文艺表演、博物馆等）和文化休闲娱乐（如游览景区服务、室内娱乐活动、休闲健身娱乐活动等）的活动；同时，还包括与文化产品、文化传播服务、文化休闲娱乐活动有直接关联的用品、设备的生产和销售活动以及相关文化产品（如工艺品等）的生产和销售活动。并将文化产业细分为 9 类，具体包括：(1) 广播、电视、电影行业；(2) 新闻行业；(3) 出版发行和版权服务；(4) 文化艺术服务；(5) 网络文化和动漫游戏；(6) 文化休闲娱乐；(7) 其他文化服务；(8) 文化用品、设备及相关文化产品的服务；(9) 文化用品、设备及相关文化产品的销售。

② 国家统计局《文化及相关产业分类（2012）》，详见中华人民共和国国家统计局网站，http://www.stats.gov.cn/tjsj/tjbz/201207/t20120731_8672.html。

③ UNESCO, *The 2009 UNESCO Framework for Cultural Statistics*, UIS/TD/09-03, February 23-26, 2010.

化创意和设计服务、文化休闲娱乐服务、工艺美术品的生产、文化产品生产的辅助生产、文化用品的生产，文化专用设备的生产等十个方面。与2004年的版本相比，2012年更新的版本对文化及其相关产业的范围进行了一定的修改，总体来说，增加了与文化生产活动相关的创意、新业态、软件设计服务等内容和部分行业小类，减少少量不符合文化及相关产业定义的活动类别。

可以说，目前中国文化产业已经形成了较为系统的政策体系。其中，补贴政策措施是中国文化产业政策体系中的重要内容。时至今日，国务院、文化部及其他各级政府部门出台的全国性、地方性[①]的文化产业财政补贴政策和具体措施已经多达上千项。[②] 根据笔者对近几年中华人民共和国文化部《文化发展统计公报》[③]的统计，中国政府对文化产业的扶持力度逐年加大。中国对文化的资金投入主要分为三大部分：一是文化事业费[④]，二是文物事业费[⑤]，三是文化体育传媒经费[⑥]。其中第三部分"文化体育传媒经费"的对象与文化产业的主要门类基本一致。在2015年全国财政支出中，文化体育传媒经费达到3067亿元，比上年增长14.0%，占财政支出的1.74%。[⑦]

---

① 由于中国在《入世议定书》第2条规定了"中国地方各级政府的地方性法规、规章及其他措施应符合在《WTO协定》和本议定书中所承担的义务"，因此，地方各级政府的相关措施与中央政府部门的措施一样，可能成为涉诉措施而受到审查。

② 刘鹏、杜啸尘：《我国文化产业财政政策的历史演变及分析》，载《地方财政研究》2014年第7期，第38—39页。

③ 中华人民共和国文化部：《文化发展统计公报》（2012年、2013年、2014年、2015年），文化部网站：http://www.mcprc.gov.cn/whzx/whyw/201405/t20140520_433223.html，最后访问日期2016年5月。

④ 文化事业费是指区域内各级财政对文化系统主办单位的经费投入总和。一般包括艺术表演团体、公共图书馆、文化馆（站）等文化事业单位的财政拨款（不含基建拨款）及文化部门所属企业的财政补贴。根据现行统计口径，文化事业费不包括各级文化行政管理部门的行政运行经费。

⑤ 文物事业费是指区域内各级财政对文物事业的经费投入总和。一般包括博物馆、文物保护管理机构等文物事业单位的财政拨款（不含基建拨款）及文物部门所属企业的财政补贴。

⑥ 文化体育传媒经费数据源自财政部，是指各级政府在文化、文物、体育、广播影视和新闻出版方面的投入。

⑦ 相比而言，2012年我国在文化体育与传媒方面的公共财政投入为2268.35亿元。2013年全国财政支出中，文化体育传媒经费2520亿元。2014年全国财政支出中，文化体育传媒经费2753亿元。

二 文化产业补贴措施的定性问题

从国际贸易法规则（以 WTO 规则为基础）的角度来看，由于历史的原因，WTO 体制内货物贸易规则和服务贸易规则的差别较大，其关于补贴的规则也不相同，因此在讨论之前有必要区分我国文化产业的补贴相关规则属于货物贸易规则还是服务贸易规则。

从 WTO 实践中相关案例来看，"电影"是属于货物还是服务属性这一问题，在 WTO 争端解决机制涉及中国的案例——"中美出版物案"中有巨大的争议。由于文化产品具有货物和服务的双重属性，而对措辞上不能明显区别货物还是服务的措施来说，例如对"电影"的补贴措施①，既有可能被认定为影响货物贸易的措施，也有可能被认定为影响服务贸易的措施。如前述第二章所述，依据 DSB 报告中的结论，可能会导致 GATT 和 GATS 重叠适用的结果。总体来说，在货物贸易规则中，文化产业合法的补贴需符合 GATT 1994 第 3 条第 8 款（b）项例外以及《SCM 协定》的规定；在服务贸易规则中，应当具体考察我国在 GATS 中视听服务领域的国民待遇和市场准入承诺，以及考察是否做出了有关文化产品补贴的最惠国其他国家待遇豁免的例外。但是本书对 DSB 的上述结论提出了质疑，并且结合实践认为基于此对我国文化产业补贴提起诉讼的可能性不大。

三 文化产业补贴的合法性问题

（一）文化产业补贴的认定

依据《SCM 协定》，对于补贴的认定需要考虑三方面的因素。据此，我国现有的文化产业补贴是否符合《SCM 协定》是涉及文化产业补贴中首先需要考量的问题。

从主体来看，我国的文化产业支持措施诸如税收优惠措施等，大多是由政府实施的，并无疑问。较为特殊的是，根据《SCM 协定》第 1 条第 1 款（a）(1)（iv）的规定，除了政府或公共机构以外，筹资机构（funding mechanism）与私营机构（Private body）也可能成为补贴的主体，

---

① 不同于对电影的发行、放映服务等进行的补贴，这种明显属于对文化服务措施的补贴。

只要筹资机构接受政府的资金、私营机构受政府的委托（entrust）或者指示（direct），从事与政府实施第1条第1款（a）（1）（i）-（iii）规定的行为无实质差异的行为。那么，我国近年来根据国家有关支持文化产业发展的财税政策设立的国家文化发展基金、省市设立的文化产业发展专项资金、文化产业投资基金等。这种专项资金、投资基金的性质如何、是否能够认定为符合《SCM协定》中文化产业补贴概念的主体条件？本书认为，从基金的组织管理形式来看，根据《文化产业发展专项资金管理暂行办法》①，文化产业发展专项资金由中央财政安排，由财政部负责专项资金预算管理、分配、拨付和监督检查。从设立的目的来看，专项用于提高文化产业整体实力，促进经济发展方式转变和结构战略性调整，推动文化产业跨越式发展。结合上述分析可以认定，专项基金的性质具有公共性，属于《SCM协定》第1条第1款（a）（1）（iv）规定的主体。

从形式来看，《SCM协定》第1条第1款（a）（1）列举了财政资助的几种形式。从补贴的形式来看，我国文化产业补贴采用的形式主要有：一是设立文化产业发展专项资金，既有针对文化产业整体的专项资金②，也有专门针对某个文化产业具体门类例如电影产业的专项资金③、某个地区的专项资金④；二是奖励措施，设置奖项、以奖代补⑤等方式，进行绩效奖励；三是财政转移支付⑥；四是贷款贴息⑦、项目

---

① 详见财政部《关于重新修订印发〈文化产业发展专项资金管理暂行办法〉的通知》（财文资［2012］4号）。
② 参见《文化产业振兴规划》（国办发［2009］30号）、《关于金融支持文化产业振兴和发展繁荣的指导意见》（银发［2010］94号）。
③ 例如《关于加快电影产业发展的若干意见》（广发影字［2004］41号）、《关于支持文化事业发展若干经济政策的通知》（国发［2000］41号）、《电影数字化发展纲要》（广发影字［2004］257号）、《关于进一步支持文化事业发展若干经济政策的通知》（国办发［2006］43号）等政策措施。
④ 例如《文化体制改革试点中支持文化产业发展的规定》（国办发［2003］105号）。
⑤ 例如《关于深化国有文艺演出院团体制改革的若干意见》（文政法发［2009］25号）。
⑥ 例如中共中央办公厅、国务院办公厅《关于加快构建现代公共文化服务体系的意见》（2015年1月14日）。
⑦ 例如《文化产业发展专项资金管理暂行办法》（财教［2010］81号）。

补助、定向资助等方式；五是政府采购①；六是各种形式的税收优惠政策措施，②既包括直接税优惠，也包括间接税优惠。由于《SCM协定》认定补贴的形式非常广泛，中国实践中大部分文化产业补贴的类型属于该协定中补贴的形式。

从受有利益这一条件来看，对于"授予一项利益"的关键在于利益的认定以及利益的传递性。在涉及文化产业补贴的认定中，一般而言，政府给予补贴，接受者获得利益，这一点在实践中存在争议的可能性比较小。因此可以说，中国现有文化产业补贴措施，基本属于《SCM协定》规范的措施。

需要说明的是，《SCM协定》属于货物贸易领域的补贴规范，服务贸易领域目前尚未制定统一的补贴规则，因此这一认定指的是货物贸易领域文化产业补贴的界定问题。

（二）文化产业补贴的专向性与可诉性补贴的问题

如前所述，《SCM协定》只规范具有专向性的补贴，即对国际贸易产生不利影响的补贴。中国目前针对文化产业的补贴是否具有专向性，由于实践中补贴的对象、方式等比较复杂，不能一概而论，需要分情况讨论。

笔者认为：①对于企业专向性。我国的文化产业补贴的对象大都不是只针对某些特定的企业，然而我国2010年颁布了《关于进一步推进国家文化出口重点企业和项目目录相关工作的指导意见》（商服贸发[2010]28号），规定了针对文化产业重点出口企业，并在此后每年公布"国家文化出口重点企业目录"③，这一意见中的补贴措施可能被认定为具有企业专项性补贴，因为这一类补贴的对象是《国家文化出口重点企业目录》中的企业，可以说属于针对特定的企业进行的补贴。因此

---

① 例如《关于加快国有文艺院团体制改革的通知》（文政法发[2011]22号）、《关于支持转企改制国有文艺院团改革发展的指导意见》（文政法发[2013]28号）。

② 例如《关于宣传文化所得税优惠政策的通知》（财税[2007]24号）、《关于文化体制改革中经营性文化事业单位转制为企业的若干税收优惠政策的通知》（财政部、国家税务总局/财税[2009]34号）；文化部《"十二五"时期文化改革发展规划》（2012）、《文化体制改革中经营性文化事业单位转制为企业和进一步支持文化企业发展两个规定的通知》（国办发[2014]15号）。

③ 关于年度"国家文化出口重点企业目录"，详见文化部网站，http://www.mcprc.gov.cn/whzx/bnsjdt/whcys/201605/t20160518_461873.html。

这种补贴值得我国予以关注。②对于产业专向性。根据最新修订的《文化及相关产业分类》①，文化产业被界定为"为社会公众提供文化产品和文化相关产品的生产活动的集合"。根据各类文化活动的特征，将全部文化产业活动划分为生产、文化相关产品的生产两部分，10 大类别，50 个中类和 120 个文化及相关产业的具体活动类别，因此，针对"文化产业"的补贴措施其范围之广很难认定为具有产业专向性。然而，一些针对动漫产业的优惠措施，由于针对的是动漫产业的从业者，很可能被认定为具有产业专向性。③对于地区专向性，目前我国文化产业补贴措施中针对文化产业园的补贴税收优惠等措施，可能被认定为具有地区专向性。但是，根据《SCM 协定》第 2 条第 1 款（b）项，如果授予补贴的机关或其运作所依据的立法制定适用于获得补贴资格和补贴数量的客观标准或条件，则不存在专向性。因此，一般而言，若这些措施规定的获得补贴资格和补贴数量的标准或条件比较客观和中立，是不构成专向性的。

总体而言，中国文化产业领域中可能具有专向性的非禁止性补贴均属于可诉范围，一旦其他成员提出我国文化产业补贴对其造成不利影响的证据，我国难免面临被诉的可能。②但是，本书认为，这种情况下的补贴只是存在被诉的风险。在实践中，不仅是中国，世界上其他国家对文化产业的补贴中以可诉补贴的形式存在的现象比较普遍。可诉补贴需要起诉方证明补贴实施成员方造成"不利影响"，而考虑到文化产业领域补贴的普遍性，其自身也有被诉的风险，WTO 其他成员方对中国提出这种诉讼的可能性很小。因此，尽管存在被诉的风险，但是中国不必要扮演"WTO 模范"的角色，在中国现有文化产业发展亟待资金支持的情况下，可以暂时地允许这种补贴的存在。

（三）文化产业"走出去"政策与禁止性补贴的问题

为了促进文化产业的发展，中国实施了文化产业"走出去"政策。例如，2010 年商务部等十部门颁布的《关于进一步推进国家文化出口

---

① 中华人民共和国国家统计局：《文化及相关产业分类（2012）》，2012 年 7 月 31 日。
② 马冉：《WTO 补贴规则视角下中国文化产业财税政策措施探析》，载《河南财经政法大学学报》2016 年第 5 期，第 163 页。

重点企业和项目目录相关工作的指导意见》①中指出:"为进一步扶优扶强,加大对文化出口重点企业和重点项目的支持力度""加快培育一批具有国际竞争力的文化贸易品牌","通过贷款贴息、项目补助、奖励、保费补助等多种方式支持文化出口"。2014年国务院印发了《关于加快发展对外文化贸易的意见》,对加快发展对外文化产品贸易、推动文化商品和服务出口作出了全面部署。

如第三章所述,笔者认为文化产业领域内针对货物的补贴是具有属于出口补贴和进口替代补贴可能性的。就出口补贴来说,尽管文化产业领域的补贴一般来说是为了促进本国的文化发展所实施的,但是不排除为了使本国文化产品出口的目的实施的补贴。那么针对我国而言,在这些措施中,常出现"国家重点鼓励的""国务院批准的"等措辞,有些甚至明确规定了具体的出口额度要求,是否容易给外界造成"需要以出口实绩为条件",是否有构成《SCM协定》所禁止的出口补贴的可能性?

根据《SCM协定》第3条第(1)款及其注脚,禁止性出口补贴分为法律上的出口补贴和事实上的出口补贴。前一种是指法律上明确规定以出口实绩作为给予补贴的唯一条件或条件之一;后一种是指法律上没有明确规定以出口实绩为补贴条件,但补贴的给予在事实上与出口或预期的出口联系在一起。就法律上的出口补贴来说,假如某国的补贴措施在用语上就表明为了出口,很可能被认定为"法律上"以出口为业绩。考查一项措施本身是否属于《SCM协定》第3条规定的法律上禁止性出口补贴,WTO争端解决实践首先将涉诉的措施区分为两种,即强制性措施和任意性措施。

(1) 从文件性质上来说,如果涉诉措施本身是一种强制性的规范,那么这一法律规范本身就可以构成被申诉的对象。我国文化产业"走出去"战略的相关法律措施的性质是否构成强制性规范,尤其是《关于加快发展对外文化贸易的意见》这种由国务院颁布的规范性文件,是否属于法律上的强制性规范,可能存在争议。② 笔者认为该文件即使由国

---

① 商务部等十部门:《关于进一步推进国家文化出口重点企业和项目目录相关工作的指导意见》(商服贸发[2010] 28号)。

② 张骞:《WTO视阈下中国文化"走出去"税收优惠措施研究》,载《南京大学学报》(哲学·人文科学·社会科学版) 2015年第6期,第54页。

务院颁布，但是很难被认定为具有强制性。在中国文化产业领域广泛存在的其他以"通知"形式的文化产业补贴措施，也很难说具有强制性。

（2）如果涉诉措施本身是一种赋予自由裁量权的任意性规范，则该文件本身并不构成《SCM 协定》第 3 条意义下的措施，只有构成事实上实施该措施，才可能导致构成违法。如果相关的地方政府层面的措施被认为是对该文件的实施，那么这种任意性规范可能和地方政府措施结合起来，反证这些文件构成法律上的出口补贴。值得一提的是，在 WTO 实践中甚至出现过其他国家认为中国这种类似措施构成禁止性补贴而提起诉讼的案件，因此这种情况必须引起中国文化产业补贴制定机关的注意。中美"知名品牌产品出口补贴"案是美国认为中国政府制定的名牌战略及一系列旨在促进品牌发展和增加品牌商品全球销量的相关措施构成了禁止性出口补贴，违反了《SCM 协定》第 3 条的规定，在 WTO 争端解决机制项下向中国提出磋商请求。中美"知名品牌产品出口补贴"案最终以达成"谅解备忘录"解决，没有进入专家组程序，所以对这种"通知"等形式的措施是否构成出口补贴尚存争议。主要观点是，该措施只是代表一种意愿，不构成法律上的强制措施。① 以 2010 年《关于进一步推进国家文化出口重点企业和项目目录相关工作的指导意见》为例，其要求"各地相关部门按照统一部署，切实加强沟通和协调，创造条件，共同支持我国文化出口"，假若地方政府出台相应的措施（而实践中这种措施在文化产业补贴领域非常常见），很有可能证明该措施属于事实上的强制措施，因而构成"禁止性补贴"。

因此，中国对文化产业的补贴具有构成《SCM 协定》禁止性补贴中的出口补贴的可能性，需要引起主管机关的注意。

（四）中国服务贸易国民待遇承诺及其补贴保留

服务贸易领域追求的目标是逐步的自由化，因此，很多议题尚在谈判中，在服务贸易的补贴领域缺乏《SCM 协定》那样严格的补贴规则。故而，文化产业服务贸易领域的补贴规则相对自由。货物领域补贴规则中关于补贴的界定和专向性问题不适用于文化产业服务贸易补贴。

符合 WTO 要求的补贴需要审视各个成员方在 GATS 中的国民待遇

---

① 龚柏华：《WTO 有关禁止性出口补贴规则研究——以中美"知名品牌产品出口补贴" WTO 磋商案为视角》，载《国际商务研究》2010 年第 2 期，第 38 页。

原则承诺。在视听服务领域,做出国民待遇承诺的成员方数量较少,即使对视听领域做出了国民待遇承诺的成员方,也普遍将国内补贴排除在国民待遇原则之外。因此,服务贸易领域的文化产业补贴纪律相对宽松,成员方享有较大的自主权。具体到中国的情况来说,中国在 GATS 承诺表的水平承诺中,尽管在电影和录像的制作和分销方面做出了国民待遇的承诺,但是明确在模式(3)下对视听领域国内服务提供者的补贴国民待遇原则做出保留。① 从服务贸易谈判规则和市场准入谈判观察,对我国来说,服务贸易领域合法补贴的空间比较大。② 也就是说,我国文化产业服务贸易补贴规则相对比较宽松,没有过多的限制。

四 文化产业补贴的例外规则

就"文化例外"或者"文化产业例外"而言,中国目前无论是在国际条约还是在双边条约中都没有对此进行正式主张。如本书第四章所述,尽管"文化例外"的主张在 WTO 中失败,但是支持文化发展、并且文化产业发达的国家或地区(如欧盟和加拿大)开始在区域贸易协定或双边贸易协定中坚持"文化产业例外"。中国作为文化产业发展的新兴国家,具有同前者一样的利益诉求。文化例外的主张,不仅能够为中国文化产业的发展争取更好的外部环境。同时也能够为我国传统文化与现代文化的和谐共存,以及本土文化与外来文化的交流互鉴提供良好的制度环境③。因而有必要借鉴这一做法,也有学者建议把"文化例外"写入国家及地方的文化发展"十三五"规划中。

对于贸易领域的一般例外原则,如前所述,文化产业可以考虑援引公共道德例外和国家珍宝例外条款,若对该条款的具体要求把握得当,对文化产业而言是具有援用的可能性的。在 WTO 规则中,"公共道德"的适用关键在于"必要性"的认定,而"国家珍宝"例外可以解释为对那些构成国家珍宝要求的文化产业门类予以适用。我国与新西兰

---

① WTO, *The People's Republic of China: Schedule of Specific Commitments*, GATS/SC/135, February 14, 2002, p. 2.
② 顾宾:《视听服务补贴与中国"文化强国"战略》,载《清华法制论衡》2014 年第 2 期,第 100 页。
③ 范周:《谈"文化例外"原则》,载《北京日报》2015 年 10 月 12 日,第 18 版。

2008年签订的《自由贸易区协定》所规定的一般例外规则的内容则反映出我国针对不同缔约对象所进行的利益诉求的调整,该协定使用了"具有国家价值的创造性艺术"的措辞,扩大了WTO一般例外规则中"国家珍宝"的范围,表明其适用于文化产业核心部门的可能性。在我国其他的双边条约中尚未出现类似的规定,可以考虑予以扩大。

第二节 中国文化产业补贴制度的完善建议

一 国际法层面的完善建议

随着数字化技术的发展和经济全球化的深入,文化产业的发展趋势只会越来越兴盛,不同文化之间的交互作用会更加密切。文化产业补贴只是其中的一个微观视角,"文化与贸易"议题也只是其中的一个重要方面,折射出文化产业领域与国际法的互动关系。在国际法层面,我国应当具有国际视野,在今后与文化有关的国际谈判和条约制定中,注意为我国文化产业发展争取最大利益。具体到补贴规则领域,基于本书的研究,笔者提出以下两点建议。

首先,可以借鉴发达国家发展文化产业的经验,尤其是关注欧盟和加拿大的经验,在国际谈判和国际条约的制定中考虑坚持文化产业的特殊性,制定"文化产业例外"条款。如前所述,加拿大首次提出"文化产业例外",并一直在其签订的双边和区域贸易协定中坚持这项例外。欧盟与美国有关文化产业的争议亦由来已久,双方针锋相对,自20世纪20年代持续至今,战场也从传统的电影、电视节目等视听产业转向数字化文化产业。欧盟在TTIP的谈判中坚持"文化例外"原则,并提出对文化产业的补贴应并不违反国际法规则的主张。我国文化产业现阶段的发展面对的困境与欧盟和加拿大曾经遇到的问题具有高度相似性——都具有丰富的本土文化资源,文化产业发展具有维护文化多样性的先天诉求;都曾面对美国文化产业的强势入侵,不得不采取保护本国文化产业发展的相关政策措施。从上述加拿大和欧盟的经验中可以看出,其对本国文化产业的保护不仅体现在国内立法层面,而且注重在国际条约的谈判和国际规则的制定中为国内文化产业的政策措施扫清障碍,以营造良好的国际法环境。这一点尤其值得我国关注和借鉴。由于历史的原因，我国的国际法发展较为落后，2001年加入世界贸易组织之后才逐渐关注我国国内立法与国际规则的协调性问题，在WTO争端解决机制的实践中也比较被动。作为发展中国家，我国在国际法上的话语权还很不足。正因为此，我国在发展文化产业之时，应当吸取这些教训，主张和坚持文化产业例外，争取符合我国文化产业发展利益的国际环境。

其次，在制定双边和区域贸易协定中，坚持服务领域国民待遇原则的补贴保留，为文化产业补贴政策措施争取更大的合法性空间。如前所述，服务贸易领域补贴规则有较大自由权，不仅体现在GATS中，在晚近新发展的自由贸易协定和区域贸易协定中体现得也比较明显。我国已经在GATS的国民待遇承诺表中，明确对模式（3）下视听领域国内服务提供者保留；在中国—东盟自贸区服务协定和投资协定中，也将补贴排除在整体规则之外，因而服务贸易领域文化产业补贴也被排除在规则之外，不受非歧视待遇原则的制约，这为我国服务贸易补贴的发展提供了空间。我国可以在今后制定双边贸易协定和区域贸易协定的过程中，坚持服务贸易规则的补贴例外，或者服务贸易领域非歧视原则的例外，以保障我国文化产业补贴规则与国际法的适法性。

二 国内法层面的完善建议

如前所述，我国现有文化产业补贴的政策措施具有违反WTO规定之嫌，因此在国内法层面需要对文化产业政策措施规定予以清理，进行系统的废、改、立，注重国内法与国际法的对接，使之符合WTO规范。主要应当关注以下几个方面。

首先，应当分阶段废除涉及文化产品的禁止性出口补贴。

依照《SCM协定》，我国现阶段一些文化产业补贴的政策措施具有构成禁止性补贴的极大可能性，而没有被起诉是基于一些现实因素的考量。但是基于"条约必须遵守"的国际法原理，需要对这种明确违反WTO协定和我国《入世议定书》的措施进行清理，以便符合我国的相关国际法义务。

需要注意的是，在清理的过程中应分轻重缓急，有阶段地进行废、改、立。修改和删除具有强制性规范性质的文化产业补贴政策中具有出口导向的措辞。对那些可能构成事实上出口补贴的任意性规范，考虑到我国的现实情况以及规则制定的稳定性和连续性要求，分阶段地予以废除和修改。同时，在今后制定立法和颁布措施的时候，相关主体应当注意不要使用具有出口导向性的措施，而是进行相对客观和中立的措施，以使之尽可能符合《SCM 协定》和其他国际条约的要求。我国现阶段正在进行讨论的《电影产业促进法》（草案），其中第 37、38 条规定了促进电影产业发展所必需的基金支持和税收优惠支持措施。

其次，应当尽力避免补贴的专向性。根据《SCM 协定》的规定，除了禁止性补贴外，其他的补贴措施只要没有构成专向性，是不能对其采取反补贴措施的。据此，中国的文化产业补贴政策措施的制定机构应该注意，不能将获得这些税收优惠的对象明确限于某些企业，而是在获得补贴资格和补贴数量时予以注意，制定可以自动获取的、相对客观和中立的标准或条件，并明确公布，以保证得到严格遵守和执行。

最后，在今后的规则制定中，可以考虑适度扩大服务贸易领域文化产业补贴政策的范围。GATS 中补贴规则相对自由，使得我国在文化服务产业领域采用补贴政策措施的空间相当广泛。中国文化产业补贴的政策措施中有相当一部分在对象上直接针对的是文化产业服务领域，比如电影的发行、放映等措施。对这一类措施的"货物/服务"属性，不存在较大争议。因此，笔者建议，在今后的规则制定中，可以考虑适度扩大服务贸易领域文化产业补贴政策的范围。

本章小结

从现有研究成果来看，欧盟、美国等文化产业发达国家都曾针对文化产业补贴与国际法的相符性问题进行研究，其研究成果反映了其本国文化产业发展的利益诉求。因此，对该问题的研究可以参考这些成果，但是要避免陷入西方国家的立场和语境中。本章的研究从我国文化产业发展的实际情况出发，力求提出符合中国目前文化产业发展需要的补贴建议。

因而，本章以中国视角，系统地对文化产业补贴领域的上述国际法问题进行了再一次的总结和分析。对我国文化产业的定义、范围，

《SCM 协定》规则下中国文化产业补贴的认定、相关措施和规则的货物/服务属性，以及中国在 GATS 中对文化产业补贴相关的承诺及保留进行了梳理。国家统计局于 2012 年更新的《文化及相关产业分类》与联合国教科文组织 2009 年《文化统计框架》衔接，在此基础上，发现我国对文化产业的含义和范围的界定随着实践的发展而不断更新，并在结合中国国情的基础上力求与国际规范相符合。在立法与政策上，也可以说目前中国文化产业正处于一个黄金时期，无疑，立法的支持对电影产业的发展有重大促进作用，中国正在制定并审议的《电影产业促进法》（草案）第 37、38 条规定了促进电影产业发展所必需的基金支持和税收优惠支持措施。纵观其他国家的文化产业立法，也基本上都规定了补贴和税收优惠政策以促进文化产业的发展。例如，韩国《文化产业振兴基本法》第 30 条[①]，日本《文化艺术振兴基本法》第 6 条[②]，中国台湾地区"文化创意产业发展法"第 7、8、9 三条规定的补贴政策[③]和第 26、27、28 条规定的税收政策。[④] 从政策来看，中国自 2000 年以来

[①] "1. 为振兴文化产业，文化产业振兴设施、文化产业园、制作者、投资公司、投资协会在向文化产业投资时，政府对创业者和援助创业的人可以依照税法的规定提供税制支持。2. 对于建设和运营文化产业振兴设施和文化产业园所直接使用的装备、设备和配件，政府可以依照《关税法》的规定进行关税减免。"第 30 条第 2 款规定："第三十条之二（地方自治团体对文化产业振兴设施的支持）为振兴文化产业，地方自治团体在必要的时候可以向文化振兴设施、文化产业园和文化振兴机构的建设者，以及支持文化产业创业的公共团体提供出资。"

[②] "政府为实施振兴文化艺术的相关政策，应当采取必要的法律、财政和其他措施。"

[③] 第七条规定："为促进文化创意产业之发展，政府应捐助设立财团法人文化创意产业发展研究院；其设置条例另定之。"第八条规定："政府应致力于发展文化创意产业，并保障其发展所需之经费。"第九条规定："国家发展基金应提拨一定比例投资文化创意产业。"

[④] 第三章 租税优惠

第二十六条 营利事业之下列捐赠，其捐赠总额在新台币一千万元或所得额百分之十之额度内，得列为当年度费用或损失，不受所得税法第三十六条第二款限制：

一、购买由国内文化创意事业原创之产品或服务，并经由学校、机关、团体捐赠学生或弱势团体。

二、偏远地区举办之文化创意活动。

三、捐赠文化创意事业成立育成中心。

四、其他经中央主管机关认定之事项。

前项实施办法，由中央主管机关会同中央目的事业主管机关定之。

第二十七条 为促进文化创意产业创新，公司投资于文化创意研究与发展及人才培训支出金额，得依有关税法或其他法律规定减免税捐。

第二十八条 文化创意事业自国外输入自用之机器、设备，经中央目的事业主管机关证明属实，并经经济部项目认定国内尚未制造者，免征进口税捐。

颁布的政策措施中涉及大量的文化产业补贴问题，既包括中央层面、也包括地方制定实施的；从宏观、中观、微观的角度支持文化产业发展；主要方式包括设立文化产业专项资金、设立奖励措施、财政转移支付、贷款贴息、政府采购、税收优惠等方式。

在此基础上结合本书的前述研究内容，分析中国现有文化产业补贴政策措施是否存在问题，经过分析本书认为中国的部分措施具有构成专向性和可诉性补贴的可能性，中国对文化产业的补贴具有构成《SCM协定》禁止性补贴中的出口补贴的可能性，需要引起我国主管机关的注意。

最后，结合本书的研究成果，从国内法和国际法两个角度为中国文化产业补贴规则的发展提出了针对性的建议，具体包括：从国际法角度应当具有一定的前瞻视野，借鉴发达国家发展文化产业的经验，在国际谈判和国际条约的制定中考虑坚持文化产业的特殊性、制定"文化产业例外"条款，并在贸易协议中坚持文化产业补贴的保留，为中国文化产业的发展提供适合的国际法环境。从国内法角度应当依据我国的国际法义务对相关规则进行清理，修改和删除具有强制性规范性质的文化产业补贴政策中具有出口导向的措辞；避免补贴的专向性；在今后的规则制定中，考虑适度扩大服务贸易领域文化产业补贴政策的范围，以为中国文化产业的发展争取较大的空间。

结　　语

　　文化产业补贴规则涉及的法律渊源层次多、范围广、内容庞杂，涉及国际公约、多边规范、双边规范等国际法渊源，以及国内法渊源；内容包括文化法领域的渊源、贸易法领域的渊源、人权法领域的渊源、财税法领域的渊源；既有国际法领域的问题，也包括各国财税法和文化产业立法中有关补贴的问题；既有旧有体制中难以定论的问题，又涉及新兴规则中的最新发展问题。因此可以说，文化产业补贴规则是一个很好的分析角度，像一枚棱镜，既能够折射出文化产业在国际法视野下的面貌，又能够反映国际法发展中的国际法的碎片化趋势这一常写常新的话题。

　　文化产业补贴问题离不开"文化与贸易"的议题之争这一大的背景。实际上，"贸易与……"问题由来已久，而贸易与文化之纷争可以说是一个相对新的视野和更加难以定论的问题。笔者认为，文化与贸易领域更加难以定论的原因在于，相较于其他议题，文化与贸易面临着更多的不确定性。文化产业自其诞生以来，即面临着文化性与商业性的属性之争，最终确定为具有"文化—商业"双重属性。正因为此，有学者曾尖锐地指出，"除非贸易能够处理好与文化的关系问题，否则怎么能够指望其处理好环境问题，劳工问题，或者社会标准问题？"尽管言语有些夸张，但是反映了贸易在处理相关议题上存在的问题。就本书的研究来说，这种不确定性表现得更为明显：文化产品是属于货物还是服务的定性目前在 WTO 中依旧悬而未决，TPP 中电子商务的规定回避了这一问题，也可以证明数字化文化产品尚未定论。在例外规则中，"文化产业例外"刚刚予以确定，范围还不广泛；而援用贸易原则的一般例外尽管理论上可行，实际操作层面还面临着诸多困难，还并未被 DSB

的实践予以证明。而文化产业补贴规则之间的冲突，更是国际法碎片化的具体体现，对此的解决办法也并不明朗。这种不确定主要源于概念的核心——"文化"本身的难以界定，从一方面来说，文化产业承袭了这种不确定性。文化产业的文化性和商业性之争的原因在于，坚持文化性的一方担心强调商业性会损害一国的文化保护；而坚持商业性的一方则担心文化措施只是那种打着文化的名号掩盖实施贸易壁垒的行为，实际目的在于保护产业发展。一国政府具有保护其本国的文化的权利和义务，正是基于文化产业的文化特征，政府有必要制定各种政策，以保护和扶持文化产业和文化产品。在各种扶持政策中，可能会存在与贸易自由化的目标产生冲突的措施。那么这些基于保护文化产业的目的但是可能产生与"贸易自由化"这一价值目标相冲突的措施是否合法？二者之间的冲突，究其本质，实际上是价值目标的冲突。文化产业的这一特点，是贯穿本书论述的基础，也是文化与贸易领域诸多争议的根本原因。可是，从另一个方面来看，"文化产业"这一概念的提出和发展，也可以为"贸易与文化"问题提供一种解决之道。从WTO中"文化例外"的失败到自由贸易协定中"文化产业例外"规定的确立即是例证。究其本质，贸易和文化冲突的本质在于平衡二者之间的关系，在允许必要的基于文化目的的措施的前提下，最小化地减少这些措施对贸易的影响。而这种平衡是在实践中不断发展变化的，不能一蹴而就。

本书着眼于分析文化产业补贴规则的国际法问题。具体包括以下四个方面。

文化产品的分类问题，即对文化产品是属于货物还是服务这一问题的定性。文化产品分类的争议，又可以称为对文化产品"货物/服务"定性的冲突。由于界分货物和服务是判断涉案产品适用何种法律规范的前置问题，因而有必要对货物和服务做出区分。现代的国际贸易中，货物贸易与服务贸易越来越密不可分，在货物贸易中包含服务的情况下，这一问题极具实践意义，尤其是对文化产业来说，其货物和服务的双重特征使得涉及文化产品的案件很难区分是与货物贸易还是服务贸易有关。尽管分类问题不是文化产品独有，但是对文化产品的分类问题进行深入分析会发现，文化产品的分类问题较之一般产品的分类更为复杂。货物和服务的融合现象在文化产品领域更加明显，因而二者之间的界限更难界定。

在文化法视域下,《文化多样性公约》赋予了成员国采取一种相对宽泛的文化补贴的权利,其标准的"直接文化影响标准",而不论这些补贴是给予货物还是服务,给予商品还是生产者,给予国内的还是国外的文化产品。贸易法视域下,文化产业补贴的认定、类型及合法的条件问题是所要解决的核心问题。在 GATT 中,需符合国民待遇原则第 3 条第 8 款例外的条件和《SCM 协定》的条件;在 GATS 中,虽然缺乏如货物贸易领域那样明确的补贴规则,但是应当符合一国在 GATS 中关于国民待遇和市场准入的承诺,以及考察是否做出了有关文化产品补贴的最惠国待遇豁免的例外。

文化产业补贴的例外规则是从例外角度看待文化产业补贴问题,按照范围的从大到小,具体包括三种例外形式:一是文化产业的总体例外(Cultural Industry Exception,CIE),二是一般例外规则的例外,三是补贴规则的例外。文化产业补贴的例外规则作为文化产业补贴问题的抗辩理由。本章通过分析,发现了尽管"文化例外"失败,但是"文化产业例外"产生萌芽并在 FTAs 中发展。指出贸易规则的一般例外规则中与文化产业相关的包括公共道德例外和国家珍宝例外。其中,"公共道德"的适用关键在于"必要性"的认定;而"国家珍宝"例外的新发展表明其适用于文化产业核心部门的可能性。

在国际治理领域,最重要和亟待解决的问题之一是国际法的不同分支和规则之间如何相互作用。文化产业补贴的相关规则之间可能会产生一定的冲突,面对这些可能的冲突,文化产业补贴领域研究有必要对相关规则的冲突和协调做出阐释,其中包括管辖权的冲突与协调,以及法律适用上的冲突与协调。而在这些冲突的背后,究其本质,是立法目标的冲突以及不同国家在文化产业领域利益的冲突——《文化多样性公约》旨在保护和促进文化表达方式的多样性,着眼点在于文化的保护和保存,其中财政支持措施必不可少;WTO 规则的主要目标是促进贸易自由化,消除贸易壁垒,成员方实施的文化政策措施具有违反 WTO 规则之虞,尤其是在补贴领域的《SCM 协定》严格规则之下审视成员方现实中普遍存在的文化产业补贴;人权领域主要从公民文化自由表达权利这一角度对文化产业补贴进行规范。而纵观文化与贸易问题的历史发展,以美国"自由贸易至上"和欧盟"文化例外"为代表的两派之间的冲突迄今为止几乎延续了一个世纪,并在当今数字化和信息时代中继续,其战场也从多边贸易规则转向了各自的区域贸易协定。因此,应该跳出规则本身,对此进行系统的分析。

  在上述分析的基础上,最后本书落脚点在于文化产业补贴领域的国际法问题的中国视角。对我国文化产业的定义、范围,《SCM协定》框架下我国文化产业补贴的认定、规则的货物/服务属性,以及我国在GATS中与文化产业补贴有关的承诺及保留进行了梳理。在此基础上总结出我国文化产业补贴政策措施的现存问题,部分措施具有构成专向性和可诉性补贴的可能性,甚至构成禁止性补贴。并结合本书的研究成果,从国内法和国际法两个角度为我国文化产业补贴规则的发展提出了针对性的建议,从国内法角度应当依据我国的国际法义务对相关规则进行清理,分阶段、有步骤地废、改、立;从国际法角度应当具有一定的前瞻视野,汲取国外先进经验和我国的教训,争取文化产业例外和文化产业补贴的保留,为我国文化产业的发展提供适合的国际法环境。

附　表

我国文化产业补贴相关政策汇总

政策名称/颁布部门/文号	政策要点
《关于支持文化事业发展若干经济政策的通知》（国发〔2000〕41号）	对列出的七大类出版物的增值税继续实行先征后退的办法；全国县（含县级市）及县以下新华书店和农村供销社销售出版物的增值税，继续实行先征后退的办法；继续实施发展电影事业的免征增值税、建立"国家电影事业发展专项资金"、建立"电影精品专项资金"的政策；继续增加对宣传文化事业的财政投入；建立健全专项资金制度；继续鼓励对宣传文化事业的捐赠
《文化事业发展第十个五年计划纲要（2000）》	要调整财政投入结构和投入方式，在逐步增加财政对文化投入的基础上，安排一定数量的财政预算资金、文化事业建设费作为加快发展文化产业的引导资金，逐步建立起符合社会主义市场经济规律的文化产业投资机制。文化产业发展资金面向各类文化企业，采取资本金投入（参股）、无偿资助、贷款贴息等方式引导文化产业的投资方向，支持文化企业的发展
《关于"十五"期间文化建设的若干意见》（文政发〔2001〕45号）	进一步加大财政对文化事业的扶持力度。中央和地方财政对文化事业的投入，应当随着经济的发展逐年增加，增加幅度不低于财政收入增长的幅度。根据国家财政体制改革的要求，通过专项资金、转移支付等手段，增强各级财政对文化建设的宏观调控能力

续表

政策名称/颁布部门/文号	政策要点
《文化体制改革试点中支持文化产业发展的规定》（国办发〔2003〕105号）	试点地区可安排文化产业发展专项资金，并制定相应使用和管理办法，采取补贴、补助等方式，支持文化产业发展
《关于支持和促进文化产业发展的若干意见》（文产发〔2003〕38号）	扶持发展具有示范性、导向性的重点文化产业项目。争取一定数量的政府投资，作为文化产业引导资金，对重点文化产业项目的开发与运营，特别是内容产业文化产品的生产给予资金补助和信贷贴息等支持
《关于加快电影产业发展的若干意见》（广发影字〔2004〕41号）	落实电影产业优惠政策。进一步通过财税政策调节并加大对电影企业进入市场运营的力度。设立专项资金加大对国家鼓励的重点影片、少数民族影片、农村影片（包括农村实用科教片）、儿童影片和动画片等进行长期扶持，对国产动画片专业制作机构争取免税政策。利用国债资金扶持历史悠久、影响深远的大型国有制片基地进行改造。经批准对新成立的电影制作、发行、放映企业，免征1—3年的企业所得税；作为文化体制改革试点单位的电影集团，可合并缴纳企业所得税；电影企业纳税确有困难的，可申请减免经营用土地和房产的城镇土地使用税、房产税。采取贷款贴息或补助政策扶持城镇电影院改建。依法建立若干电影专项基金
《电影数字化发展纲要》（广发影字〔2004〕257号）	充分使用好政府扶持发展数字电影的专项资金，建立符合市场经济规律的商业运营模式和盈利模式；为鼓励电影数字化发展，促进胶转数技术的应用，国家每年将对部分优秀国产影片的数字化放映予以适当补贴。同时，为鼓励社会多出数字电影精品，将在电影"华表奖"中增设优秀数字电影奖，以促进数字电影的发展和繁荣

续表

政策名称/颁布部门/文号	政策要点
《关于实施人才兴文战略 进一步加强文化人才队伍建设的意见》（文人发［2004］10号）	增加对文化人才培养和开发的资金投入，积极争取设立国家文化人才发展专项资金。文化人才发展专项资金分高层次文化人才发展资金、青年优秀人才培养资金和优秀人才奖励资金。高层次文化人才发展资金用于扶持专业拔尖、业绩突出的艺术骨干和具有深刻理论功底和较高学术造诣的高级专家及具备先进管理水平、有较突出成绩的文化实业家，组织他们到国外培训、进修、考察。青年优秀人才培养资金用于选拔培养全国文化系统各领域工作突出、有较大潜力的青年人才，资助他们到国内知名高校进修或脱产学习，以进一步提高工作能力和业务水平。优秀人才奖励资金用于奖励在国内外重大比赛中获得重要奖项的人员，以及奖励对文化事业做出重大、杰出贡献的优秀人才
《关于非公有资本进入文化产业的若干决定》（国发［2005］10号）	鼓励和支持非公有资本从事文化产品和文化服务出口业务。鼓励和支持非公有资本参与文艺表演团体、演出场所等国有文化单位的公司制改建，非公有资本可以控股
《关于进一步做好文化系统体制改革工作的意见》（文政函［2006］1329号）	对于从事高雅艺术演出的单位，在转制的同时，为培育市场，政府要给予一定的补贴。对主要面向农村演出的国办基层艺术表演团体，继续给予政策扶持。承担公益性创作演出任务，政府要给予支持；创作的优秀作品，政府要给予奖励；面向农村或者未成年人的公益性演出，政府要给予补贴
《关于进一步支持文化事业发展若干经济政策的通知》（国办发［2006］43号）	继续对宣传文化单位实行增值税优惠政策，对电影发行单位实行营业税优惠政策；继续实施促进电影事业发展的有关经济政策，从电影放映收入中提取5%建立"国家电影事业发展专项资金"，实行基金预算管理方式，用于电影行业的宏观调控；继续增加对宣传文化事业的财政投入

续表

政策名称/颁布部门/文号	政策要点
《关于宣传文化所得税优惠政策的通知》（财税［2007］24号）	对宣传文化企事业单位按照《财政部国家税务总局关于宣传文化增值税和营业税优惠政策的通知》（财税［2006］153号）有关规定取得的增值税先征后退收入和免征增值税、营业税收入，不计入其应纳税所得额，并实行专户管理，专项用于新技术、新兴媒体和重点出版物的引进和开发以及发行网点和信息系统建设
《宣传文化发展专项资金管理办法》（财教［2007］157号）	专项拨款主要用于宣传文化单位的公益性项目或技术改造、设备更新等。专项贴息主要用于宣传文化单位临时性资金不足及有偿还能力的技术改造、设备更新等项目借款的利息补助。包括：技术改造等临时性资金不足借款的利息补助；有偿还能力的技术改造、设备更新等项目借款的利息补助
《关于文化体制改革中经营性文化事业单位转制为企业的若干税收优惠政策的通知》（财政部、国家税务总局/财税［2009］34号）	对经营性文化事业单位转制中资产评估增值涉及的企业所得税，以及资产划转或转让涉及的增值税、营业税、城建税等给予适当的优惠政策；经营性文化事业单位转制为企业，自转制注册之日起免征企业所得税；党报、党刊将其发行、印刷业务及相应的经营性资产剥离组建的文化企业，自注册之日起所取得的党报、党刊发行收入和印刷收入免征增值税等
《关于转制文化企业名单及认定问题通知》（财税［2009］105号）	明确转制文化企业的范围、认定，以及税收优惠的备案要求
《文化产业振兴规划》（国办发［2009］30号）	加大政府投入。大幅增加中央财政"扶持文化产业发展专项资金"和文化体制改革专项资金规模，不断加大对文化产业发展和文化体制改革的支持力度
《关于深化国有文艺演出院团体制改革的若干意见》（文政发［2009］25号）	确保院团转企改制后原有正常事业费继续拨付，并通过文化产业发展资金等予以支持。推进有条件的地方探索建立文化艺术发展基金，采取项目补贴、定向资助、贷款贴息和以奖代补等办法，加大对转企改制院团的资金支持力度

续表

政策名称/颁布部门/文号	政策要点
《关于金融支持文化产业振兴和发展繁荣的指导意见》（银发［2010］94号）	中央和地方财政可通过文化产业发展专项资金等，对符合条件的文化企业，给予贷款贴息和保费补贴。支持设立文化产业投资基金，由财政注资引导，鼓励金融资本依法参与
《文化产业发展专项资金管理暂行办法》（财教［2010］81号）	专项资金的支持范围：骨干文化企业培育、国家级文化产业园区和文化产业示范基地建设、重点文化体制改革转制企业发展、大宗文化产品和服务出口、其他文化产业发展领域。专项资金的支持方式：1）贷款贴息，每个项目的贴息年限一般不超过3年，补贴额最高不超过实际利息发生额的80%；2）项目补助；3）补充国家资本；4）绩效奖励；5）保险费补助
《关于加强文化产业园区基地管理、促进文化产业健康发展的通知》（文产函［2010］1169号）	对国内外影响大、文化含量高、规模效益好、管理规范、示范引导辐射作用强的文化产业园区、基地及园区内文化企业要重点扶持，按照财政部《文化产业发展专项资金管理暂行办法》（财教［2010］81号）和地方有关政策，积极支持和帮助其申报贷款贴息、项目补助、绩效奖励等资金
《关于加快国有文艺院团体制改革的通知》（文政发［2011］22号）	中央财政和地方财政通过安排文化产业发展专项资金、宣传文化发展专项资金等渠道，对转制文艺院团重点产业发展项目予以支持；鼓励以政府购买服务或按场次补贴等方式，支持转制文艺院团深入基层、深入群众，培育和引导农村演艺市场
《文化部"十二五"时期文化改革发展规划》（2012）	加大政府投入力度，建立健全同国力相匹配、同人民群众文化需求相适应的政府投入保障机制。保证公共财政对文化建设投入的增长幅度高于财政经常性收入增长幅度；设立国家文化发展基金，扩大有关文化基金和专项资金规模；加大财政、税收、金融、用地等方面对文化产业的政策扶持力度，对文化内容创意生产、非物质文化遗产项目经营实行税收优惠

续表

政策名称/颁布部门/文号	政策要点
《文化产业发展专项资金管理暂行办法》（财文资［2012］4号）	专项资金的支持方向为推进文化体制改革、培育骨干文化企业、构建现代文化产业体系、促进金融资本和文化资源对接、推进文化科技创新和文化传播体系建设、推动文化企业"走出去"，支持项目分为重大项目和一般项目，支持方式包括项目补助、贷款贴息、保费补贴、绩效奖励等
《"十二五"时期文化产业倍增计划》（文产发［2012］7号）	增加公共财政对文化产业的投入力度，提高文化产业支出占财政支出比例，充分发挥财政资金杠杆作用；扩大文化产业发展专项资金和文化产业投资基金规模，合理确定支持方向，提高文化产业发展专项资金的使用效率；创新政府投入方式，通过政府购买服务、项目补贴、以奖代补等方式；积极争取中央财政国有资本经营预算加大对文化产业的扶持力度；鼓励和支持有条件的地方设立文化产业投资引导基金
《文化部"十二五"文化科技发展规划》（科技发［2012］18号）	加强文化科技战略研究，支持300项左右文化科技基础科研项目，系统部署150项左右文化领域重要核心技术、关键技术和集成技术攻关，制定30项左右文化行业技术标准，转化推广75项左右先进适用技术
《关于鼓励和引导民间资本进入文化领域的实施意见》（文产发［2012］17号）	会同有关部门逐项落实鼓励和引导民间资本进入文化领域的各项政策措施，针对不同领域，研究制定具体扶持办法，加大财政、税收、金融、用地等方面的扶持力度，完善民间资本进入文化领域的政策保障机制，切实保护民间资本的合法权益
《关于支持转企改制国有文艺院团改革发展的指导意见》（文政发［2013］28号）	财政部门安排一定的资金，通过政府购买服务、项目补贴、定向资助、以奖代补等方式，鼓励和引导转制院团参与公共文化服务；建立健全财政投入激励约束机制，把实现良好社会效益和经济效益作为财政扶持的重要标准，提高财政资金使用效益；落实税收优惠政策，转制院团可按现行税收政策规定享受有关税收优惠政策

续表

政策名称/颁布部门/文号	政策要点
《文化体制改革中经营性文化事业单位转制为企业和进一步支持文化企业发展两个规定的通知》（国办发［2014］15号）	保留和延续原有给予转制企业的财政支持、税收减免、社保接续、人员分流安置等多方面优惠政策，特别是保留了免征企业所得税政策，支持力度不减；扩大文化产业发展专项资金规模，将有线数字电视增值税免税政策重新明确再延长3年，新增对农村有线电视、城市电影放映等增值税优惠政策
《国家艺术基金章程》（文化部［2014］）	国家艺术基金的资助方式分为三类：项目资助，即根据项目申报类别及评审情况予以相应资助；优秀奖励，即对优秀作品、杰出人才进行表彰与奖励；匹配资助，即为引导和鼓励社会力量支持艺术发展，对获得其他社会资助的项目进行有限陪同资助
《关于加快发展对外文化贸易的意见》（国办发［2014］13号）	进一步完善《文化产品和服务出口指导目录》，定期发布《国家文化出口重点企业目录》和《国家文化出口重点项目目录》，加大对入选企业和项目的扶持力度；鼓励和引导文化企业加大内容创新力度，在编创、设计、翻译、配音、市场推广等方面予以重点支持；加大文化产业发展专项资金等支持力度，加大对文化出口的支持力度；对国家重点鼓励的文化产品出口实行增值税零税率，对国家重点鼓励的文化服务出口实行营业税免税，对纳入增值税征收范围的文化服务出口实行增值税零税率或免税；在国务院批准的服务外包示范城市从事服务外包业务的文化企业，符合现行税收优惠政策规定的技术先进型服务企业相关条件的，经认定可享受减按15%的税率征收企业所得税和职工教育经费不超过工资薪金总额8%的部分税前扣除政策

续表

政策名称/颁布部门/文号	政策要点
《推动中国特色文化产业发展的指导意见》（文产发〔2014〕28号）	加大财政对特色文化产业发展的支持力度，把特色文化产业发展工程纳入中央财政文化产业发展专项资金扶持范围；充分发挥财政资金杠杆作用，重点支持具有地域特色和民族风情的民族工艺品创意设计、文化旅游开发、演艺剧目制作、特色文化资源向现代文化产品转化和特色文化品牌推广；认真落实国家扶持文化产业发展的各项税收政策，加强税收政策跟踪问效
《中央补助地方公共文化服务体系建设专项资金管理暂行办法》（财教〔2015〕527号）	为规范和加强中央补助地方公共文化服务体系建设专项资金（以下简称专项资金）管理，提高专项资金使用效益。规定专项资金的支出范围、分配办法、申报与审批、管理与使用、监管与评价等
《中共中央办公厅、国务院办公厅关于加快构建现代公共文化服务体系的意见》（2015年1月14日）	加大财税支持力度。合理划分各级政府基本公共文化服务支出责任，建立健全公共文化服务财政保障机制，按照基本公共文化服务标准，落实提供基本公共文化服务项目所必需的资金，保障公共文化服务体系建设和运行。进一步完善转移支付体制，加大中央财政和省级财政转移支付力度，重点向革命老区、民族地区、边疆地区、贫困地区倾斜，着力支持农村和城市社区基层公共文化服务设施建设，保障基层城乡居民公平享有基本公共文化服务。进一步拓展资金来源渠道，加大政府性基金与一般公共预算的统筹力度。创新公共文化服务投入方式，采取政府购买、项目补贴、定向资助、贷款贴息等政策措施，支持包括文化企业在内的社会各类文化机构参与提供公共文化服务。落实现行鼓励社会组织、机构和个人捐赠公益性文化事业所得税前扣除政策规定。加强对公共文化服务资金管理使用情况的监督和审计，开展绩效评价

续表

政策名称/颁布部门/文号	政策要点
《文化部、工业和信息化部、财政部关于大力支持小微文化企业发展的实施意见》（文产发〔2014〕27号）	（十二）加大财政支持力度。充分发挥财政政策引导示范作用，着力改善小微文化企业发展环境，促进小微文化企业创业发展。加大中央财政文化产业发展专项资金支持力度，完善和落实项目补助、贷款贴息、保费补贴等措施，实现财政政策、产业政策与企业需求的有机衔接。支持小微文化企业在项目实施中更多运用金融资本、社会资本，符合条件的可通过"文化金融扶持计划"给予支持。各级财政部门要结合本地区实际，切实加强对小微文化企业发展的促进引导，鼓励有条件的地区制定和实施小微文化企业孵化培育专项计划，并探索建立小微文化企业融资风险补偿机制。 （十三）落实提高税费优惠政策。落实提高增值税和营业税起征点、暂免征收部分小微企业增值税和营业税、小型微利企业所得税减半征收，以及免征部分小微文化企业文化事业建设费、部分艺术品进口关税减免等各项已出台的税费优惠政策。按照有关规定有序推进动漫企业认定工作，落实支持动漫企业发展的相关税收优惠政策。研究完善有利于非物质文化遗产生产性保护企业发展的税收政策。结合营业税改征增值税改革试点，逐步将文化服务行业纳入"营改增"试点范围
《中共中央办公厅、国务院办公厅印发关于推动国有文化企业把社会效益放在首位、实现社会效益和经济效益相统一的指导意见》（2015年9月14日）	进一步加大财政支持力度。完善政府采购和资助办法，积极有序推进政府向社会购买公共文化服务工作，进一步支持国有文化企业发展。完善各级文化产业发展专项资金使用管理，加大对社会效益突出的产业项目扶持力度。加大中央文化企业国有资本经营预算投入力度，探索以国有资本金注入的方式推动企业兼并重组，培育国家级骨干文化企业。省属重点文化企业，经省级政府批准，2020年年底前可免缴国有资本收益。落实和完善税收优惠政策。继续执行推动经营性文化事业单位转制和文化企业发展的有关政策。按照财税体制改革的总体要求，统筹研究有利于文化内容创意生产、非物质文化遗产项目经营等方面的税收优惠政策

续表

政策名称/颁布部门/文号	政策要点
《中国人民银行、工业和信息化部、公安部、财政部等关于促进互联网金融健康发展的指导意见》（银发〔2015〕221号）	落实和完善有关财税政策。按照税收公平原则，对于业务规模较小、处于初创期的从业机构，符合我国现行对中小企业特别是小微企业税收政策条件的，可按规定享受税收优惠政策。结合金融业营业税改征增值税改革，统筹完善互联网金融税收政策。落实从业机构新技术、新产品研发费用税前加计扣除政策

参考文献

一 中文

（一）中文著作

白巴根：《补贴认定的若干问题研究》，北京大学出版社2014年版。

卜海：《国际经济中的补贴与反补贴》，中国经济出版社2009年版。

陈卫东：《WTO例外条款解读》，对外经济贸易大学出版社2002年版。

陈卫国：《世界贸易组织的逻辑》，对外经济贸易大学出版社2013年版。

单一：《WTO框架下补贴与反补贴法律制度与实务》，法律出版社2009年版。

房东：《WTO〈服务贸易总协定〉法律约束力研究》，北京大学出版社2006年版。

付亦重：《服务补贴制度与绩效评估——基于美国服务补贴制度的研究与启示》，对外经济贸易大学出版社2009年版。

甘瑛：《WTO补贴与反补贴法律与实践研究》，法律出版社2009年版。

龚柏华主编：《WTO争端解决与中国（第二卷）》，上海人民出版社2010年版。

韩立余：《既往不咎——WTO争端解决机制研究》，北京大学出版社2009年版。

侯幼萍：《世界贸易组织与区域贸易组织管辖权的冲突与协调》，上海社会科学院出版社2010年版。

黄东黎：《世界贸易组织补贴规则的条约解释》，法律出版社 2010 年版。

黄东黎、杨国华：《世界贸易组织法：理论·条约·中国案例》，社会科学文献出版社 2013 年版。

黄基伟：《开放条件下幼稚产业保护问题研究》，中国科学技术大学出版社 2014 年版。

李琨：《促进文化产业发展的财税政策研究》，中国税务出版社 2013 年版。

李墨丝：《视听服务市场准入法律制度研究》，法律出版社 2015 年版。

李晓玲：《WTO 框架下的农业补贴纪律》，法律出版社 2008 年版。

刘剑文：《WTO 体制下中国税收政策合法化问题研究》，法律出版社 2007 年版。

龙英锋：《世界贸易组织协定中的国内税问题》，法律出版社 2010 年版。

欧福永：《国际补贴与反补贴立法与实践比较研究》，中国方正出版社 2008 年版。

彭岳：《贸易补贴的法律规制》，法律出版社 2007 年版。

沈大勇、金孝柏主编：《国际服务贸易：研究文献综述》，人民出版社 2010 年版。

田玉红：《WTO 框架下中国贸易政策与产业政策的协调》，人民出版社 2009 年版。

王庆湘：《〈SCM 协定〉中补贴利益的认定问题研究》，中国法制出版社 2014 年版。

王文峰、何春雨：《中国文化产业政策研究》，云南人民出版社 2015 年版。

杨向东：《WTO 体制下的国民待遇原则研究》，中国政法大学出版社 2007 年版。

臧志彭：《中国文化产业政府补助研究》，中国社会科学出版社 2015 年版。

张华：《文化产品国际贸易法律问题研究》，厦门大学出版社 2013

年版。

张慧娟：《美国文化产业政策研究》，学苑出版社 2015 年版。

张骞：《国际文化产品贸易法律规制研究》，中国人民大学出版社 2013 年版。

（二）中文译著

塔尼亚·芬恩著：《文化产品与世界贸易组织》，裘安曼译，商务印书馆 2010 年版。

约翰·W. 海德著：《国际商事经济法律通则》，赵秀文等编译，中国人民大学出版社 2009 年版。

（三）期刊论文

艾素君：《国际法框架下文化与贸易的冲突与调和》，载《上海大学学报》（社会科学版）2008 年第 5 期。

毕莹：《"可持续发展"建立文化表现多样性公约与 WTO 的重要关联点》，载《国际经贸探索》2013 年第 7 期。

陈儒丹：《世界贸易组织争端解决实践中的识别冲突问题》，载《法学》2012 年第 7 期。

陈卫东、石静霞：《WTO 体制下文化政策措施的困境与出路——基于中美出版物和视听产品案的思考》，载《法商研究》2010 年第 4 期。

陈莹莹：《我国文化产业税收政策研究综述》，载《经济研究参考》2012 年第 36 期。

邓向阳、廖进中、彭祝斌：《欧盟视听出版物补贴政策及其对我国的启示》，载《出版发行研究》2010 年第 8 期。

甘旭峰、一诺：《日本文化产业发展经验对我国文化产业振兴规划实施的启示》，载《当代财经》2010 年第 6 期。

龚柏华：《WTO 有关禁止性出口补贴规则研究——以中美"知名品牌产品出口补贴"WTO 磋商案为视角》，载《国际商务研究》2010 年第 2 期。

顾宾：《视听服务补贴与中国"文化强国"战略》，载《清华法制论衡》2014 年第 2 期。

郭玉军、李华成：《国际文化产业财政资助法律制度及其对中国的启示》，载《河南财经政法大学学报》2013 年第 1 期。

郭玉军、李洁：《论国际法中文化与贸易冲突的解决——以 2005 年 UNESCO〈保护和促进文化表现形式多样性公约〉为中心》，载《河北法学》2008 年第 6 期。

郭玉军、莫万友：《电子商务对 WTO 法律规则的挑战和对策》，载《商业研究》2006 年第 22 期。

韩立余：《自由贸易协定基本关系论》，载《吉林大学社会科学学报》2015 年第 5 期。

何其生、张喆：《国际自由贸易中的"文化例外"原则》，载《公民与法》（法学版）2012 年第 5 期。

黄安平：《中美出版物和视听娱乐产品争议案评析》，载《武大国际法评论》2010 年第 2 期。

黄晓燕：《文化多样性国际法保护的困境及解决的新思路》，载《法学评论》2013 年第 5 期。

兰相洁：《促进文化产业发展的税收政策选择》，载《经济纵横》2012 年第 6 期。

李怀亮：《国际文化贸易格局下的中国文化出口策略》，载《现代经济探讨》2008 年第 3 期。

李慧：《美日及欧盟的文化产业发展模式及其对中国的启示》，载《四川行政学院学报》2014 年第 4 期。

李墨丝：《国际贸易体制的新变革与中国对外文化贸易的应对策略》，载《福建论坛》（人文社会科学版）2015 年第 8 期。

李墨丝、佘少峰：《WTO 框架下视听产品贸易自由化的法律问题》，载《国际贸易》2011 年第 4 期。

李世恒、杨修：《"文化例外"与中国文化贸易摩擦问题》，载《国际经济合作》2015 年第 8 期。

李彦、马冉：《WTO 框架下加拿大音乐基金研究》，载《公民与法》（法学版）2013 年第 12 期。

廖建军、蔡斌：《中日文化产业政策比较研究——基于〈文化产业振兴规划〉和〈内容产业促进法〉之比较》，载《出版科学》2010 年第 3 期。

马衍伟：《税收政策促进文化产业发展的国际比较》，载《涉外税务》2008 年第 9 期。

蒙英华、于立新:《服务贸易补贴及中国政策绩效评估》,载《国际贸易》2013 年第 10 期。

穆宝江:《韩国文化产业发展的政府运作模式及其重要启示》,载《行政与法》2012 年第 4 期。

石静霞:《"同类产品"判定中的文化因素考量与中国文化贸易发展》,载《中国法学》2012 年第 3 期。

苏南、张家维:《两岸文创产业知识产权法制保障与政策管理比较》,载《南京大学法律评论》2014 年第 2 期。

孙南翔:《文化与 FTAs:文化贸易规则的制度实践》,载《国际商务》2015 年第 4 期。

孙雯:《WTO 框架下文化产品贸易自由化与文化多样性的冲突与协调——以中美出版物与视听产品案为背景》,载《南京大学法律评论》2011 年第 1 期。

王衡:《WTO 服务贸易承诺减让表之解释问题研究——以"中美出版物和视听产品案"为例》,载《法商研究》2010 年第 4 期。

王立武:《国际文化贸易的法律冲突与协调》,载《济南大学学报》(社会科学版) 2010 年第 4 期。

王利民:《试述视听产品与服务贸易的法律问题》,载《研究生法学》1995 年第 3 期。

王蕊:《TPP 电子商务规则对中国的影响及启示》,载《国际经济合作》2016 年第 2 期。

魏鹏举:《文化事业的财政资助研究》,载《当代财经》2005 年第 7 期。

魏鹏举、王玺:《中国文化产业税收政策的现状与建议》,载《同济大学学报》(社会科学版) 2013 年第 5 期。

吴承忠、牟阳:《从 WTO 与"文化例外"看国际文化贸易规则》,载《国际贸易问题》2013 年第 3 期。

薛狄、那力:《国际文化贸易的价值冲突和法律选择——由近期中美文化产品进口纠纷引发的思考》,载《中国政法大学学报》2009 年第 2 期。

闫瑞波：《〈保护和促进文化表达多样性公约〉视角下 WTO 文化贸易争端的解决——兼评中国出版物和音像娱乐制品案》，载《国际经济法学刊》2010 年第 1 期。

阳明华：《略论文化产品在 WTO 中的归类》，载《中国出版》2010 年第 1 期。

杨京钟：《文化产业财税支持：理论依据与调控机理》，载《河北工业大学学报》（社会科学版）2013 年第 1 期。

杨炼：《文化产业立法的国际借鉴及启示》，载《重庆社会科学》2012 年第 5 期。

杨志安、张鹏：《支持我国文化产业发展的税收政策选择》，载《税务研究》2015 年第 3 期。

曾炜：《论禁止性出口补贴的实质要件及可能的发展趋势》，载《河北法学》2013 年第 12 期。

张磊：《中国服务贸易发展与服务业税制：政策现状与瓶颈研究》，载《贵州社会科学》2012 年第 4 期。

张目强：《中美双反措施案中"公共机构"的认定及评析》，载《山东社会科学》2013 年第 7 期。

张智勇：《自由贸易区的所得税问题研究：中国的视角》，载《中外法学》2015 年第 5 期。

中国社会科学院文化研究中心文化产业促进法立法研究课题组：《"促进法"视角中的文化产业概念：界定维度与方法思考》，载《中国社会科学院院报》2008 年 5 月 8 日第 007 版。

（四）学位论文

范志杰：《发展文化事业促进文化产业政策研究》财政部财政科学研究所 2013 年博士学位论文。

霍步刚：《国外文化产业发展比较研究》，东北财经大学 2009 年博士学位论文。

李季：《我国文化产业财税政策研究》，东北财经大学 2013 年博士学位论文。

李洁：《WTO 文化贸易法律制度研究》，武汉大学 2009 年博士学位论文。

刘琳:《GATT/WTO 体制下补贴界定问题研究》,湖南师范大学 2014 年博士学位论文。

刘元发:《促进我国文化产业发展的财税政策研究》,财政部财政科学研究所 2014 年博士学位论文。

马冉:《WTO 体制中自由贸易与文化多样性的冲突与协调》,武汉大学 2007 年博士学位论文。

梅月华:《关于促进自主创新的税收政策及相关税政管理体制研究》,财政部财政科学研究所 2012 年博士学位论文。

沈强:《日韩文化产业发展比较研究》,吉林大学 2010 年博士学位论文。

汪颖:《中国文化贸易政策研究》,江西财经大学 2015 年博士学位论文。

吴德金:《美国文化产业发展研究》,吉林大学 2015 年博士学位论文。

阳明华:《贸易与文化冲突的法律协调》,武汉大学 2010 年博士学位论文。

张斌:《国际文化贸易壁垒研究》,山东大学 2010 年博士学位论文。

张慧娟:《美国文化产品政策及其对中国文化建设的启示》,中央党校 2012 年博士学位论文。

张蹇:《国际文化产品贸易公法研究》,苏州大学 2010 年博士学位论文。

二 英文文献

(一) 英文专著

Anheier, H. K. & Isar, Y. R. eds., *The Cultural Economy: The Cultures and Globalization Series 2*, SAGE, 2008.

Gustavo E. Luengo Hernández de Madrid, *Regulations of Subsidies and State Aids in WTO and EC Law: Conflict In International Trade Law*, Kluwer Law International, 2006.

Jingxia Shi, *Free Trade and Cultural Diversity in International Law*, Hart Publishing, 2013.

Joni Maya Cherbo & Ruth Ann Stewart & Margaret Jane Wyszomirski, *Understanding the Arts and Creative Sector in the United States*, Rutgers University Press, 2008.

Joost Pauwelyn, *Conflict of Norms in Public International Law: How WTO Law Relates to Other Rules of International Law*, 4th, Cambridge University Press, 2005.

Juan A. Marchetti & Martin Roy, *Opening Markets for Trade in Services: Countries and Sectors in Bilateral and WTO Negotiations*, Cambridge University Press, 2008.

Matthias Herdegen, *Principles of International Economic Law*, Oxford University Press, 2013.

Peter Van Den Bossche & Werner Zdouc, *The Law and Policy of the World Trade Organization*, 3th, Cambridge University Press, 2013.

Petros C. Mavroidis & George A. Bermann & Mark Wu, *The Law of the World Trade Organization (WTO): Documents, Cases & Analysys* (West 2010).

Sacha Wunsch-Vincent, *The WTO, the Internet and Trade in Digital Products: EC-US Perspectives*, Hart Publishing, 2006.

Tania Voon, *Cultural Products and the World Trade Organization* (Cambridge University Press, 2007).

Tania Voon, *Trade Liberalization and International Co-operation: a Legal Analysis of the Trans-Pacific Partnership Agreement*, Edward Elgar Publishing, 2014.

（二）英文期刊

Aaron Scow, "The Sports Illustrated Canada Controversy: Canada 'Strikes Out' In Its Bid to Protect Its Periodical Industry from U. S. Split-Run Periodicals", *Minn. J. Global Trade* 245 (1998).

Alex Khachaturian, "The New Cultural Diversity Convention and Its Implications On the WTO International Trade Regime: A Critical Comparative Analysis", 42 *Tex. Int'l L. J.* 191 (2006).

Andrew M. Carlson, "The Country Music Television Dispute: An Illustration of the Tensions Between Canadian Cultural Protectionism and American Entertainment Exports", 6 *Minn. J. Global Trade* 585 (1997).

Anke Dahrendorf, "The Legal Relationship between WTO rules and the UNESCO Convention On the Protection and Promotion of the Diversity of Cultural Expressions", Maastricht Faculty of Law Working Paper (2006).

Carl Erik Heiberg, "American Films in China: An Analysis of China's Intellectual Property Record and Reconsideration of Cultural Trade Exceptions Amidst Rampant Piracy", 15 *Minn. J. Int'l L.* 219 (2006).

Caroline Pauwels & Jan Loisen, "The WTO and the Audiovisual Sector Economic Free Trade Vs Cultural Horse Trading"? 18 (3) *European Journal of Communication* 291 (2003).

C. Edwin Baker, "An Economic Critique of Free Trade in Media Products", 78 *N. C. L. Rev.* 1357 (2000).

Chi Carmody, "When 'Cultural Identity Was Not at Issue': Thinking About Canada—Certain Measures Concerning Periodicals", 30 *Law & Pol'y Int'l Bus.* 231 (1999).

Chris Gibsonl & Lily Kong, "Cultural Economy: A Critical Review", 29 (5) *Progress in Human Geography* 541 (2005).

Christoph Beat Graber, "The New UNESCO Convention On Cultural Diversity: A Counterbalance to The WTO"? 9 (3) *JIEL* 553 (2006).

Christopher M. Bruner, "Culture, Sovereignty, and Hollywood: UNESCO and The Future of Trade in Cultural Products", 40 *NYUJILP* 351 (2008).

Claire Wright, "Hollywood's Disappearing Act: International Trade Remedies to Bring Hollywood Home", 39 *Akron L. Rev.* 739 (2006).

Claire Wright, "Reconciling Cultural Diversity and Free Trade in The Digital Age: A Cultural Analysis of the International Trade in Content Items", 41 *Akron L. Rev.* 399 (2008).

Clint N. Smith, "International Trade in Television Programming and GATT: An Analysis of Why the European Community's Local Program Requirement Violates the General Agreement on Tariffs and Trade", 10 *Int'l Tax & Bus. Law.* 97 (1992).

Craig R. Karpe, "European Cultural Protectionism and The Socioeconomic Forces That Will Defeat It", 5 *Ind. Int'l & Comp. L. Rev.* 425 (1995).

Daisuke Beppu, "When Cultural Value Justifies Protectionism: Interpreting The Language of the GATT to Find a Limited Cultural Exception to The National Treatment Principle", 29 *Cardozo L. Rev.* 1765 (2008).

Dal Yong Jin, "A critical analysis of US Cultural policy in the Global film market: Nation – states and FTAs", 73 (8) *The International Communication Gazette* 651 (2011).

Des Freedman, "GATS and the Audiovisual Sector", 1 (1) *Global Media and Communication* 124 (2005).

Edmund H. Chiang, "The UNESCO Convention on the Protection and Promotion of the Diversity of Cultural Expressions: A Look at The Convention and Its Potential Impact On the American Movie Industry", 6 *Wash. U. Global Stud. L. Rev.* 379 (2007).

Fiona Smith & Lorna Woods, "A Distinction Without a Difference: Exploring The Boundary Between Goods and Services in The World Trade Organization and The European Union", 12 *Colum. J. Eur. L.* 1 (2005).

Frederick Scott Galt, "The Life, Death, and Rebirth of The 'Cultural Exception' in the Multilateral Trading System: An Evolutionary Analysis of Cultural Protection and Intervention in the Face of American Pop Culture's Hegemony", 3 *Wash. U. Global Stud. L. Rev.* 909 (2004).

Gilbert Gagné, "Free Trade, Cultural Policies, and the Digital Revolution: Evidence from the U. S. FTAs with Australia and South Korea", 9 *ASJWTO* 257 (2014).

Holly Aylett, "The challenge of UNESCO's Convention on the Protection and Promotion of the Diversity of Cultural Expressions 2005", 13 (4) *International Journal of Cultural Studies* 355 (2010).

Howard Lafranchi, "Television Without Frontiers: The European Union's Continuing Struggle for Cultural Survival", 28 *Case W. Res. J. Int'l L.* 501 (1996).

István Kónya, "Modeling Cultural Barriers in International Trade", 14 (3) *Review of International Economics* 494 (2006).

Jingxia Shi & Weidong Chen, "The 'Specificity' of Cultural Products versus the 'Generality' of Trade Obligations: Reflecting on 'China – Publications and Audiovisual Products'", 45 (1) *Journal of World Trade* 159 (2011).

John David Donaldson, "Television Without Frontiers: The Continuing Tension Between Liberal Free Trade and European Cultural Integrity", 20 *Fordham Int'l L. J.* 90 (1996).

Jonas M. Grant, "'Jurassic' Trade Dispute: The Exclusion of the Audiovisual Sector from the GATT", 70 *Ind. L. J.* 1333 (1994).

JonFilipek, "" 'Culture Quotas': The Trade Controversy over the European Community's Broadcasting Directive", 28 *Stan. J. Int'l L.* 323 (1991).

Joost Pauwelyn, "Squaring Free Trade in Culture with Chinese Censorship: The WTO Appellate Body Report On China – Audiovisuals", 11 *Melb. J. Int'l L.* 119 (2010).

Joseph Devlin, "Canada and International Trade in Culture: Beyond National Interests", 14 *Minn. J. Global Trade* 177 (2004).

Julia Ya Qin, "Pushing the Limit of Global Governance: Trading Rights, Censorship, and WTO Jurisprudence – A Commentary on China – Audiovisual Services", *Wayne State University Law School Research Paper* No. 10 – 13 (2010).

Justin O'Connor, "Intermediaries and Imaginaries in the Cultural and Creative Industries", 49 (3) *Intermediaries and the Creative Economy* 374 (2013).

Katharine Sarikakis & Sarah Ganter, "Priorities in global media Policy transfer: Audiovisual and digital policy mutations in The EU, MERCOSUR and US Triangle", 29 (1) *European Journal of Communication* 17 (2014).

Kirsten L. Kessler, "Protecting Free Trade in Audiovisual Entertainment: A Proposal for Counteracting the European Union's Trade Barriers to

The U. S. Entertainment Industry's Exports", 26 *Law & Pol'y Int'l Bus.* 563 (1995).

Laurence G. C. Kaplan, "The European Community's 'Television Without Frontiers' Directive: Stimulating Europe to Regulate Culture", 8 *Emory Int'l L. Rev.* 255 (1994).

Lisa L. Garrett, "Commerce Versus Culture: The Battle Between the United States and The European Union Over Audiovisual Trade Policies", 19 *N. C. J. Int'l L. & Com. Reg.* 553 (1994).

Li Yu, "WTO and National Cultural Policy: Rethinking China Measures Affecting Trading Rights and Distribution Services for Certain Publications and Audiovisual Entertainment Products", 45 *RJT* 457 (2011).

Lucia Bellucci, "National Support for Film Production in The EU: An Analysis of the Commission Decision – Making Practice", 16 (2) *European Law Journal* 211 (2010).

Lucien J. Dhooge, "No Place for Melrose: Channel Surfing, Human Rights, And The European Union's "Television Without Frontiers" Directive", 16 *N. Y. L. Sch. J. Int'l & Comp. L.* 279 (1996).

Marcus Breen, "Digital determinism: Culture industries in the USA – Australia Free Trade Agreement", 12 (4) *New Media & Society* 657 (2010).

Mary E. Footer & Christoph Beat Graber, "Trade Liberalization and Cultural Policy", 3 (1) *Journal of International Economic Law* 115 (2000).

Meredith A. Harper, "International Protection of Intellectual Property Rights in The 1990s: Will Trade Barriers and Pirating Practices in The Audiovisual Industry Continue?", 25 *Cal. W. Int'l L. J.* 153 (1994).

Michael Braun, "Trade in Culture: Consumable Product or Cherished Articulation of a Nation's Soul?", 22 *Denv. J. Int'l L. & Pol'y* 155 (1993).

Michael Hahn, "A Clash of Cultures? The UNESCO Diversity Convention and International Trade Law", 9 (3) *JIEL* 515 (2006).

"Michael Hahn, The Convention on Cultural Diversity and International Economic Law", 2 *ASJWTO* 229 (2007).

Michael Konig & Wolfgang Deselaers, "The WTO Millennium Round and the Audiovisual Sector", 5 (6) *Int. T. L. R.* 147 (1999).

Michael Volkerling, "From Cool Britannia to Hot Nation: 'Creative Industries' Policies in Europe, Canada and New Zealand", 7 (3) *Cultural Policy* 437 (2001).

Milim KIM, "The Role of the Government in Cultural Industry: Some Observations from Korea's Experience", 33 *Keio Communication Review* 163 (2011).

Mira Burri, "Global cultural law and policy in the age of ubiquitous internet", 21 (3) *I. J. C. P.* 349 (2014).

Mira Burri, "Reconciling Trade and Culture: A Global Law Perspective", 41 *The Journal of Arts Management, Law, And Society* 1 (2011).

Mira Burri, "The trade versus culture discourse Tracing its evolution in global law", 6341 *Culture Internat Law* 104 (2014).

Mira Burri – Nenova, "Trade and Culture in International Law: Paths to (Re) conciliation", 44 (1) *J. W. T.* 49 (2010).

Mira Burri – Nenova, "Trade Versus Culture in The Digital Environment: An Old Conflict in Need of a New Definition", 12 (1) *JIEL* 17 (2008).

Nicolas Suzor, "Free – Riding, Cooperation, and 'Peaceful Revolutions' in Copyright", 28 *HVJLT* 137 (2014).

Panagiotis Delimatsis, "Protecting Public Morals in A Digital age: Revisiting The WTO Rulings On Us – Gambling and China – Publications and Audiovisual Products", 14 (2) *JIEL* 1 (2011).

Paola Conconi & Joost Pauwelyn, "Trading cultures: Appellate Body report on China – Audiovisuals", 10 (1) *World T. R.* 95 (2011).

Peter Van den Bossche, Free Trade And Culture: A Study Of Relevant Wto Rules And Constraints On National Cultural Policy Measures, Maastricht Faculty of Law Working Paper No. 2007 – 4.

Rostam J. Neuwirth, "Global Market Integration and the Creative Economy: The Paradox of Industry Convergence and Regulatory Divergenc" e, 18

JIEL 21 (2015).

Rostam J. Neuwirth, "The 'Cultural Industries': A Clash of Basic Values? A Comparative Study of the EU and the NAFTA in Light of the WTO", 1 *European Diversity and Autonomy Papers* 10 (2004).

Rostam J. Neuwirth, "The 'Culture and Trade' Debate from the Exception Culturelle via Cultural Diversity to the Creative Economy – What's Law Got To Do With It?", *SIEL Biennial Conference* 2012.

Sandrine Cahn & Daniel Schimmel, "The Cultural Exception: Does It Exist in GATT and GATS Frameworks? How Does It Affect or Is It Affected by The Agreement On Trips?", 15 *Cardozo Arts & Ent. L. J.* 281 (1997).

Sangkil Moon & Reo Song, "The Roles of Cultural Elements in International Retailing of Cultural Products: An Application to the Motion Picture Industry", 91 *Journal of Retailing* 154 (2015).

Sean A. Pager, "Beyond Culture Vs. Commerce: Decentralizing Cultural Protection to Promote Diversity Through Trade", 31 *NWJILB* 63 (2011).

Stacie I. Strong, "Banning The Cultural Exclusion: Free Trade and Copyrighted Goods", 4 *Duke J. Comp. & Int'l L.* 93 (1993).

Tania Voon, "A New Approach to Audiovisual Products In the WTO: Rebalancing GATT and GATS", 14 *UCLA Ent. L. Rev.* 1 (2007).

Tania Voon, "Eliminating Trade Remedies from the WTO: Lessons from Regional Trade Agreements", 59 (3) *International & Comparative Law Quarterly* 625 (2010).

Tania Voon, "State Support for Audiovisual Products in the World Trade Organization: Protectionism or Cultural Policy?", 13 *International Journal of Cultural Property* 129 (2006).

Tania Voon, "UNESCO and the WTO: A Clash of Cultures?" 55 (3) *International and Comparative Law Quarterly* 635 (2006).

Tomer Broude, "Taking 'Trade and Culture' Seriously Geographical Indications and Cultural Protection in WTO Law", 26 *U. Pa. J. Int'l Econ. L.* 623 (2005).

Trevor Knight, "The Dual Nature of Cultural Products: An Analysis of the World Trade Organization's Decisions Regarding Canadian Periodicals", 57 *U. Toronto Fac. L. Rev.* 165 (1999).

Venkatesh Bala & Ngo Van Long, "International Trade and Cultural Diversity with Preference Selection", 21 *European Journal of Political Economy* 143 (2005).

Victor Henning & Andre Alpar, "Public Aid Mechanisms in Feature Film Production: The EU Media Plus Programme", 27 (2) *Media, Culture & Society* 229 (2005).

W. Ming Shao, "Is There No Business Like Show Business? Free Trade and Cultural Protectionism", 20 *Yale J. Int'l L.* 105 (1995).

Yochai Benkler, "Freedom in The Commons: Towards A Political Economy of Information", 52 *Duke L. J.* 1245 (2003).

Yochai Benkler, "Sharing Nicely: On Shareable Goods and The Emergence of Sharing as A Modality of Economic Production", 114 *Yale L. J.* 273 (2004).

Zhijie Chen & Jing Zhuo, "The Trade and Culture Debate in the Context of Creative Economy: An Adaptive Regulatory Approach from Fragmentation to Coherence?", SIEL Biennial Conference 2014.

（三）研究机构报告

Agency for Cultural Affairs, Government of Japan, *Policy of Cultural Affairs in Japan* (*Fiscal* 2014), adopted on 1 April 2014.

Agency for Cultural Affairs, Government of Japan, *Policy of Cultural Affairs in Japan* (*Fiscal* 2015), adopted on 1 April 2015.

Australian Government, *Creative Australia – National Cultural Policy*, adopted on 17 April 2013.

Competition Directorate – General of The European Commission, *State Aid Rules for Films and Other Audiovisual Works*, adopted on September 2014.

ECCE Innovation, *Promoting Investment in The Cultural and Creative Sector: Financing Needs, Trends and Opportunities*, adopted on May 2010.

European Commission, *European Statistical System Network on Culture Final Report*, adopted on May 2012.

European Commission, *Feasibility Study On Data Collection and Analysis in The Cultural and Creative Sectors in The EU*, adopted on September 2015.

European Commission, *Priority Sector Report: Creative and Cultural Industries*, adopted on March 2010.

European Commission, *Survey On Access to Finance for Cultural and Creative Sectors*, adopted on 2013.

European Commission, *Unlocking The Potential of Cultural and Creative Industries*, adopted on 27 April 2010.

International Intellectual Property Alliance (IIPA), *Copyright Industries in The U. S. Economy: The 2003 – 2007 Report*, adopted on June 2009.

The European Cluster Observatory, *Analysis of Industry – Specific Framework Conditions Relevant for The Development of World – Class Clusters*, adopted on September 2013.

The European Cluster Observatory, *Priority Sector Report: Creative and Cultural Industries*, adopted on April 2011.

UK Department for Business Innovation & Skills, *Access to Finance for Creative Industry Businesses (UK)*, adopted on May 2011.

UK Department for Culture, Media & Sport, *Creative Industries Economic Estimates 2014 (UK)*, adopted on 14 January 2014.

UK Department for Culture, Media & Sport, *Creative Industries Economic Estimates 2015 (UK)*, adopted on 13 January 2015.

UK Department for Culture, Media & Sport, *The Culture White Paper (UK)*, adopted on March 2016.

UK Department of Culture, Media and Sport (DCMS), *A Dynamic Mapping of The UK's Creative Industries*, adopted on January 2013.

UK Department of Culture, Media and Sport, *A Creative Block? The Future of The UK Creative Industries*, adopted on December 2010.

UK Department of Culture, Media and Sport, *Classifying and Measuring the Creative Industries*, adopted on April 2013.

UNCTAD, *Creative Economy Report 2008*, adopted on February 2008.

UNESCO, *Investing in Cultural Diversity and Intercultural Dialogue*, adopted on July 2009.

UNESCO, *Records of The General Conference*, 15 October to 3 November 2001. UNESCO, *Statistics On Cultural Industries*, adopted on 2007.

UNESCO, *The 2009 UNESCO Framework For Cultural Statistics*, adopted on 2009.

United Nations Conference on Trade and Development (UNCTAD), *Creative Economy Report* 2010, adopted on 2010.

United Nations Educational, Scientific and Cultural Organization (UNESCO), *Re-Shaping Cultural Policies*, adopted on 2 May 2016.

WIPO, *Guide On Surveying the Economic Contribution of the Copyright-Based Industries*, adopted on 2003.

WIPO, *Studies On The Economic Contribution Of The Copyright Industries*, adopted on 2012.

Working Group of EU Member States Experts (Open Method of Coordination) On Cultural and Creative Industries, *European Agenda for Culture Work Plan for Culture* 2011-2014, Adopted on April 2012.

World Intellectual Property Organization (WIPO), *Guide On Surveying The Economic Contribution of Copyright Industries*, adopted on 2015.

World Trade Organization (WTO), *World Trade Report* 2015, adopted on 2015.

WTO, *International Trade Statistics* 2015, adopted on 2015.

后　　记

　　本书是在本人博士学位论文的基础上修订而成的，系中国社会科学院国际法研究所所长莫纪宏研究员承担的"2019年中央宣传部对外推广局中国文化'一带一路'国家传播法律风险与应对"课题资助的部分研究成果。

　　"文化产业"和"补贴"本身都是繁复尖深的议题，其包含的内容已然十分庞杂。以我所学的国际私法专业背景，无论是谈及文化产业还是补贴领域的基础理论和具体制度问题，都并非我所擅长。作为文化产业和财税专业的"门外汉"，我自不量力地选择探究文化产业补贴这一命题的缘由，来自本人在武汉大学国际法研究所博士求学阶段跟随导师郭玉军教授研究文化产业立法课题时产生的兴趣。受到郭老师的启发，一直萦绕在我脑海里的疑问是：文化产业领域制定的补贴规则确如当时绝大多数文献研究结论指出的那般是符合国际法要求的吗？当时的文献研究成果使我意识到这是一个应当慎重对待、亟须深化并重新予以审视的问题，自那时起我便产生了将之探究清楚的冲动。因此我从文化产业补贴与国际法相符性的视角，对相关的规则和理论展开梳理，在深入之后发现其中涉及的国际法理论问题别有洞天。在郭老师的指导和鼓励下，本书的初稿得以完成。其间，武汉大学国际法研究所的各位老师也给予了我持续的支持和帮助。论文答辩时刘仁山教授、肖永平教授、汪金兰教授、欧福永教授、聂建强教授提出了诸多宝贵的批评和意见。对诸位师长的关怀支持，本人谨记在心并深表谢意。

　　本书得以在本人从事博士后研究阶段付梓，需要感谢中国社会科学院国际法研究所莫纪宏所长、柳华文副所长的大力支持；感谢国际私法研究室的沈涓教授、李庆明研究室主任、傅攀峰博士。他们的耐心包容、悉心指导和无私帮助使我有机会认识自己的诸多不足并得以成长；还要感谢中国社会科学院国际法研究所、法学研究所的诸位师长以及博士后流动站的各位老师给予的帮助，在此恕不一一具名。此外，本书得以顺利出版最要感谢的是李庆明主任的积极促成，以及中国社会科学出版社重大项目出版中心兼中国社会科学智库成果出版中心副主任喻苗女士的细心编校和宝贵建议。

"文化"是一个博大精深的命题，与之有关的问题是我一直以来感兴趣并有热忱投入其中开展研究的领域。中华文化源远流长，蕴含着数不尽的丰富宝藏，是中华民族绚丽的精神瑰宝。我国文化产业的蓬勃发展亦有助于传承并传播优秀中华文化成果。自 2020 年新冠疫情暴发以来，疫情笼罩下的文化产业可以说是受冲击最明显的行业之一。在此背景下，欧洲的诸多国家开始对文化产业采取补贴等措施以维持其基本运转，这从某种程度上印证了文化产业补贴的合理性。迄今为止，数字贸易背景下对文化产品的分类问题虽有所发展，但是更多凸显的是悬而未决的疑问。随着数字化技术的日新月异，这一问题定会发展并且待明确。本书的研究目前暂时告一段落，其中的诸多遗憾只能待时机成熟再进行补充修订。此外，本人博士后阶段研究的主题——知识产权亦可以作为促进文化产业发展的另一个助力，相关问题待未来有机会和余力时再继续深入研究。

因个人能力所限，书中所有舛误由本人一力承担，敬请各位同仁不吝批评指正！

樊 婧
2021 年 1 月于北京良乡小清河畔